U0506079

中国国际经贸理论前沿

(9)

数字经济下的国际贸易与国际投资

THE THEORETICAL FRONTIER OF
CHINA'S INTERNATIONAL ECONOMIC AND TRADE

INTERNATIONAL TRADE AND INVESTMENT
IN DIGITAL ECONOMY

赵 瑾 张 宇 主编

社会科学文献出版社
SOCIAL SCIENCES ACADEMIC PRESS (CHINA)

总 序

中国社会科学院财贸经济研究所（财贸所）自组建以来，一直重视学术前沿和基础理论研究。2011 年 12 月，按照中国社会科学院党组的统筹安排，在财贸所基础上组建了财经战略研究院（财经院）。这显然不是一个简单的更名，而是增加了更多的内涵，赋予了更多的职责，提出了更高的要求。自此，财经院便担负起坚强的马克思主义财经科学阵地、财经理论研究重镇和高端财经智库等多重功能。近些年，财经院在智库建设方面用的力气较多，也取得了较为明显的成效。但值得注意的是，财经院的战略定位，是学术型财经智库。更准确地讲，是以马克思主义理论和方法为指导、根植于中国国情、立足于全球视野、拥有丰厚学术积淀和坚实学术基础的财经智库。这意味着，在财经院的工作思路中，学术研究和智库建设是同等重要的。夯实学术研究、把握理论前沿，是搞好财经智库建设的重要前提和基础，是智库具有学术积淀和思想深度的“压舱石”。因此，财经院即便用相当多的力量从事财经智库建设，也从未放松过学术研究和理论探讨。财经院始终鼓励学者，特别是青年学者致力于财经理论前沿问题研究。

从 1999 年推出第一套“中国经济科学前沿丛书”至今，已经跨越了 22 个年度。按照当时每隔 3 年编撰一套前沿丛书并形成一个连续性系列成果的计划，从 2020 年夏天开始，财经院启动了“中国经济科学前沿丛书”的编撰工作。2021 年该是推出第九套前沿丛书的时候了。

第九套前沿丛书的编撰正值中国站在新的历史起点、全面深化供给侧结构性改革、推动新一轮对外开放和全面开启现代化国家建设新征程的关键时期。改革开放是实践层面的制度变迁，是经济社会发展的重要动力。改革开放也是一个复杂的系统工程，迫切需要科学的理论指导。作为理论工作者，特别是作为国家级学术型智库机构的理论工作者，理所当然要以天下为己任，始终奋进在时代前列，应不辱使命，在中国经济社会发展进程的每一个环节，竭力留下深深的理论和实践印记。经过 40 多年的发展，今天的财经院，已经成为拥有宏观经济、财政经济、贸易经济和服务经济等主干学科板块、覆盖多个经济学科领域的中国财经科学的学术重镇。在全面深化改革开放的大潮中，对近些年财经理论前沿进行梳理、总结和进一步研究，既挖掘学术研究前沿的重大理论问题，又以财经学术前沿知识支撑中国伟大改革事业的理论基础，这是一项极为重要的学科建设工程，也是智库建设的基础支撑。财经院以此为当仁不让的责任和使命，为社会、为国家做出财经科学理论工作者应有的贡献。

这次编撰出版的“中国经济科学前沿丛书”由六本理论文集构成。这就是《中国财政经济理论前沿》（两本）、《中国流通理论前沿》、《中国国际经贸理论前沿》、《中国服务经济理论前沿》和《中国金融理论前沿》。

做一件事也许不难，但 20 多年都坚持下来做好做精一件事，着实不易。20 多年来，前沿丛书能连续出版，其中的艰辛和付出实在难以用言语表达。在这里，特别要感谢各位作者把最优秀的理论研究成果贡献出来，特别感谢各位主编、副主编的辛苦付出。同时，这部丛书能够连续出版，与广大读者的关注、鼓励和支持是分不开的，也必须表达对他们的感谢之意。随着时代的发展和研究的深化，这套前沿丛书的某些内容也许会逐渐变得不再前沿。这种动态的变化，只会激励我们攀登新的理论高峰。我们期待广大读者能够继续关注前沿丛书的发展与进步，对我们可能存在的不足和缺憾提出宝贵的意见。

让我们共同努力，把“中国经济科学前沿丛书”持续地做下去，做得更加完美、更具影响力！

中国社会科学院财经战略研究院

何德旭

2020 年 12 月 30 日

目录

CONTENTS

数字贸易篇

数字投资篇

CONTENTS

Chapters on Digital Trade

Chapters on Digital Foreign Direct Investment

数字贸易篇

从数字经济到数字贸易：内涵、特征与挑战*

孙 杰**

摘　要：数字贸易是随数字经济而出现的新贸易形式，虽然赋予了传统贸易一些新内容和新特征而成为现代服务业，但主要还是以服务于实体经济活动为目的。因此，数字贸易不会从根本上替代，更不会颠覆传统的贸易与经济活动，而是提高了实体经济的生产率。与此同时，数字经济也会挑战一些经济学的传统假定和分析框架，并带来了一些新问题。这些问题最终都体现在应该如何制定数字经济与数字贸易规则问题上。处于不同数字经济发展水平的国家出于不同的考虑对如何建立新规则肯定会有不同的诉求，但是这些诉求不应该也不太可能从根本上背离已有贸易规则的基本理念和基本原则。

关键词：数字经济；数字贸易；实体经济；服务经济；信息经济

现代经济发展的一个公认趋势是包括隐含在各种中间投入品中的各种服务在经济生活中占比不断上升，促进了劳动生产率的不断提高。数字经

---

* 本文原载于《国际经贸探索》2020 年第 5 期，原标题为《从数字经济到数字贸易：内涵、特征、规则与影响》，收入本书时有增补修订。

** 孙杰，中国社会科学院世界经济与政治研究所研究员，主要研究方向为国际金融、美国经济和公司融资。

济就是服务经济发展的一个新趋势。这些服务既可能满足消费需求，也可能满足生产需求。前者提高了社会的福利水平，而后者促进了生产效率的提升。数字经济催生了数字贸易，既创造了新的贸易内容，也改变了传统的贸易形式；不仅增加了贸易利益的新内涵，重塑了世界经济增长的新模式，推动了全球经济增长，也提高了全球的福利水平。与此同时，数字经济和数字贸易也带来了新的课题和新的挑战。

麦肯锡在2016年发表的《数字全球化：全球流动的新时代》报告中指出，在2008年金融危机以后，传统国际交易中的货物、服务和金融交易增长进入平台期，在GDP中的占比下降，数字流的跨国流动增加，并带来了越来越多的经济价值。报告一针见血地指出，向数字形式的全球化转变带来了很多挑战，涉及谁能参与这个新的全球化进程、怎么进行跨境贸易以及经济收益流向哪里。在这个过程中，电子平台改变了商业行为模式，很多小企业可能变成了微型跨国公司，甚至个人都可能直接参与全球化的过程。2018年世界贸易组织（WTO）就曾经发布报告提出，预计到2030年数字技术的使用有望使全球贸易增加34%。

按照《中国数字经济发展白皮书（2020年）》提供的数据，2019年，我国数字经济增加值规模已经达到35.8万亿元，占GDP比重达到36.2%，同比提升1.4个百分点。按照可比口径计算，2019年我国数字经济名义增长15.6%，高于同期GDP名义增速约7.85个百分点，数字经济在国民经济中的地位进一步凸显。呈现数字经济规模不断创新高、数字经济增速持续高位运行、数字经济贡献水平显著提升、数字经济结构继续优化升级以及数字经济区域发展百花齐放的局面。

2016年9月，G20杭州峰会发布了数字经济发展与合作倡议，以促进全球经济增长并惠及各国人民。① 同年10月，习近平总书记在中央政治局就实施网络强国战略进行第三十六次集体学习时强调，推动互联网与实体经济深度融合，加快传统产业数字化、智能化，做大做强数字经济，拓展经济发展新空间。② 次年3月，李克强总理在政府工作报告中也提出，要“推动‘互联网+’深

① 《二十国集团数字经济发展与合作倡议》，中华人民共和国国家互联网信息办公室网站，http://www.cac.gov.cn/2016-09/29/c_1119648520.htm.

② 习近平：《加快推进网络信息技术自主创新朝着建设网络强国目标不懈努力》，《人民日报》2016年10月10日。

入发展、促进数字经济加快成长，让企业广泛受益、群众普遍受惠”。[①] 这些论述言简意赅，抓住了现代经济发展的关键，指出了数字经济与实体经济特别是传统产业的关系，明确了数字经济发展的前提和基础，也点明了数字经济的优势和影响。

一　数字经济和数字贸易的内涵与定位：实体经济的服务部门

数字经济作为一种新的经济活动形态，对其核心内涵的理解必须以经济活动这个基本概念为基础和出发点。在最基本的意义上，经济意味着以最少的投入获得最大的产出，或者说是实现最有效率的经济增长。毫无疑问，所有的经济活动都必须以投入劳动为基础。除此之外，在农业经济时代，还需要投入以土地为代表的主要生产要素，在工业经济时代，需要投入以资本为代表的主要生产要素，而到了后工业经济时代，知识和信息则变成了最重要的生产要素。从这一点来说，数字经济实际上已经将信息赋予等同于传统经济增长理论中强调的资本和劳动要素的地位，而将其从 TFP 余值中独立出来并加以强调。数字经济发展战略就是要培育以数据为关键生产要素的新的经济社会发展形态。

其实，不论是在农业经济时代还是在工业经济时代，都需要通过技术进步、规模经济和范围经济等方式来提高全要素生产率。从经济发展史来看，经济增长一方面可以是单纯通过增加传统生产要素来推动，即所谓粗放的经济增长；另一方面也可以是通过以知识为基础的技术进步来提高全要素生产率，进而实现经济增长，即所谓集约的经济增长。当单纯依靠增加传统生产要素来推动经济增长受到限制，甚至知识和技术进步的发展出现瓶颈以后，经济增长的空间就会面临越来越多的制约。此时，各种信息在优化管理和产业结构方面的作用就会显得越来越重要。

最初，信息是通过传统的方式传播和获取的。信息的数字化传播和网络使效率得到了极大提升，在推动经济增长中也发挥了越来越重要的作用。因此，正是在数字化信息能够提高传统生产要素产出率的意义上，数字经

① 2017 年政府工作报告，中华人民共和国中央政府网站，http://www.gov.cn/zhuanti/govReport2017/govreport.html。

济时代中的知识和信息才可能变成最重要的生产要素。在这个意义上，数字经济本身又是知识经济和信息经济的进一步发展。尽管知识经济和信息经济的概念由来已久，但数字经济概念是伴随互联网和信息数字化的发展而出现的。在数字经济中被数字化的是那些能够提高生产率，且被当作生产要素投入品的知识和信息。而数字化的目的则是适应网络传输的需要，同时也方便信息在线下的二次传播。Tapscott（1996）曾指出，传统经济中信息流是以实体方式（比如书、刊物或者其他印刷品的形式）呈现的，而在数字经济中，信息是以数字化的方式通过网络流动和传输的。Mesenbourg（2002）归纳了数字经济的三个识别特征：其一是作为基础设施的通信网络；其二是使电子商务（E-Commerce）得以在网络上组织和施行，比如信息的数字化；其三是电子商务，也就是这些数字化的知识和信息的在线交易。

显然，网络基础设施、信息数字化和信息平台都是数字经济的技术条件，信息的交易是数字经济的主要形式，而生产率的提升、经济结构的优化以及由此带来的经济增长或福利水平的提高才是数字经济最终的目的。因此，2016 年 G20 杭州峰会对数字经济的定义是："以使用数字化的知识和信息作为关键生产要素、以现代信息网络作为重要载体、以信息通信技术的有效使用作为效率提升和经济结构优化的重要推动力的一系列经济活动。"2017 年中国信息通信研究院发布的《中国数字经济发展白皮书（2017年）》对数字经济的定义则是在此基础上的进一步展开："数字经济是以数字化的知识和信息为关键生产要素，以数字技术创新为核心驱动力，以现代信息网络为重要载体，通过数字技术与实体经济深度融合，不断提高传统产业数字化、智能化水平，加速重构经济发展与政府治理模式的新型经济形态。"在这个定义中，不仅强调了数字化信息是关键生产要素，强调了要与实体经济深度融合，重构经济发展，而且更重要的是提出了重构政府治理模式的问题。这一点是其他定义中少有提及的。

数字贸易作为数字经济的延伸和应用，是以作为关键生产要素的数字化知识和信息为核心内容，借助现代信息网络进行传输甚至完成交易为特征，最终是以传统经济活动效率提升和经济结构优化为目的的贸易活动。然而迄今为止，学界尚未对数字贸易概念的内涵和外延达成共识，以至于各类研究数字贸易的论文大多要先表明自己在这方面的看法。这种情况与数字贸易蓬勃发展形成了鲜明的对照，亟待进行深入的研究并达成共识。

与传统贸易一样，数字贸易也是商品、服务和生产要素在不同市场主体之间，依据绝对优势或比较优势，以追求贸易利得为目标的转移过程，促进资源更有效和更合理的利用。两者之间的差别只在于数字技术大幅度提高了交易效率，从而提高了生产率，加速了经济增长，增强了市场福利。从国际上看，数字经济和数字贸易的概念也在不断变化，体现了人们不断深化的理解过程。

在 2013 年以前，人们对数字经济的理解还局限在数字产品和服务的阶段，相应的数字贸易就是以数字化信息作为贸易标的的贸易。Weber（2010）认为数字贸易是指通过互联网等电子化手段传输有价值产品或服务的商业活动，数字产品或服务是数字贸易的核心。也就是说，应该以网上数字化交付方式来定义数字贸易。2012 年美国经济分析局（BEA）在《数字化服务贸易的趋势》中也是将数字贸易局限在数字化服务贸易，具体定义为通过数字网络交付产品和服务。显然，这一定义不涉及大多数实体商品。到 2013 年，按照美国国际贸易委员会（USITC）在《美国与全球经济中的数字贸易Ⅰ》中的定义，数字贸易也局限在通过互联网传输产品和服务的国内和国际贸易活动，因此交易标的是音乐、游戏、视频和书籍等数字内容，也就是限定在数字产品和服务的范围内。可以说，在数字贸易外延的问题上，USITC 严格限定在数字产品和服务上，而把实物产品和包括数字特征的实物产品都排除在外。

但是，在《美国与全球经济中的数字贸易Ⅱ》（USITC，2014）中，将数字贸易的判定标准拓展到订购、生产和交付过程的数字化。这样，数字经济本身就包括了以电子商务形式存在的贸易方式，而且数字化信息的网络传输本身只要涉及交易，当然就已经属于数字贸易的内容了，因而实体货物也可以被纳入数字贸易的交易标的，强调数字贸易是由数字技术实现的贸易，具体而言，就是指那些互联网在产品和服务的订购、生产或交付中发挥了重要作用的国内和国际贸易。因此，数字贸易的交易标的不仅包括数字产品和服务，也包括受益于互联网而实现的传统实体货物。这种观点后来也被广泛接受，如 Lopez 和 Ferenca（2018）等。

2017 年，美国贸易代表办公室（USTR）进一步认为数字贸易是一个更广泛的概念，不仅包括个人消费品在互联网上的销售以及线上提供的各种数字化服务，还包括实现全球价值链的数据流、实现智能制造的服务以及其他平台和应用。也就是说，数字贸易发展改变了贸易的对象和方式，不

仅会降低贸易成本和提高交易效率，而且会进一步提升企业、消费者和政府之间的互动频率，带来全球价值链贸易的发展与重构，

总的来说，在不到10年的时间中，数字贸易的概念范畴在不断扩大和细化，外延和内涵都变得越来越丰富，从单纯的互联网交易开始，加入了物联网的内容，最后又加入了数据流的概念，这说明了数字贸易的迅猛发展以及人们认识的不断深化，而这也是学界对数字贸易的研究更加重视的原因。不过从2020年中国信息通信研究院发布的《中国数字经济发展白皮书(2020年)》和2019年签订的《美日数字贸易协定》中已经不再专门对数字贸易进行定义，这也暗示着有关数字贸易的概念已经逐渐成形并稳定下来。

所以，从狭义的角度说，数字贸易仅包括可数字化交易的产品，① 但广义地看，还应该包括通过电子商务完成的，主要是与货物贸易相关的服务贸易以及由此促成的货物贸易。② 前者（数字交付贸易）是可以在网上完成全部交易的数字化产品，而后者（数字订购贸易）则属于受惠于知识和信息传输和交易便利，使数字化的知识和信息被当作关键生产要素投入而实现了效率提升和结构优化的传统贸易活动。从《美－墨－加协定》（USMCA）涉及数字贸易的条款看，也主要涉及电子商务活动的内容。事实上，USMCA第19章数字贸易与《全面与进步跨太平洋伙伴关系协定》（CPTPP）第14章电子商务的内容大体是对应的。③

---

① USMCA第19章明确，数字产品主要包括计算机程序、文本、视频、图像、录音或者其他经过数字编码，用于商业的、能够通过电子方式传输的产品，并且对该类商品应实施零关税，且不应收取其他类型的费用。USMCA中对数字产品的定义与CPTPP第14章对数字产品的定义几乎完全相同。

② 目前对数字贸易的统计口径还不太一致，但大多还是以电子商务交易额为主，而电子商务的交易额显然既包括可以在网上完成全部交易的纯数字产品，也包括通过网上搜索、签约和支付的货物贸易。

③ 一般来说电子商务也可以分成两种，所有交易过程都在网上完成的直接电子商务，主要是可以数字化网上传输的产品，以及仅在网上完成商品搜索、谈判、签约和付费，然后再通过传统物流方式交付实物产品的间接电子商务。在这个意义上，两种形式的电子商务基本涵盖了数字贸易的外延。参见Comprehensive and Progressive Agreement for Trans-Pacific Partnership，Chapter 14，Electronic Commerce，新西兰外交贸易部网址：https://www.mfat.govt.nz/en/trade/free-trade-agreements/free-trade-agreements-in-force/cptpp/comprehensive-and-progressive-agreement-for-trans-pacific-partnership-text-and-resources/# CPTPP，以及Agreement between the United States of America，the United Mexican States，and Canada，part 19，Digital Trade，美国贸易代表办公室网址：https://ustr.gov/trade-agreements/free-trade-agreements/united-states-mexico-canada-agreement/agreement-between。

当然，如果采用广义的数字贸易的概念会带来一个问题，即随着包括网络交流和电子商务在内各种信息的数字化传输，特别是移动互联技术的普及，数字贸易最终可能扩展涵盖到几乎所有贸易的程度，或者说目前几乎所有的贸易最终会转型为所谓的数字贸易，或者说因为现在所有贸易的沟通和市场搜索都是通过网络数字化完成的。那么，此时还有必要强调数字贸易的特殊性吗？答案显然是肯定的。恰恰是由于在数字经济下绝大部分的传统贸易最终会转型成数字贸易，研究数字贸易才更加紧迫。

在此，值得我们特别注意的是，不论是数字经济还是数字贸易，它们所强调的核心内容都是作为生产要素的知识和信息。这意味着不论是数字经济还是数字贸易，都是以经济活动的效率提升和结构优化为目的的生产性现代服务业。

毫无疑问，体育、娱乐等大量非生产性服务业尽管也具有交易价值，也是现代经济中的重要产业分支，甚至具有更适合数字经济时代信息数字化网络传播的特点，却不是我们在这里所强调的数字经济和数字贸易的核心内容。数字经济和数字贸易之所以是生产性的，是因为它们被当作生产过程的中间投入品而计入生产成本并最终在销售收入中得到补偿；而它们之所以是现代服务业，则是因为它们与传统服务业明显不同，是有形的服务过程，在这个过程中生产和消费是可以分离的，是可以存储的，因而也是可以贸易的，所有权还是可以转移的（江小涓，2011）。也正是因为它们是被数字化的，所以才能够在网上完成交易。

从经济学的角度来看，数字经济和数字贸易意味着数字化的知识和信息被提升到了关键生产要素的地位，也就是说，知识和信息已经被当作与劳动和资本等传统生产要素并列，而不再是隐含在全要素生产率背后的决定因素。数字贸易作为与数字经济时代经济活动相适应的新形式，数字经济的这些内涵与特点也同样适用于数字贸易。而且更重要的是，这个定义强调这些数字化的知识和信息必须经由互联网通信得到迅速的传播并完成交易，进而最终可以优化资源配置、提升经济活动的效率和优化经济结构。因此，这并不意味着数字经济和数字贸易本身就是一种能够独立实现价值增值的经济活动。

将数字化知识和信息的传输和交易作为一种生产要素的投入，尽管看上去可能是独立的过程，甚至信息通信技术（以下简称 ICT）已经变成了国民经济活动的一个重要部门，但是除了娱乐性消费等非生产性服务之外，最终都是以提升传统经济活动过程的效率与产出为目的的，是依附于传统实体经济活动的服务业。在这个过程中，不仅包括知识的传播、应用和交易，也包括信息的传播、应用和交易。知识的传播能够直接提升生产效率，信息的传播则会对产业和市场组织及商业布局产生影响。后者虽然不会带来直接生产过程的技术进步，但是其在宏观和微观管理中的应用最终也可以达到提高生产率的结果。世纪之交的新经济，基础是ICT革命，提高了知识和信息的传播效率，其促进的创新最终引发了生产和组织方式的变革。这些知识和信息的生产，虽然没有直接的有形产品，却可以服务于传统实体经济活动，并最终提高生产率，增进社会福利，也推动了经济增长。而且数字化存储使得知识和信息生产与消费在时间和空间上可以分离，使数字经济和数字贸易获得了比传统服务业更大的发展空间。

所以，我们必须明确的是，数字经济和数字贸易并不是一种独立的经济形式，它们依然是为传统实体经济和产业生产率提升服务的。离开了对实体经济和产业的生产性服务，数字经济和数字贸易本身就成了无源之水和无本之木。正如金融是为了服务于实体经济一样，数字经济以及大多数狭义的数字贸易本身也是服务于实体经济的。正因为如此，金融业为GDP贡献的绝大部分价值增值恰恰是来源于实体经济增加值的转移，而且是实体经济以预支中间投入的方式转移到金融业的价值增值中的，所以依然是实体经济活动创造出来的价值。与此相似，狭义数字经济的价值增值也是由实体经济活动所创造的，是实体经济部门由于投入数字生产要素而增加的价值增值，且由实体经济部门作为中间投入预支给数字经济部门的。

因此，对整个社会而言，如果所有企业都仅仅是为了刻意追求数字经济和数字贸易的发展，而不惜放弃传统产业的核心业务，转型为平台型企业，数字经济和数字贸易活动就会失去服务目标，就会出现产业空心化和服务过度化，经济发展就难免因此陷入困境。新技术要有效发挥作用，也必须与实体经济有效结合起来。实体经济为本，数字经济和数字贸易为用。只要我们弄清了这个问题，采用广义的还是狭义的数字贸易定义就不那么重要了。而且从理论上说，由于数字化贸易标的带来的价值增值不能由数字交付贸易所独享，因此也只有广义的数字订购贸易定义才可能涵盖数字化生产要素投入以后带来的所有价值增值。

数字经济时代所强调的依然是“互联网+”，而不是数字化和互联网本身。以信息化时代的战争为例，信息化与战争之间的关系就是，战争依然是战争，依然需要实际的进攻和物质摧毁能力，但是在战争加入了信息化因素以后，由于情报准确，打击及时，传统战争机器的攻击效率就会得到极大提高，信息化就成了战斗力的倍增器，是充分发挥战斗力的手段。同理，尽管经济活动包括非物质的或非生产性的服务，但实体经济依然是经济发展的基础，正如制造业是实体经济的基础一样。只是对于实体经济而言，如果有关新技术的知识传播更便捷，那么新技术的应用和生产效率的提高就会更迅速；如果市场信息的传播使产业组织和营销规划更加有效，那么就能够真正发挥生产潜能并实现销售利润，提高投入产出比，也最终推动经济增长。至少从现在，或者从常态情况看，在数字经济和数字贸易中信息的作用可能还大于知识的作用，毕竟技术革命是非常态的，需要研究积累的，而市场信息对于经济效率的提升则是一种常态现象。

应该承认，尽管美国在 GDP 统计时已经将研发纳入 GDP，知识和信息的数字化传播和交易也纳入了 GDP，但这些活动在本质上依然是生产性服务。即使这些生产性服务都计入 GDP，从服务业对实体经济的依赖讲，虽然知识和信息已经成为最重要的生产要素，但是人类生活本身，甚至消费性服务和生产性服务也都需要与之相配套的基础设施实物来保障。我们不能否定知识和信息对提高实体经济生产率的重要作用，不能否定数字化知识和信息的网络传输和交易对实体经济生产率的重要推动作用，但是我们依然不能将数字经济和数字贸易与实体经济分割开。后工业社会的基础还是工业，只是不同于工业社会中主要依靠劳动和资本等要素的投入来推动经济发展，而是更多地借助于服务业来推动经济发展而已。

总之，数字经济和数字贸易的核心含义强调的是数字化知识和信息传输和交易作为关键生产要素的生产性服务给实体经济发展带来的巨大推动作用，但不应该把它单独作为一种孤立的经济活动方式，对其存在和发展的评估也应该是以对传统经济活动的促进效能为标准的。从学术研究的历程看，对数字经济和数字贸易推动经济增长的估计常常首先估计数字经济装备生产带来的增长效应，其次才是带来传统产业生产率提升对增长的影响。20 世纪末的新经济 ICT 革命以后，大量研究对于 ICT 是否促进全要素生产率（TFP）并没有统一的结论。但是从国内外文献研究总的结论来看，依然是以肯定性为主。最著名的研究应该始于 Solow（1987）提出的生产率悖论，即计算机的大规模应用并没有带来生产率相应的提高。但是此后，Oliner 和 Sichel（2000）却认为信息化几乎贡献了美国在 20 世纪 90 年代劳动生产率增长的 2/3。Shao 和 Lin（2016）发现信息化对 OECD 中 12 个主要国家的 TFP 增长有显著的促进作用。国内学者的研究也有不同的结论。孙琳琳等（2012）认为信息化并没有带来 TFP 的增长，而对经济增长的贡献主要体现在 ICT 资本深化以及 ICT 制造业全要素生产率的改进上。而俞立平等（2009）则肯定了信息化与工业化的结合能够推动技术进步、产业结构升级和资源优化配置等，不一而足。造成这种情况的原因可能是多方面的，其中一个重要原因也许就在于最初的数字化信息网络建设本身对经济增长的拉动作用是有限的，而且可能替代了不少传统产业（正如卡尔多事实所描述的那样）。而数字化信息网络基础设施的建设仅仅是数字经济和数字贸易兴起的一个基础，只有等大量知识和信息的生产也得到了数字化，而且消费者也习惯于通过网络获取数字化知识和信息，并且应用于传统经济活动，提升了传统经济活动的效率以后，数字经济和数字贸易的经济增长效应才能逐渐显现出来。显然，如何准确评估这种间接的效应在计量技术上还是一个挑战，甚至对于数字经济和数字贸易规模的测度也主要依靠间接的估计。

二　作为新形态的数字经济和数字贸易：特点及变革

数字经济和数字贸易的兴起不仅方便和加速了知识与信息的传播和交易，推动了技术进步，提升了经济效率，而且信息的加速传播给传统经济学的分析框架和假定带来了新的挑战。理论经济学的大多数基本原理是在信息充分流动和价格具有充分弹性的基本假定下进行推演得到的，而经济学的应用发展则往往是以价格黏性和信息不充分流动的现实为基础进行修正的。数字经济和数字贸易的兴起使原来看似接近现实的修正性发展出现了回归和逆转。从更一般的意义上说，面对数字经济和数字贸易的冲击，经济增长中的卡尔多典型化事实是否依然成立？

第一，从微观角度看，数字贸易推动了商业结构扁平化。由于数字贸易在削弱信息不对称程度方面更具有优势，改变了以往在国内和国际贸易中必须通过中介才能更好参与市场的情况，出现了所谓的去中介化和扁平化的倾向。数字经济和数字贸易在相当大的程度上实现了信息的直接流动和方便获取，使得商业结构向扁平化发展。借助网络化基础设施平台及其信息处理、搜索、分类和推送，大量企业得以摆脱各级分销体系，能够直接接触最终客户，完成 B2B、B2C 甚至 C2C 的交易。扁平化去除了中间层，信息传递更直接和通畅，不仅可以降低交易成本，而且提高了信息传递的快捷性和准确性。从生产商到最终用户的供应链环节的减少意味着在不会损失效率的情况下，中间层级的消失降低了成本，从而提高了企业的效率，真正实现了组织结构扁平化的好处。早在 1999 年，托马斯·弗里德曼（2008）就提出世界是平的。他特别强调这并不意味着世界就是平等的，而是指由于人们可以以前所未有的方式，以更平等的方式，更快、更方便、更节约地进行联络、竞争与合作。这是技术革命给经济活动带来最本质的变化，也是技术革命的真正影响。我们需要适应这种变化对传统等级制度的冲击。

第二，强化了市场竞争。数字经济时代通过平台全网搜索的特点使得经济信息的直接流动不仅方便获取全面的数据，而且突破了地域的限制，扩大了信息可得性和潜在的受众，也会在一定程度上降低进入市场的难度和门槛，不仅在供给方面促进了市场上同行之间的竞争，而且在需求方面也会降低消费者的搜索和比较成本，从而增大市场的竞争强度。此外，信息的直接流动和方便获取也会促进企业之间跨区域的竞争，不仅会模糊企业经营的地理边界，也会模糊替代性生产者之间的竞争，提高竞争的广度。跨行业竞争和跨区域竞争将成为常态。在传统贸易中，由于地理距离产生的一系列成本是限制贸易发展的关键因素，数字交付贸易彻底颠覆了这个制约，而数字订购贸易虽然还不能减少运输成本，至少通过降低搜索成本，增加了贸易机会。当然，如何从宏观上估算贸易成本的变化还是一个需要继续探索的问题，但是现有的研究都一致支持数字贸易可以降低贸易成本的结论，只是在程度上有所不同。对于常常出现正反合三种结论的经济学研究来说，这也是比较少见的（马述忠等，2019）。这样，数字经济和数字贸易不仅能够在一定程度上促进区域协调发展的同步性和一体化，为落后地区提供经济发展的新机遇，而且能够促进包容性增长，实现资源的优化配置。

第三，规模经济与范围经济的融合与互补。在传统经济学的分析概念中，规模经济和范围经济是有明确差异的，用以解释企业竞争优势的不同来源。这种思路还逐渐发展出基于规模经济的战略性贸易理论以及基于产品复杂度的竞争优势。这几年在贸易研究中也流行集约边际和扩展边际的概念，用以描述企业贸易扩张的不同方式，背后的含义也与规模经济与范围经济有关。对于传统企业而言，往往是专注于某一类产品的生产，因此大多追求规模经济。企业集团尽管常常有跨行业的生产和经营，但各个实体之间却依然是独立核算的。在数字经济时代这种情况就发生了变化，企业传统的盈利模式发生了变化。首先，数字经济时代出现了大量的新型平台企业，全网搜索和分析使得它们提供的数字贸易服务和产品同时能够享受到规模经济和范围经济的优势，甚至由于快捷方便的信息流动易于获取，它们在产品，特别是客户方面的规模经济优势可以很方便地转化成范围经济的优势；[①] 其次，争夺客户资源成为新的竞争策略，实际就意味着规模经济和范围经济的融合与互补；最后，大数据时代的数据挖掘使信息处理能力越强的传统企业在市场上获得的竞争力就越大，产品和行业的拓展能力越强，跨界经营的现象也就越普遍，可能获取的规模经济和范围经济优势也就越大。这样，企业不仅可以通过规模经济获得生产率、成本和价格加成优势，也可以将规模经济优势转化为范围经济优势，并通过范围经济来提高抵御风险的能力。此外，特别重要的是，数字经济时代规模经济和范围经济的融合促成了独角兽企业的出现和“赢家通吃”的局面，改变原有的市场竞争和垄断的格局。

第四，政府与市场的融合。数字经济和数字贸易时代的数据可得性甚至开放性特征、大数据存储与处理能力和扁平化社会结构等特征结合到一起，也在一定程度上改变了政府与市场的关系。只要有收集信息的基本法律保障，再加上政府数据整合和处理能力的提高，政府监管就有可能做到更加及时有效。这就是中国信息通信研究院在《中国数字经济发展白皮书（2017年）》中对数字经济的定义中所强调的重构政府治理模式的问题。即使我们依然可以质疑大数据时代经济预测的准确性和可行性，但至少政府指导和预警可以与市场调节实现更加有机的融合。信息的及时和有效流动也可以更有效地协调供给和需求，企业可以随时了解市场的总供给和总需求状况，

---

① 数字贸易的特点，特别是跨境电子商务的特点使大量小批量低价值低交易得以配对完成，出现所谓低长尾效应，也是交易范围扩大提高规模经济的表现。

并更及时准确地了解价格变化情况，从而决定自己的进入和退出。通过分析企业行为的变化，政府可以推出新的产业政策工具，实现更加优化的政策引导，也可以根据市场情况做出更及时的调整。当然，这并不意味着数字经济和数字贸易时代真的开启了计算机经济时代，因为消费者的需求依然具有随机性特征。不过我们也应该承认，信息的便捷传输和高速处理，加之企业和政府的有效应对，可以在一定程度上降低市场机制自身的盲目性。

第五，商业模式竞争日益重要。数字经济和数字贸易时代知识和信息的易获取性不仅使企业的生产效率得到提高，而且伴随企业经营边际的扩展，也造成了市场竞争性的提高、价格透明度的增强。尽管数字经济使生产和消费更加具有个性化特征，但是差异化产品和消费在基本功能上的替代性也使得定价依然需要具有竞争性。对于消费者而言，数字化的全球价格信息获取更加便捷，而对于生产者而言，也使得他们对市场竞争态势的了解更加方便，可以迅速做出进入或退出的决策。在这种情况下，企业想要持续获取超额利润变得更加困难。技术创新和设备更新虽然依然是企业之间竞争的重要手段，但是寻找新的市场、新的商业机会以及开拓新的商业模式成为企业竞争的新热点。企业的竞争对手常常不再是同行，而是新出现的跨行业挑战者。独角兽企业凭借规模、信息和客户优势，主动进行跨界竞争变得越来越常见。

第六，挑战传统的成本定价范式。数字经济和数字贸易是以被当作关键生产要素的知识和信息的传输和交易为主要内容的服务经济，但是以提供知识和信息的服务经济不同于传统服务经济在生产服务的同时也是消费服务的特征。在知识产权能够得到有效保护的情况下，知识和信息等服务，甚至一些数字经济本身的产品不仅可以多次使用，而且可以几乎无成本地复制生产。因此，传统经济分析中常用的成本概念，比如边际成本、平均成本、固定成本和可变成本等都发生了很大变化，由此带来的价格加成和定价原则也随之出现了变化，甚至大量的数字经济平台企业由于用户规模大，通过广告收入可以实现一些服务和产品的免费使用。这意味着在数字经济时代，不少企业的盈利模式、商业模式和经营策略可能都会发生变化，难以再用以往的框架进行分析和决策。

第七，数字贸易的上述特点和变革最终对传统贸易理论的一系列核心命题提出了挑战。马述忠等（2018）对此进行了比较全面的归纳。他指出数字贸易的兴起挑战了国际贸易的固定成本显著高于国内贸易、企业异质性主要体现为基于生产技术的生产率差异、只有生产率高的企业才能从事出口活动等一系列基本命题。显然，对理论的挑战不仅意味着迫切需要进行创新，更重要的是说明现实世界的运行机制发生了根本性的变化。

第八，推动数字货币、支付体系和货币政策的发展。伴随数字经济而出现的大量跨区域甚至跨国别的数字贸易和网络交易扩展了数字货币的发展空间。一方面网络交易的发达自然要求支付网络化，另一方面大部分经济活动的网络化本身也为制定货币政策提供了依靠大数据决策的可能性。这两方面虽然不是从根本上否定传统货币的电子化交易，但是无疑却催化了数字货币的发展。这里需要指出的是，我们在这里所说的数字货币不是基于去中心化的区块链数字货币，而是强中心化的传统货币电子化，也就是我们前面反复提到的数字经济在重构政府治理模式方面的一个具体体现。在这个意义上，传统货币高度电子化交易为中央银行依据货币流动的大数据决策提供的可能也许就是数字货币区别于传统货币的关键，而不在于数字货币是否依然以传统纸币为基础。也许当现金完全消失、数字货币成为所有交易使用的支付手段以后，央行的货币政策真的可以交给计算机按照预先设定的程序自动决策，而且这些决策也真的如同美联储目前所强调的那样做到完全的数据依赖，而且严格遵守货币政策规则。那时，中央银行的任务就是通过分析经济结构和货币政策传导机制的变化调整货币政策模型而已。

三　数字经济和数字贸易带来的新问题和新挑战

作为一种新的经济活动形态，数字经济和数字贸易增强了知识和信息的流动，有助于提高传统产业的生产效率，促进经济增长，但是伴随它所具有的一些新特点也造成了一些新问题，带来了一些新的挑战。

第一，就业挑战。数字经济和数字贸易的典型特征，或者说提高生产率的一个主要途径就是通过网络提供各种可能的数字化服务。这样就产生了一个问题，即在正常情况下，一个员工可以在网络上同时提供多种服务，甚至这些服务都可以是由计算机自动完成的，从而节省了大量劳动，造成劳动替代和失业问题。一个比较典型的例子就是，电子商务和网店的兴起的确提高了生产率，也方便了生活，但是造成了对实体店的冲击。虽然从总量上说，电子商务在减少实体店就业的同时也增加了物流业吸纳的就业，但是对劳动力的专业素质和需求结构发生了变化。这种情况也证明数字经济时代的服务业依然离不开物质生产和实物流通。数字经济本身还不是一种独立的经济活动，依然是以传统经济为基础，是传统服务业的延伸和升级，其发展也依赖或取决于传统经济活动对服务业的需求，而不是对传统经济活动的颠覆或替代。但是，在从传统经济向数字经济发展的过程中，伴随劳动力需求结构转变而出现的结构性失业以及可能出现的就业岗位下降所造成的一系列社会影响却是值得认真对待的。

第二，初次分配的两极化。由于数字经济和数字贸易扁平化的结构特征消除了大量的中间环节，就业也出现了两极化的特征。即使我们不考虑数字经济时代对研发人员不断增加的需求，在受益于数字技术发展的经济部门中，一方面，出现了少数具有强大市场势力的独角兽型平台企业，创造了一批新的符合数字经济技术要求、需要良好教育背景和专业训练的高收入工作岗位。在大量的传统企业中，数字经济时代的高度专业化特征也提高了对生产者和经营者的专业素质要求，同时从业者的数量也在逐渐下降，效率不断提高，收入上升。另一方面，在依然没有摆脱实物经济特征的传统劳动密集型终端服务业，尽管也产生了大量工作岗位，但是这些岗位一般只需要劳动力具备初级的工作技能，专业程度甚至行业特征都不明显，职位竞争激烈，生产率提高缓慢，因而收入增长缓慢。在这两方面趋势的共同作用下，整个社会的收入差距最终会被拉大。

第三，从宏观角度看，不同国家或地区之间出于结构性、政策性和自然条件的原因，经济发展水平是不同的，而且更重要的是，与其相应发展潜力也是不同的。虽然造成这种差异的原因可能有很多种，但进入外部市场的机会可能是最重要的。数字经济和数字贸易有利于市场信息的获取和市场参与者之间的信息沟通，从而通过降低市场进入成本，打破市场的分割，让更多潜在的市场参与者可以进入市场，特别为中小企业提供更多的市场机会，使闲置资源得到运用，从而推动宏观经济的发展。但是，机制要发挥作用是有前提的，除了数字鸿沟可能阻碍数字贸易带来的可能性，市场的差异化或产品的差异性也会产生影响。只要存在产品的替代性和竞争性，打破市场分割造成对产品流动的影响就一定是双向的。一方面市场透明度的提高会加剧竞争；而另一方面竞争的结果却一定是生产率高的企业胜出，占有更大的市场份额，经济发展可能会更不均衡。而在这方面，发展相对落后的地区显然是难以在一个更加开放的市场竞争中取得优势，甚至会因此丧失自己原有的市场。

第四，知识产权保护和跨境征税难度上升。网络化和数字化的知识与信息尽管能够极大地便利传播和交易，同时也能够通过各种技术措施达到保护知识产权和信息价值的目的，从而保护这些知识和信息的生产者权益，但数字化的知识与信息还是不可避免地提高了这些产品的可复制性，也降低了复制成本，这样，知识产权保护就成了数字经济时代的一个热点问题。线上交易方便了跨境交易，带来了税收监管问题，而这也成为数字经济时代的另一个研究热点。对数据只使用而不占有、按需付费等新形式也给知识产权保护和跨境征税提出了新问题，甚至在数字产品的零关税问题上都存在不同的看法。

第五，信用问题与监管难度。网络化的线上经济活动虽然方便了交易，但是也增大了交易后纠纷的解决难度，并且对监管提出了挑战。如果仅仅依靠线上交易，那么客户的鉴别难度和成本就会比较高，特别是线上匿名不仅使信用调查比较困难，甚至身份认证和信息核实本身都是问题。此外，还有电子认证和电子签名等法律认证问题。正是出于这个原因，数字经济的应用和有序的可持续发展往往是从已经建立了可持续交易的关系中演化出来的。也就是说，线上交易在能够得到线下交易经验支持的情况下，数字经济活动才可能更有保障。在全球价值链已经得到比较充分发展的情况下，价值链本身就是一种可持续的商业关系，身份和信用问题基本得到解决，此时数字经济活动也就成为一种增值服务。但是，在数字经济活动的外延发展中，上述问题依然存在。事实上，这个问题的重要性在于它不仅是一个市场信用问题，更是一个影响更加广泛的市场秩序问题。

四　数字经济和数字贸易新规则的应对

从当前各国对数字经济和数字贸易规则所关注的问题来看，[①] 除了强调

① 与数字贸易统计的口径类似，在 USMCA 和 CPTPP 中有关数字贸易规则的讨论也有不少体现在电子商务规则中。

现有的贸易规则和承诺适用于数字贸易之外，主要是针对数字贸易特点可能造成的新壁垒，包括数据存储本地化、市场准入、隐私保护、知识产权和海关措施等（陈维涛、朱柿颖，2019）。这些实际又涉及对产业保护与产业政策以及数据安全等问题的考量，而在这些考量的背后，又涉及市场势力、发展模式与贸易优势等一系列影响因素。在这些问题上不仅发达国家与新兴市场和发展中国家的诉求不同，美欧之间也有不同侧重点。一般来说，欧洲和美国在有关数字贸易规则问题上的分歧主要包括：欧洲正在践行数据本地化，而美国持反对的态度；欧盟对隐私的重视程度大于对数据自由流动带来的经济利益；欧盟强调“视听例外”，也就是将文化部门作为最惠国待遇的例外条款，将文化排除在自由贸易的对象之外，但是在有关知识产权保护问题上则在不断强化，拉近与美国的距离。

Meltzer（2019）指出，随着全球数据流动和数字技术对国际贸易的影响越来越大，各国政府和监管机构既要从这个大趋势中获益，也要保持国内法规的完整性。数字贸易的全球治理应该包含两个核心内容：一是确定新的数字贸易规则，包括明确世贸组织中的一些既有规则，并且在新自由贸易协定中补充制定新规则；二是国际监管合作，在隐私和消费者保护等领域制定国际标准和协议，使国内监管机构相信允许数据离开其管辖权不会损害国内监管目标的实现。因此，在数字贸易全球治理中，确立新的国际规则和监管已经迫在眉睫。

鉴于目前已经有不少文献对数字经济和数字贸易规则本身进行了研究，我们在此主要分析数字经济和数字贸易规则背后的一些考量。

第一，数据隐私的保护要求。从逻辑上说，数据保护首先涉及对数据的攻击是否可以认定为犯罪以及这种犯罪的危害。因为从传统的观点上看，数据是无形的，只有当对数据的攻击导致人员的伤亡或物体的损伤才被认定为攻击，或者只有使物质功能丧失的数据破坏或变更才被理解为攻击。但是，数字化的网络信息不同于传统纸媒，在方便了数据收集和整理的同时也为非法侵犯隐私进行伤害客户的欺诈活动或者进行不正当的竞争提供了可能。而且除了传统个人隐私问题之外，借助于数据挖掘手段，涉及用户的登录、访问、下载和位置等数字经济时代的新信息也具有数据营销的经济和社会价值。这些信息常常超前于实际经济和社会活动，不仅具有预测价值，而且根据数字经济和数字贸易依附于并且服务于传统经济活动这一基本定位，数据的非法获取和不对称竞争可以引导并改变市场上的竞争行为。这不仅涉及当事双方，也涉及第三方；不仅涉及数字经济和数字贸易时代传统经济活动面临的新挑战，也涉及本国数字经济的发展环境和产业保护。

“棱镜门”事件后，2013 年 12 月 18 日，联合国大会在第 68 届会议上通过了《数字时代的隐私权》决议，依据《联合国宪章》的宗旨和原则，以及《世界人权宣言》《公民权利和政治权利国际公约》《经济、社会及文化权利国际公约》，确认包括隐私权在内，人在线下所具有的相同权利在网上也应得到保护。应该指出的是，尽管作为基本原则，各国在数据隐私保护方面没有太大的分歧，但是由于在数据收集和分析能力方面存在较大的差距，因而对披露、分享和保护方面的规定也存在差异。欧盟的《通用数据保护条例》（GDPR）还提出了数据可携权、被遗忘权和免受自动化决策权，以及隐私设计（privacy design）和隐私影响评估（privacy impact assessment）等一系列新概念，还特别明确了第三国问题。①

第二，对数据的保护还涉及各国的保护范围问题。因为数字经济时代的经济活动范围以及所涉及的数据流动与传统经济活动中受到参与者实体活动范围局限的情况完全不同，可以轻易实现跨境交流和交易。因此，要保护本国数字经济参与者的权益和数据隐私，就必然涉及跨境因素。在这方面，GDPR 表现得就非常超前，具有极大的适用范围。在 GDPR 第 1 章第 3 条对适用地域范围的一般解释中就明确规定其监管范围不仅限于欧洲境内的数据控制者和处理者，而且只要涉及向欧盟境内的数据主体提供商品、服务，或涉及监管欧盟境内的数据主体，即使它们是欧盟境外的数据控制者和处理者也都会受到欧盟的“长臂管辖”。甚至欧盟委员会负责对第三国的法治水平、是否尊重人权、现存独立监管机构，以及能否确保有效地遵守数据保护规则及国际协议等方面进行全面评估和充分性认证。

知识密集型数字产品及服务是美国数字产业的比较优势，因此在数字

① 2016 年 4 月 27 日欧盟通过，2018 年 5 月 25 日正式生效的《一般数据保护条例》（General Data Protection Regulation，GDPR，参见 https://gdpr-info.eu.）是一部非常重要的专门法规，共分 11 节 99 个条款，对相关问题进行了非常细致的规定，改变了早期欧盟针对不同国家的发展情况在数字贸易方面劝导性和温和协商的方式，明确了统一立场，并试图为全球信息保护立法树立一个全球标准（Mattoo 和 Melizzer，2018）。

贸易治理中，美国对数字知识产权保护规则非常重视。早在TPP第14章第17条就明确要求缔约方不能以源代码的强制转移及公开作为软件类等产品市场准入的前提条件，充分显现出美国对源代码知识产权保护的坚定立场。不过，该条款仍规定“源代码非强制转移及公开”只是适用于“商业软件”，不适用于“基础设施软件”。但是到了USMCA就变得更加严谨，第19章第16条将“源代码开放禁令”扩展适用于“基础设施软件”，进一步强化了对源代码知识产权保护的力度。不过USMCA该条也规定，“缔约方监管机构或司法机关有权查看源代码，但未经授权不得披露”，其目的是为政府监管部门留有执法空间。最新的《美日数字贸易协定》第17条的“源代码条款”则直接承袭了USMCA中的“源代码保护”规定。基于防护或安全的目的，在进口或销售数字产品时禁止政府强制要求企业公开专有计算机源代码以及影响软件性能的算法，以限制政府从数字服务供应商那里获取源代码的能力；同时规定不得把在本国设置服务器或数据中心、实现数据本地化（包括金融服务业的数据）等作为企业进入的运营前提，并要求给予来自缔约方数字产品以非歧视性待遇，包括最惠国待遇与国民待遇。

因此，如何界定各国监管法规在数字经济时代的行使范围，已经成为一个全新的国家主权课题。过度的保护很可能适得其反，造成数据流动的障碍，推高数字贸易的成本。

第三，数据存储本地化无疑对保护数据和系统运行安全是一种可控且相对有效的方式。尽管在网络时代，数字化信息不能保证绝对的安全，数据存储的本地化至少可以达到在各国隐私保护法规存在差异的情况下，更方便地执行一国自身确定的监管目标。即使各国也可以在网上获取发出的跨境指令甚至获得接收的反馈指令，但是收集这样的信息却可能受到或需要进行法律规制。当然，数据存储的本地化不仅会增加数据的存储成本，而且也会造成数据存储的碎片化问题。如果不考虑成本问题，数据存储本地化与数据存储地多元化的关系也是一个更尖锐的问题，涉及数据存储本地化的实际目的。因为如果仅仅是为了方便监管和系统运行安全，则数据存储本地化不会与数据存储地多元化和数据流动自由化相矛盾，因为这样只会提高系统运行的安全性。但是数据存储地多元化和数据流动自由化却涉及跨境业务准入和潜在的数据隐私保护问题，而后两者可能才是数据存储本地化的真正目的。美国在USMCA第19章专门就数字贸易明确要确保数据的跨境自由传输、最大限度减少数据存储与处理地点的限制以促进全球化的数字生态系统。欧盟的 GDPR 则只允许将数据存放在拥有网络隐私框架认证的国家，且对数据的内涵和外延进行了严格限制。

第四，知识产权的保护问题。数字经济时代的关键生产要素是知识和信息。为了保证知识和信息的生产，知识产权保护就变得至关重要。但是数字化知识和信息的网上传输和交易，以及复制和传播的便利性无疑都增大了保护知识产权的难度。当然，保护知识产权对于在数字经济时代处于领先和前沿地位的发达国家就显得更加重要。虽然各种技术手段可以在一定程度上缓解这个问题，但是各国在这些方面的立法承诺，特别是国际执法的协调依然是非常重要的。

第五，贸易自由化和规制。从当前各国倡导的规则看，发达国家由于在服务业、高技术产业和劳动力平均素质等方面具有优势，在数字贸易方面也更强调跨境数据自由流动和自由贸易的原则，反对各种形式的数字贸易壁垒。例如，《美日数字贸易协定》就要求禁止对跨境电子数据交易（如软件、电子书、游戏和音乐等产品）征收关税，原则上不得限制电子数据交易。显然，这样的规定意在通过免关税促进全球数字产品跨境贸易，使数字产品贸易向自由化方向推进，充分发挥美国在国际贸易中的比较优势，同时也认可和保障了缔约方具有针对数字产品征收国内税的权利。而对于大量依靠货物出口的新兴市场和发展中国家而言，相比传统的自由贸易，尽管在数字经济发展方面可能与发达国家的差距更加明显，但是由于既定的国际分工，对就业的挤出效应可能就不那么明显。相反，由于数字经济和数字贸易将知识和信息作为关键生产要素来提高传统经济活动的效率并优化结构，对待数字经济和数字贸易的态度反而又成了影响新兴市场和发展中国家在国际市场竞争力的重要因素。与此同时，新兴市场和发展中国家都面临突破中等收入陷阱、实现产业升级的压力。因此，对于新兴市场和发展中国家而言，需要在产业培育与保护、维护市场竞争结构以及开放促发展的政策取舍之间进行权衡。这在数字经济时代，规模经济与范围经济相互助力的情况下，如何应对国际独角兽企业进入国内市场后带来的冲击变得更加重要。

随着数字经济时代的到来，全球经济增长可能面临新的换挡期，各国都在积极应对这个挑战。应该看到，我国发展数字经济还面临很多问题与瓶颈，主要是数字经济发展尚处于初级阶段，数据资源开发利用水平低，核心技术和设备受制于人，人才和投融资体制还无法适应数字经济发展的需要，数字化转型和应用仍存在较多障碍，国际化拓展刚刚起步，适应数字经济的市场体系尚不健全，经济治理面临全新挑战，全球竞争和话语权争夺日益激烈。

但是，同样应该看到的是，在发展跨境电子商务方面，中国已经取得了丰富的经验，并且根据我国数字经济实践的特点和相关的市场基础设施建设，积极探索解决一些基础性的重大现实问题。在这些问题中，数据权属的界定和建立明确的数据定价规则至关重要。

明晰的数据权属是数据交易流转过程的基础，产权明晰是数据要素进入市场交易的基础。只有在数据合法且不存在产权争议的前提下，数据提供方才能通过交易平台等出售数据，交易双方经过需求匹配后完成数据交易。数据作为要素参与分配是顺应当下数字经济发展的大趋势，具有重大的现实意义。数据参与分配可调动各主体的积极性，从而提升国家的创新驱动能力。

数据价格通常是影响数据交易成败的重要因素。我们在前面曾经提到，数字化产品定价具有不同于一般商品定价的特征，不同品种的数据价格机制不同。但基本原则是根据平台自有的包括数据量、数据完整性、数据时间跨度、数据稀缺性等在内的数据质量评价指标对数据进行市场化定价。还需要说明的是，虽然对数据确权、定价、交易进行了不同程度的探索，但是数据的无形性、可复制性、可共享性等特点导致数据权属确定、市场定价、市场交易的难度较大，因而目前的情况无法满足数据流通层面的要求。数据权属分析、定价交易已经成为数据要素流通亟待解决的基础性理论问题和现实问题，成为发展、流通和利用数据要素的关键。

推动我国的数字经济和数字贸易发展，除了要有各级政府层面的产业政策支持，在市场操作层面上，还必须加速数据要素的市场化定价、交易。推进实体经济数字化转型。加强企业数字化改造，引导实体经济企业加快生产装备的数字化升级，深化生产制造、经营管理、市场服务等环节的数字化应用，加速业务数据集成共享。提升产业基础能力，突破关键核心技术，强化基础研究，提升原始创新能力。强化数字经济治理能力。建立健全法律法规，完善数据开放共享、数据交易、知识产权保护、隐私保护、安全保障等法律法规。最后，还要坚持开放，加强各国数字经济领域政策协调，推进数字经济技术国际标准的建设，深度参与全球数字经济创新合作。

在数字经济和数字贸易规则建设方面，我国已经初步形成了一些相关法规。中国目前已经通过了《中华人民共和国网络安全法》和《中华人民共和国电子商务法》。特别是2019年1月正式施行的《中华人民共和国电子商务法》，就电子商务经营者的权利和义务、电子商务合同的订立与履行、电子商务争议解决、电子商务促进和法律责任等方面做出规定，另有一些行业标准正在起草中，而且国家市场监督管理总局、国家标准委已发布《信息技术　数据交易服务平台　交易数据描述》《信息技术　数据交易服务平台　通用功能要求》《信息安全技术　数据交易服务安全要求》三项大数据交易国家标准，分别于2019年1月1日、2020年3月1日生效。《中华人民共和国个人信息保护法》和《中华人民共和国数据安全法》也在拟议中。

中国经济经过40多年改革开放的发展也发生了巨大的变化，正在建设和完善迎接数字经济和数字贸易冲击的产业基础，在国内和国际市场上也具备了一定的竞争力，而且中国经济发展的历程证明了对外开放带来的推动作用，加强知识产权保护也是我国自身发展的需要。所以我们有能力也应该融入这个潮流。当然，中国经济结构正处于从以制造业为主向以服务业为主的转变，中国也迫切需要在自主创新的基础上实现产业升级和高质量发展。因此，数字经济相关产业的发展也需要一定的市场保护，规范市场行为，防止出现不对称的恶性竞争，更需要在复杂的国际环境中保证国家安全。因此，中国需要积极参与数字贸易规则的制定，在坚持开放、强调保护知识产权、完善数据保护相关法律法规的同时，也必须加快数据存储的本地化建设，更好地处理与美欧日在数字贸易规则制定中的分歧，也更要注意在这些问题上美欧之间的差异，提高谈判技巧，更好地推动我国数字贸易的发展，确保经济的可持续增长。

参考文献

[1] 陈维涛、朱柿颖：《数字贸易理论与规则研究进展》，《经济学动态》2019年第9期。

[2] 江小涓：《服务业增长：真实含义、多重影响和发展趋势》，《经济研究》2011年第4期。

[3] 马述忠、房超、梁银锋：《数字贸易及其时代价值与研究展望》，《国际贸易问题》2018年第10期。

[4] 马述忠、郭继文、张洪胜：《跨境电商的贸易成本降低效应：机理与实证》，《国际经贸探索》2019年第5期。

[5]〔美〕托马斯·弗里德曼：《世界是平的：21世纪简史》，何帆、肖莹莹、郝正非译，湖南科学技术出版社，2008。

[6] 孙琳琳、郑海涛、任若恩：《信息化对中国经济增长的贡献：行业面板数据的经验证据》，《世界经济》2012年第2期。

[7] 俞立平、潘云涛、武夷山：《工业化与信息化互动关系的实证研究》，《中国软科学》2009年第1期。

[8] 中国信息通信研究院：《中国数字经济发展白皮书》，2017，2018，2019。

[9] Lopez, G. J., and Ferenca, J., "Digital Trade and Market Openness", OECD Trade Policy Paper, 2018, No. 217.

[10] Mattoo, A., and Meltzzer, A., "International Data Flows and Privacy: The Conflict and Its Resolution", *Journal of International Economics Law*, 21 (4), 2018: 769 - 789.

[11] McKinsey Global Institute, "Digital Globalization: The New Eraof Global Flows", 2016.

[12] Meltzer, J. P., "Governing Digital Trade", *World Trade Review*, 18 (S1), 2019: 1 - 26.

[13] Mesenbourg, T. L., "Measuring Electronic Business", www.census.gov, February 15th, 2002.

[14] Oliner, S. D., and Sichel, D. E., "The Resurgence of Growth in the Late 1990's: Is Information Technology the Story", *Journal of Economic Perspectives*, 14 (2), 2000: 3 - 22.

[15] Shao, B. B. M., and Lin, W. T., "Assessing Output Performance of Information Technology Service Industries: Productivity, Innovation and Catch-up", *International Journal of Production Economics*, 172, 2016: 43 - 53.

[16] Solow, R., "We'd Better Watch Out", *New York Time Book Review*, July 16, 1987: 36.

[17] Tapscott, D., *The Digital Economy: Promise and Peril in the Age of the Networked Intelligence* (New York: McGraw-Hill, 1996).

[18] The Office of the US Trade Representative, "Agreement between the United States

and Japan Concerning Digital Trade", 2019.

[19] The Office of the US Trade Representative, "Key Barriers to Digital Trade", 2017.

[20] US Bureau of Economic Analysis, "Trends in Digitally-enabled Trade in Service ", 2012.

[21] Weber, R. H., "Digital Trade in WTO-law-taking Stock and Looking Ahead", *SSRN Electronic Journal*, 5 (1), 2010: 1 -24.

[22] WTO, "World Trade Report: The Future of World Trade: How Digital Technologies are Transforming Global Commerce", 2018.

数字经济下的国际贸易理论反思*

张　宇**

摘　要：作为现代经济学领域的重要分支之一，经典的国际贸易理论曾对国际贸易这一贯穿于人类社会发展历史的现象进行过系统性的阐述和解读。然而在数字经济浪潮的冲击之下，国际贸易活动无论是在交易标的还是交易对象乃至交易方式以及背后的生产组织等方面都发生了显著的改变，由此也对传统意义上的国际贸易理论形成了巨大的甚至是颠覆性的冲击。本文从有关数字贸易的基本内涵出发，结合数字经济与数字贸易的主要特征，从比较优势的内生化、规模经济与范围经济、数字鸿沟与技术扩散、经典引力模型的适用性、生产区位与贸易格局以及数字技术下的“里昂惕夫悖论”等角度探讨了数字贸易活动对于传统贸易理论的颠覆和挑战，并从微观、宏观和政策层面剖析了数字贸易活动可能产生的主要经济效应，以此为当前有关数字贸易的研究实践提供一定的参考和启示。

关键词：数字经济；数字贸易；国际贸易理论

作为最古老也是最基础的国际经济活动，国际贸易的发展贯穿人类经济社会发展的历史，并成为经济学中一门重要的分支学科。传统的贸易理

---

* 本文主体内容原载于《天津社会科学》2021 年第 3 期，原标题为《数字经济下的国际贸易：理论反思与展望》，收入本书时有增补。

** 张宇，中国社会科学院财经战略研究院副研究员，主要研究方向为国际企业与国际直接投资。

论曾经从比较优势、禀赋结构、产品周期、市场结构乃至生产率差异等不同的角度阐释了国际贸易产生的原因及其对参与国的产业结构、经济增长以及社会福利等所产生的影响，由此建立起了一套较为完整的国际贸易理论体系。然而在数字经济浪潮的冲击之下，国际贸易活动无论是在交易标的还是交易对象乃至交易方式以及背后的生产组织等方面都发生了显著的改变，由此也对传统意义上的国际贸易理论形成了巨大的甚至是颠覆性的冲击。

一　数字贸易的基本内涵

在有关数字经济下的国际贸易问题研究中，如何全面和准确地界定数字贸易的内涵和外延是首先需要解决的问题。而由于数字经济影响的广泛性以及对于传统经济活动的渗透性，数字贸易这一概念本身仍然是一个存在较多争议，进而悬而未决的问题。

在目前对于数字贸易概念的理解中，一个基本的共识是，贸易过程是否涉及数字化产品或数字化技术是区别传统贸易与数字贸易的核心。然而，由于现代社会的生产与交易环节中或多或少地应用到了信息技术与数字化技术，如何确定数字化产品或数字化技术的范畴以及介入程度则成为有关概念界定的主要分歧所在。在此方面，大部分的研究倾向于以互联网和信息技术是否应用于贸易环节作为界定数字贸易的切入点，如 Deardorff 在研究数字贸易中的比较优势问题时提出，国际数字贸易是一种涉及多国的贸易活动，其中所包含的某些贸易产品本身就是数字产品，或者贸易产品的订购、交付、支付或服务中的任何一个步骤或环节是通过互联网技术或数字技术来实现的。Lopez（2017，2018）认为，尽管目前尚没有形成被社会普遍接受的数字贸易标准定义，但多数的研究都认为数字经济主要囊括了借助互联网和信息平台进行交易的货物与服务以及通过网络直接提供的数字化产品和服务两大基本范畴。国内较早对数字贸易展开研究的熊励等（2011）认为，数字贸易是指依托互联网平台、以数字技术为主要手段，为供求双方提供交易所需的数字化电子信息的创新型商业模式。蓝庆新和窦凯（2019）则认为，数字贸易是依托互联网及互联网技术，以数字交换技术为主要手段，提供以数字化数据信息为贸易标的或以实体货物以及数字化产品、服务、知识和信息为贸易标的新型商业模式。

上述研究倾向于将数字贸易中数字技术应用的范畴界定在产品和交易领域。与之相对，另一些研究则进一步拓展了有关数字技术应用的涵盖范围，如伊万·沙拉法诺夫和白树强（2018）从广义的角度认为，数字贸易应当包括信息通信技术产品和服务的交易、数字产品及服务、人员流动和数据传输四个核心因素。而马述忠等（2018）则进一步指出，数字贸易不仅应当包括传统意义上的那些以数字化技术为主要交易手段或以数字化产品为主要交易标的的贸易活动，而且应当进一步涵盖通过信息通信技术实现传统有形货物、新型数字产品与服务、数字化知识与信息的高效交换，进而推动消费互联网向产业互联网转型并最终实现制造业智能化的新型贸易活动。美国贸易代表办公室则进一步将包括全球价值链的数据流、实现智能制造所需的服务以及相关互联网平台等在内的各类通过利用数字技术所形成的跨境贸易交付统统纳入数字贸易的概念（Office of the United States Trade Representative，2017），这实际上意味着将数字贸易概念中数字技术应用的范畴从原本的产品和交易领域推进到了生产领域。孙杰（2020）则从更一般性的角度出发，认为数字贸易作为数字经济的延伸和应用，仍然需要以传统经济活动的效率提升和结构优化作为基本的目的，只是在生产和交易活动中将数字化的知识和信息作为关键性的生产要素，本质上仍属于现代生产性服务业的范畴。

综观上述有关数字贸易的定义可以发现，数字贸易内涵与外延的界定实际上取决于我们如何认定数字经济在贸易活动中的作用。而这一过程的关键则在于广泛性与针对性之间的取舍。目前很多的研究基于数字经济应用愈发广泛的背景，倾向于不断扩大数字贸易的外延范畴，并将所有应用数字技术的价值链环节，或将依托数字经济而发生的贸易均纳入数字贸易的内涵，尽管它会提升数字贸易概念的全面性，但由此带来的数字贸易与传统贸易之间边界的模糊与泛化也会为数字贸易的统计和研究造成一定的困扰。

基于上述考虑，我们实际上可以将数字贸易定义为，以数字技术和信息技术为依托，以电子信息产业的产品和可在线传输的数字产品与服务为交易标的，或在交易活动中广泛采用数字与信息技术的商品与服务的贸易活动。基于这一定义，数字贸易的基本内涵实际上可以根据数字技术在贸易以及生产过程中的参与程度划分为以下三个层次（见图 1）。

第一层次为数字化产品与服务。此类产品与服务可以脱离传统的交易媒介，借助网络和信息技术实现数字化的存储、传输与交易，属于数字贸易的最基本表现形式；同时，因为其生产和传输过程中的成本特性，此类产品与服务的贸易也是对传统国际贸易理论和实践颠覆最为彻底的领域。

第二层次则是与数字技术本身相关的软硬件产品和服务，包括电子信息产业的硬件设备，相关的贸易平台与交易软件开发，信息传输与电信服务的提供等。该领域作为实体性的货物贸易，与传统的贸易活动存在较多的重叠，但由于其本身与数字技术发展和应用之间存在密切的联系，是现代数字技术的重要支撑，因此其贸易活动也应当成为数字贸易范畴的有机组成部分。

第三层次为运用数字化技术为贸易活动提供基本的信息和交易支持，如商品信息的搜寻，交易双方的撮合与对接，信用保障与资金划转等。我们不妨将其称为“贸易的数字化”。此类交易与数字贸易活动萌芽阶段的电子商务一脉相承，但对于数字技术的应用和依赖更加深入。同时，此类交易虽然在交易标的上仍表现为传统的货物贸易，但在成交过程中大量地应用数字化和信息化技术来提升交易效率，降低交易风险与交易成本，并由此极大地促进相关贸易活动的发展，因此也可以归属于广义的数字贸易范畴。

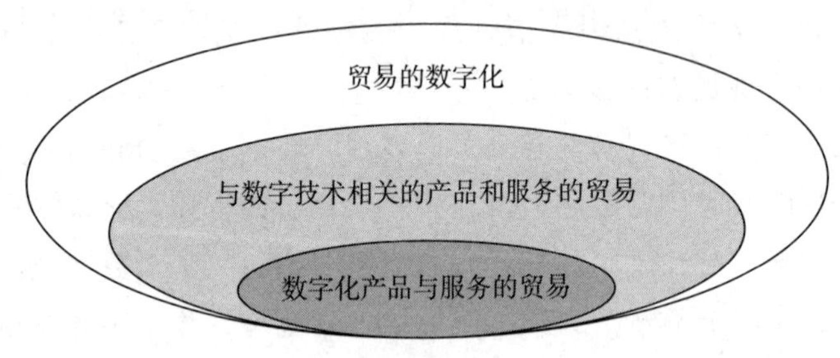

图 1　数字贸易的基本内涵

二　数字贸易的主要特征

数字经济本身具有低运输成本、低边际成本、低搜寻成本以及关键要素（数据资源）内生化的特性。得益于这些特性，数字贸易本身也存在很多区别于传统贸易形式的特征。

（一）更低的交易成本

相对于传统的贸易形式，数字贸易活动通常会具有更低的交易成本。这种交易成本的节约主要来源于如下一些途径。

首先，从数字化产品贸易这一数字贸易最基本的形式来看，由于贸易品可以通过信息网络技术实现远距离的（几乎）瞬时传输，传统贸易形式中的物流环节可以被完全省略，从而在运输成本方面实现了完全意义上的节约。

其次，从更广泛意义上的贸易数字化情况来看，即便是对于那些仍无法规避现实运输成本的实体商品而言，其也可以通过数字化的贸易形式而实现交易成本的节约。相对于数字化产品而言，这种更广义的交易成本节约突出地表现在信息搜寻与获取成本的节约方面。借助于各类专业化的网络搜索引擎以及交易平台，贸易活动的参与方可以更容易获取相关的商品信息并遴选符合条件的供应商，并可实现即时的沟通与反馈，无论是在时间成本还是信息成本方面都实现了相较以往的大幅下降。

最后，数字技术在贸易活动中的应用还可以进一步降低交易过程中可能产生的风险。传统贸易活动由于交易周期更长，且交易双方信息不透明，交易双方都会面临较大的风险和不确定性。而在数字化的贸易环境中，交易活动会被纳入平台的统一监督之下，资金的流转和货物的交付拥有完整的记录并可随时跟踪查询，且交易方具有更为公开透明的信用评价体系，这些措施都会在相当程度上缓解交易双方的信用风险，由此带来的不确定性下降也可以进一步降低交易过程中的隐性附加成本。

（二）规模经济、范围经济与“赢家通吃”

数字经济所具有的另一个典型特征是由数据要素内生化所产生的规模经济与范围经济，以及由此产生的“赢家通吃”的垄断性市场结构。而作为数字经济在贸易层面的拓展，这一特征也被传递到了贸易领域当中，并使得数字贸易具有了类似的规模经济、范围经济和垄断性特点。

数字贸易活动中的规模经济特性同样植根于数据要素的内生性。在数字贸易过程中，出口规模越大，交易范围越广的参与方会通过交易活动积累越多的数据信息，从而对需求和市场具有更为详细和准确的把握，有助于其更有针对性地进行市场细分和产品推广，并及时结合需求的变动进行产品策略的调整，由此进一步强化在出口过程中的竞争力，形成规模扩张—数据累积—竞争力提升的良性循环。

除此之外，数字贸易中的规模经济特性也可能源自数字化交易方式本身的特点。在电子化和数字化的交易环境中，成交量的大小和评价本身也会成为需求方遴选产品的重要标准，由此使得在先期出口市场上占据较大份额的出口方会在商品的搜寻与客户认同方面形成固有的优势，并随着交易量的扩大而不断强化。

除了数据要素的内生性以及数字交易特有的遴选与评价体系所带来的规模经济效果之外，由于数据要素本身的通用性和外部性，出口方可以比较容易地将前期贸易活动中积累的数据信息应用到其他业务领域当中。特别是在当前大数据技术广泛应用的背景下，单一市场上对客户偏好情况的刻画可以极大地提升出口商开辟其他业务领域的针对性和精准度，从而降低跨部门经营的门槛，并使得数字贸易的出口方呈现更多的多元化和“跨界”特征。与此同时，在数字经济条件下，客户本身出于提升消费体验或降低额外成本的考虑也会形成对来自同一供应商产品的黏性，比如在选择某一品牌的电脑产品之后通常会选择同一品牌的手机、电视等终端，以实现软件的共享和操作的便利化；在选择某个平台进行交易活动的同时会同时选择该平台开发的支付系统乃至金融信贷服务以节省额外的搜寻成本等，由此也进一步提升了数字经济条件下贸易方实现范围经济的可能性。

由上述因素引发的规模经济和范围经济效果会在很大程度上导致数字贸易领域最终呈现明显的先行者优势和“赢家通吃”的高度垄断市场结构。一旦某家出口商借助某种优势实现了市场地位的领先，就可以进一步利用这种领先优势所带来的规模经济和范围经济效果不断强化自身的市场地位，并借助正反馈效应最终实现对市场的控制和垄断。

（三）交易平台化与供应链扁平化

数字贸易区别于传统贸易的一个显著性的特征在于交易方式的改变。在传统的贸易活动中，由于高昂的信息成本导致的信息不对称性，国际贸易活动大多需要依靠专业化的进出口商作为中介机构实现供应方与需求方的有效勾连，由此导致传统的国际贸易会有更长的供应链条。然而在数字化的贸易活动中，信息技术的广泛采用大大降低了需求方与供给方之间的信息壁垒和沟通成本，中间商存在的必要性大幅下降并趋于消失，由此使得需求方和供给方之间可直接实现对接，贸易活动的供应链体系也越来越多地呈现出扁平化的特征。

导致数字贸易中参与方信息成本下降以及供应链扁平化的直接驱动因素来自数字技术下专业性的交易平台的扩张与发展。作为一种直接汇聚用户和商品与服务供应商的典型双边市场，平台的存在大幅降低了贸易参与方之间的搜寻和匹配成本，在最大限度上取代了原有的中介机构；与此同时，平台经济也采用同一套硬件、软件和管理组织取代了原有的分散组织形式（谢富胜等，2019），从而引起了贸易活动中供应链结构从原有的“链条式”结构向扁平化的网络式结构转变。

（四）产品的个性化、多样化与物流的分散化

与传统贸易形式相比，数字贸易所具有的另一个特征就是产品的个性化与多样化程度得到了极大的提升。这实际上得益于数字经济本身所造就的“长尾效应”。根据 Anderson（2004）的总结，传统的商业活动中由于成本和规模的限制，市场上的产品通常只能覆盖 20% 的主流需求，并占据了 80% 以上的市场份额；而对于其余 80% 的零散和小规模需求则因为无法达到市场的最低进入规模而被排除在外。然而互联网的出现却对上述的“二八法则”提出了挑战——借助互联网和交易平台，更多的消费者有机会接触更契合自身偏好的商品，从而汇聚了众多“小众”的需求，这些原本属于“尾部”而被主流市场排除在外的商品，可以通过需求的汇聚积累足够的需求规模并获得进入市场的机会，甚至获得比主流产品更大的市场。

具体到贸易领域，数字经济的“长尾效应”所带来的一个直接结果就是产品的个性化和多样化程度会相对于传统贸易有大幅度的提升。与此同时，数字技术的应用对于企业供应链管理效率的大幅改善也使得企业可以更为精准地进行订单和库存的管理，甚至可以直接针对客户需求进行定制，由此减少因盲目试错而产生的损失，这也为众多“小众”或“尾部”需求的满足创造了必要的技术条件。而与产品领域的多样化和个性化程度提升相对应，数字贸易下以小规模和多样化为特征的物流活动也会改变以往单

一产品下大规模集中运输的模式，以小型邮包为代表的分散式物流在数字贸易中的比重会得到显著的提升。

（五）贸易标的的服务化

受技术条件和运输条件的局限，传统贸易活动的标的物主要为具备“可贸易”特征的制成品，服务业产品由于自身生产和消费环节的不可分割性往往不具备远距离传输的条件，从而被排除在传统的国际贸易领域之外。然而数字技术的发展在很大程度上突破了服务产品“不可贸易”的局限，包括金融、咨询、教育乃至医疗等在内的众多服务产业可以借助数据的传输实现低成本甚至是零成本的远程传输，因此服务贸易也随着数字技术的普及而得到了迅猛的发展，成为国际贸易体系中越来越重要的组成部分。从狭义的角度来看，数字贸易所涉及的数字化产品交易中，绝大部分可以归属于服务贸易范畴，而贸易标的的服务化也由此成为数字贸易的另一大典型特征。

除了直接促进新兴的服务贸易领域发展之外，数字经济下的贸易服务化特征也在传统的制成品领域得到进一步的显现。由于传统制造业贸易活动的竞争日趋激烈，提升相关贸易产品的附加值也由此成为传统制造企业获取市场竞争优势的重要突破口。而在数字经济带来的服务环节可贸易性大幅增强的背景下，通过延展相关的产业链条，为制造业产品提供更好的售后保障以及附加服务，甚至通过“以租代售”等新型商业模式实现经营方式的转型已经成为越来越多制造企业的现实选择，由此带来的制造业服务化转型实际上也是数字经济条件下贸易活动服务化的重要表现形式。

三　数字贸易的理论反思

作为数字经济向贸易领域的延伸，数字贸易的发展虽然不能完全脱离传统贸易理论的分析框架，但也因为其所蕴含的显著区别于传统贸易形式的特征而对经典的贸易理论形成了一定的挑战和颠覆。

（一）比较优势的内生化：再论“先发优势”与战略贸易政策

经典国际贸易理论的发展经历了比较优势理论（古典主义）—禀赋优势

理论（新古典主义）—新贸易理论（规模经济与不完全竞争）—新新贸易理论（企业异质性）的发展阶段，并形成了一套较为完整的理论体系，对于国际贸易活动的成因、影响因素乃至社会福利效果等问题都进行了严谨系统的理论论证。然而从根源来看，所有上述的国际贸易理论基本上是建立在针对传统经济部门的微观分析基础之上的，所涉及的要素投入、成本结构乃至经营模式都并未涵盖数字经济背景之下的最新情况，因此在数字贸易条件下，相关的理论也不可避免地面临一定的挑战。

数字贸易对于传统贸易理论的最大颠覆可能来自数字要素本身的特性。根据古典以及新古典贸易理论的经典分析，一国参与国际贸易并可以在某一领域开展出口活动的先决条件是在该领域的生产率或者密集使用的要素方面占据相对性的比较优势。数字贸易在这一方面也不能例外。一些针对数字贸易的分析和研究也据此指出，在数字贸易环境中，劳动力、原材料等传统比较优势的作用变弱，而诸如数字基础设施、人力资本、数字技术以及与数字经济相关的制度作为一类新的比较优势，在支持和促进相关领域出口活动中会起到较传统比较优势更为重要的作用。然而，此类分析仍然还是在经典的比较优势理论框架当中进行，仅仅是对数字经济下要素和比较优势的内涵进行了相应的扩充，却并不能从根本上触及数字经济最本源的特征以及由此对经典贸易理论形成的冲击。

事实上，数据作为数字经济特别是数字贸易活动中的重要因素，其对经典经济理论的冲击绝不仅仅限于一种新型的要素的引入，而更多地来自数据要素本身区别于传统要素的特性，即可以通过生产和贸易活动不断形成和强化的内生性。在经典贸易理论当中，无论是基于生产率还是要素禀赋的比较优势分析，其比较优势的形成都具有典型的外生性特征，而在数字经济条件下，具有内生性特征的数据要素的引入无疑对此前基于外生比较优势的理论形成了挑战。在数据要素内生性的前提下，一国的数据要素禀赋将不再作为一成不变的外部条件而存在，而是会随着生产和贸易规模的扩张而不断地自我强化，从而使得比较优势也会呈现出内生性和动态发展的态势，而相关国家的进出口结构与贸易格局也会在这种内生性的比较优势作用之下呈现“强者恒强”的特征。

比较优势的内生性与自我强化可能会进一步引发一个政治经济学层面的问题，即数字经济下的国际贸易是否依然有助于各国经济的收敛？经典贸易理论在完全竞争市场与要素可自由流动的假设下认为，国际贸易会引发各国要素报酬和收益率的均等化，在商品和要素可以自由流动的情况下各国的产业结构和收入将会趋向于收敛，并据此将自由贸易视为后进国家实现经济追赶目标的康庄大道，而现实世界中各国经济发展的非收敛性也往往被归咎于开放度的不足。然而这一看似“完美”的理论在数字贸易的冲击下可能会呈现出相当的问题——一方面，数据要素在使用过程中的“零边际成本”特性使得要素报酬均等化机制在数字经济条件下会近乎失灵；另一方面，数据要素本身的内生性也会使得一国一旦形成微小的竞争优势，在开放条件下便会借助规模经济的效果不断对该优势形成强化，其他国家也很难有机会实现对相关领域的参与和渗透，长此以往，各国之间的贸易规模乃至收入水平非但不会收敛，反而有着差距不断扩大的可能。

如果数字贸易最终会造成各国贸易规模与收入差距的加大，那么“第一步”的选择，即在数字贸易领域率先建立优势就变得异常重要，这也意味着经典贸易理论中放弃政府干预、完全借助市场本身的力量实现“公平”的贸易格局会成为一个仅存在于理想中的“空中楼阁”，而借助战略性贸易政策和产业政策的力量，通过大量的前期投入抢占产业发展先机将会成为未来贸易活动中各国普遍采取的现实政策选择。

（二）从“规模经济”到“范围经济”

经典的国际贸易理论主要基于完全竞争的市场结构，并不涉及规模经济的技术条件。而在 20 世纪 80 年代，以 Krugman（1979）、Helpman（1981）提出的贸易理论模型则突破了上述局限，在垄断竞争的市场结构框架下从规模经济的角度探讨了国际贸易的成因，并以此为国际贸易活动中广泛存在的产业内贸易提供了令人信服的理论解读。

然而上述讨论仅仅将有关国际贸易理论拓展到了规模经济领域，同时规模经济的成因也主要源自垄断竞争市场结构的设定。而在数字贸易环境中，由于数字要素的内生性，不仅企业的生产会呈现出更为典型的规模经济特性，并使得贸易市场上的产品分类更为细化，同时更重要的一点在于数字要素可以近乎无成本地跨部门使用，并由此带来显著的范围经济效果，而在范围经济方面，目前的国际贸易理论显然少有涉及。

就理论而言，范围经济的引入对于现有国际贸易理论的冲击至少会表现在如下方面。

首先，范围经济不仅会进一步强化贸易活动中比较优势的内生性，而且会使得相关领域的比较优势呈现簇生的特征，即在某一个具体领域中所形成的优势会借由要素的通用性和共享性被迅速地扩散到其他领域当中，从而使相关企业在一系列相关的产品与服务市场建立比较优势，并形成一整套围绕同一类数据要素和技术特质的产业聚合体。这种比较优势簇生可能会使得企业的贸易形态同时兼具产业间和产业内的形态，从而使得任何一种专注于产业间和产业内贸易的理论在描述其贸易特征时都会失之片面。

其次，范围经济会颠覆多产品生产中的技术设定，使得同一生产者的不同产品之间从传统的替代关系转变为互补关系，并由此引发企业生产和贸易决策的一系列变化。在传统的微观经济分析中，共同使用同一要素的两种产品之间存在隐含的竞争与替代性——一种产品产量的增加必然伴随要素的更多占用以及另一种产品产量的减少，因此厂商需要在一定的产品价格下权衡要素的配置并确定两类产品的产出比例。当要素禀赋存在差异时，国际市场上的统一价格会使得厂商的生产呈现专业化分工的态势，并决定彼此的贸易格局（见图 2a）。但在范围经济条件下，数据要素的低成本跨部门共享特性使得产品之间不存在对共同要素的争夺，尤为重要的是，当数据要素可以通过某种产品的生产而可以内生获取时，一种产品的产出增加还可能进一步提升另一种产品产出的潜力，由此使得企业的产品转换曲线会由原本凹向原点的曲线转化成为由原点出发的射线（见图 2b）。在这种情况下，每种产品专用要素的禀赋可能决定了相关国家两种产品产量的上限（点 A 与点 B），但产品的产出比例不再由价格决定，而是更多地取决于数据要素的内生性与共享程度，各国由禀赋条件所导致的产品间分工将不复存在，在相同的产品结构下进行复杂的产业内交换，甚至在规模经济的驱使下由一国完全垄断两种产品的生产可能成为数字贸易的典型形态。

最后，范围经济还会进一步引发国际贸易活动中定价策略的复杂化。在数字要素的共享性引发的范围经济背景下，由于一种产品的生产可以通过积累数据要素的方式为另一种产品提供支持，因此即便不考虑价格的补偿，单纯的产品生产本身也会对厂商产生一定的正向经济效益，而落实到现实层面，这一情形可能会衍生出更为复杂的定价机制，如对于某类以数据挖掘和信息获取为主要目的的市场，厂商可以以极低的定价甚至免费的

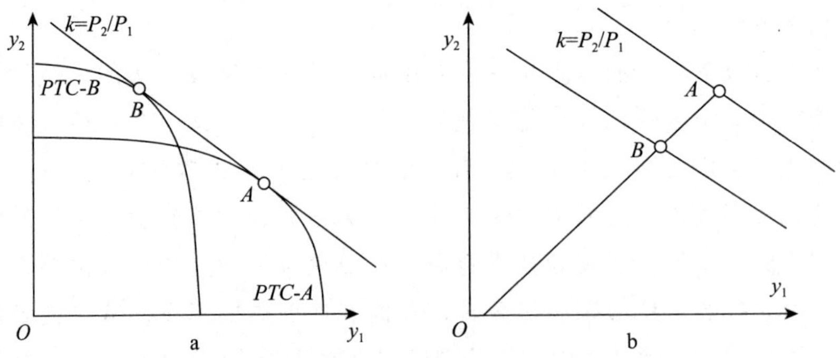

图 2　传统理论与范围经济下的多产品生产决策

注：图中 *PTC-A* 与 *PTC-B* 分别为 A 国与 B 国的产品转换曲线，*A* 点与 *B* 点则为两国在开放环境下的生产点。

方式吸引大量的消费者并获得可观的市场份额与数据要素积累，并通过将相关要素用于另一市场的方式实现企业整体的盈利。而目前数字贸易领域特别是一些网络化的文字、音像等文娱产业，以免费提供内容服务为契机赚取流量，并以此在广告投放等其他市场上实现获利等传统经济中罕见的定价方式正在成为一种重要的盈利模式。

（三）“数字鸿沟”与数字贸易中的技术扩散

在传统的古典和新古典主义贸易理论模型当中，产品的生产并不存在特殊的技术壁垒，因此贸易活动带有更多的“普适性”特征——任何国家或者企业都可以根据自身生产率或者要素禀赋的具体情况生产和出口具有相对比较优势的产品，并可以从专业化的生产中获得相应的利益改善。这一情况在工业化早期或简单的产品生产方面可能是适用的，但在制造业技术复杂度不断提升、生产工艺日趋复杂的情况下，技术壁垒可能会成为国家或者企业参与国际贸易活动的一个最为重要的障碍。

在 Meliz（2003）以及 Yeaple（2005）等基于企业生产率异质性所创建的新新贸易理论中，实际上也涉及了这种技术壁垒对于贸易的阻碍作用。在他们看来，国内的企业只有在具备一定的生产率或技术优势的情况下才能够进入国际市场，而生产率较低的企业则只能停留在国内。但相关的理论模型对于技术壁垒的刻画仍然被简单地抽象为生产率的差异，因此并不能完全地刻画技术壁垒对贸易的阻隔。而在数字经济环境下，这种技术壁垒对于国家和企业参与生产和贸易活动的阻碍作用也将变得更加突出，并被形象地称为“数字鸿沟”。一方面，数字经济条件下的生产会具有较传统工业部门更高的技术复杂度，如作为数字经济硬件基础的电子信息产业中大规模集成电路的生产不仅需要高度专业化的研发和设计部门，同时其精微到纳米级别的元器件产品也需要能够实现高精度生产的制造部门加以配合，而作为芯片加工的母机——光刻机的生产更是集中了全球顶尖公司的高端技术，单纯在一个或者几个领域的技术突破可能仍无助于冲破产品的技术壁垒，这就使得绝大部分不具备相关工业基础或技术能力的国家和企业被挡在了高端数字产品贸易的大门之外。另一方面，国家之间在数字基础设施以及人力资本方面的差异也是导致数字鸿沟无法弥合甚至被逐渐扩大的重要原因。据世界银行相关统计，目前发达国家人口仅占世界总人口的17%，但网络用户却占世界总量的80%；而由此带来的结果便是全球90%的电子商务额被发达国家垄断。此外，遍布数字技术领域的知识产权也在实际上对后进国家的技术进步形成了阻碍。目前，发达国家的电子信息企业和数字企业已经通过先行者优势主导了产业技术革新的路径，并对于任何可能实现技术突破的关键节点都已申请了专利，后进国家无论是通过模仿还是在现有技术基础上进行自主研发，实际上都无法绕过相关的知识产权壁垒，这种名义上的保护所带来的事实上的技术封锁也是造成数字经济下技术壁垒无法被有效规避和突破的原因之一。

然而，尽管数字经济条件下技术壁垒对于贸易活动的阻碍作用或变得更为突出，但数字经济本身也在一定的侧面为后发国家实现技术的追赶甚至反超提供了一定的机遇。在传统的研究中，技术溢出本身就是贸易活动所产生的一个不容忽视的结果，而在数字经济条件下，这种技术溢出的效果可能会变得较之以往更为强烈。首先，数字经济条件下产业技术更新换代的频率达到了前所未有的程度，而大规模的技术更新往往会抹平传统技术优势国家的领先地位并将各国拉回到同一起跑线，从而使得后发国家具有了实现“弯道超车”的历史机遇。其次，数字经济本身的可复制性和易传播特征也会使技术的封锁和控制变得更加困难，特别是对于软件源代码等以数字为载体，或以商业模式创新为主要形态的技术而言，在国际贸易活动所带来的产品传播过程中会有更大的概率为后进者所仿效，并由此缩小国家之间的技术差距。最后，数字经济下产品的多样化会使得领先者的技术优势更加难以维持，后发者在现有产品基础上的微小修改或创新都可能会实现对市场的成功切入，并借助数据信息内生化的“滚雪球效应”实现迅速地做大，甚至动摇领先者的技术优势和垄断地位。近年来，抖音借助短视频实现对腾讯垄断的传统社交网络的渗透和切入正是数字经济时代后发者“逆袭”的典型案例。

（四）引力模型是否失效

“引力模型”是经典国际贸易研究，特别是实证研究中最为重要也是最为常用的理论基础和研究框架。作为从物理学延伸演绎而来的理论体系，Tinbergen（1962）和 Poyhonen（1963）首次将双边贸易规模视为与经济总量成正比，并与两国的地理距离成反比的经济变量，开创了将引力模型用于贸易研究的先河。而在此后，包括 Anderson（1979）、Helpman 和 Krugman（1985）、Bergstrand（1989）以及 Anderson 和 Wincoop（2003）在内的学者分别在产品差异性、规模经济、垄断竞争框架等假设前提下从理论上推演出贸易活动的引力方程，为引力模型的研究提供了理论支撑，并在有关贸易的影响因素以及贸易壁垒的测算等方面得到了广泛的应用。

然而传统的引力模型更多的是基于传统制造业产品的分析，其中的经济规模和地理距离分别作为产能约束和运输成本约束对贸易的流量规模产生基础性的影响。但在数字经济背景之下，传统的引力模型是否依然成立则可能存在一定的疑问。一方面，从地理距离来看，数字产品的无形性和可即时传输的特征使其运输成本近乎为零，因此传统引力模型中的地理距离因素对于数字贸易的影响可能会大幅下降，甚至可以从引力模型中被剔除——Lendle 等（2016）曾基于 eBay 平台交易数据和传统贸易数据的实证对比分析发现，eBay 平台贸易受到的地理距离限制作用仅为传统贸易的35%；Gomez-Herrera 等（2014）针对欧盟 27 国的在线消费调研也发现，与线下交易相比，网络交易中与地理距离相关的成本被大大降低；类似的结论也曾为我国的学者马述忠等（2019）以及吴群峰和杨汝岱（2019）所证实。另一方面，从经济规模来看，尽管在数字经济环境下数字产业的贸易规模大体上仍会受到一国经济规模的约束，但由于数字产品的要素投入，特别是关键性的数字要素具有近乎无成本的特征，相关的成本约束将主要体现为一次性的固定成本投入，可变成本在其中所占的比例极低，数字贸易也会呈现出较之传统产品更为明显的规模经济效果，因此经济总量规模对于数字型企业的产能约束也将会大大降低。

但数字贸易对于传统引力模型的挑战却并不意味着对引力模型框架的彻底颠覆，而是更多地引发其内涵的改变。

首先，从规模约束来看，尽管纯粹的经济规模对于数字贸易的影响力将会较传统贸易减弱，但数字贸易实际上会面临另一种形式的规模约束，即贸易参与国本身的数字基础设施以及网络的普及与发达程度。如前所述，目前世界上的国家之间由于经济发展水平和前期技术基础的差异，存在明显的数字鸿沟，互联网基础设施以及用户普及率都有着较大的差异，而数字贸易在生产端尽管可以摆脱传统的要素投入束缚，但对于数字基础设施，包括畅通高效的网络条件、大规模的运算能力、高质量的终端系统乃至综合上述技术能力的云平台等则具有更严格的要求；同时，在需求端，数字贸易的市场开拓实际上也在相当程度上取决于当地的互联网以及各种移动和智能终端的普及。因此，在数字经济下的引力模型中，数字基础设施以及互联网的普及程度可能将取代经济规模成为决定贸易流量规模的核心因素。

其次，从距离因素来看，数字经济条件下的贸易活动可以凭借近乎为零的运输成本摆脱地理距离的限制，但国家之间的一些“隐性”的距离，如文化距离和制度距离等对于数字贸易的影响则会进一步凸显。作为以内容和用户体验为核心的产品，消费者在数字产品的选择过程中往往会倾向于与自身的语言、消费习惯和消费心理更为贴近的产品，而在文化越为接近的国家之间，对于上述需求因素的把握也会更为容易，由此使得文化因素在数字贸易中可能会取代地理距离成为影响贸易规模的另一关键因素。与此同时，在数字贸易规则尚未有效建立、各国对于数字要素和数字产品跨境流动的态度与政策选择存在较大差异的情况下，数字贸易所面临的制度性壁垒，包括数据要素的本地化限制、数字产品的内容合规性限制，乃至电信产业的市场准入限制等也都可能会对数字贸易活动形成重要的影响。

（五）生产区位与贸易格局

著名的国际贸易学者、禀赋优势理论的创始人俄林曾经指出，贸易问题的本质是区位问题（伯特尔·俄林，2008）。然而在传统的国际贸易理论中却并没有将企业的区位决策纳入分析框架。这在生产要素无法跨境流动的情况下固然是合理的，但随着全球经济开放程度的提高和要素可流动性的增强，企业已经能够脱离原有的地域局限并通过直接投资活动进行生产区位的选择，从而使得国际贸易和国际直接投资不再是一个彼此独立的问题，二者共同决定了全球范围内的生产格局，同时也决定了各国之间的贸易格局。

而数字经济的发展则进一步增强了商品和要素跨境流动的可行性，并由此对全球的贸易格局产生了更进一步的影响。Fujita 等（1999）针对传统工业制成品所建立的空间经济模型曾经立足于企业区位选择的视角讨论了开放经济条件下的全球生产与贸易格局及其演变趋势。在其看来，制造业通常会在外部规模经济的作用下，出于接近中间品产地以及最终消费市场以节约运输成本的考虑而集聚在某一个国家当中，并由此形成“核心（工业化国家）”与“外围（农业国）”的区别，而只有在外围国家的生产率和收入上升到一定阶段之后，才会凭借劳动力成本等优势抵消制造业在核心国家的集聚力，吸引工业的进入并最终进入工业化国家的行列。这一理论模型虽然较好地解释了工业革命以来发达国家与发展中国家之间的分化以及各国工业化的历程，但以外部规模经济和运输成本为核心的模型却在数字经济条件下面临着更多的挑战——一方面，数字经济环境下的产品跨境流动面临着近乎为零的运输成本；另一方面，可变要素投入在成本中占比极低，也使得数字型企业的生产活动对中间品投入的依赖大幅下降。所有这些都会导致传统上引发企业集聚的因素失灵，国际生产与贸易的格局在理论上可能会更多地呈现“均匀”或“对称”的特征，而非传统上的“核心－边缘”形态。

进一步结合数字经济的特性以及数字监管规则可能的演变趋势，上述的结果可能意味着数字经济下的生产区位选择与贸易格局会形成两种可能的发展趋势。

首先，脱离了运输成本束缚的数字型企业完全可以将生产活动集聚在母国与东道国之外的第三地，在充分利用当地的特殊比较优势（如低廉的土地成本、廉价的能源供应以及宽松的政策环境等）的基础上以此为基地向全球提供数字化产品和服务的供应，而这些在传统经济活动中可能不具有显著区位优势的地区有可能成为未来数字贸易更为活跃的地区。

其次，如果在数字要素的跨境流动或者数字产品与服务的提供方面面临一定的政策壁垒，则数字企业可能会从上述集中化的生产与贸易模式转化为分散性的经营，即通过国际直接投资将数字产品与服务的提供安排到目标市场所在地，并通过数据本地化以及内容的专门化迎合当地的监管与市场偏好，实现对数字监管壁垒的规避。在这种情况下，可能会呈现出国际直接投资活动对于数字贸易的大幅替代，并最终在规模经济的作用之下形成由少数大型数字企业以直接投资的方式组织和控制数字产品供应的全球生产与贸易模式。

（六）新"里昂惕夫"悖论

根据传统的要素禀赋理论，在一个充分开放的经济体系中，工业化程度较高的发达国家应当集中生产并出口资本和技术密集型产品，并进口劳动密集型产品。然而美国经济学家里昂惕夫却在一项针对二战后美国对外贸易发展状况的研究中发现，美国作为一个最发达的工业化国家，却大量进口资本密集型产品，并出口劳动密集型产品。这一与经典的要素禀赋理论预测截然相反的结论被称为"里昂惕夫悖论"（The Leontief Paradox），并成为国际贸易研究领域的一大争议性问题。

针对里昂惕夫悖论，学术界曾经从劳动生产率的差异、消费偏向、贸易壁垒干扰以及人力资本等诸多方面来对其进行解释，而在其中，要素密集度逆转第一次作为一种重要的经济现象进入人们的视野。在这一假说看来，任何一种产品的生产在不同的国家以及不同的技术条件下可能具有截然不同的要素密集度，因此在一些国家主要依靠劳动力进行生产的典型劳动密集型产品可能会在另一些国家通过机器设备的大量采用而转变成资本密集型产品。而正是这种定义的差异引致了里昂惕夫悖论的出现。

上述的解释可以在一定层面上回答国际贸易活动中出现的"反理论"事实，但在以传统制造业为主的生产体系中，产品的生产技术在国家之间的差别并不十分显著，因此"要素密集度逆转"的现象是否会真实发生并影响到分工格局一直是一个存在争议的问题。然而在数字技术广泛应用的背景之下，产品的生产方式正在经历巨大的变革，由此带来的更为显著的要素密集度逆转可能导致上述的"里昂惕夫悖论"会越来越多地出现在现实生活中。

导致数字经济条件下要素密集度逆转的一个重要的诱因便是数字技术普及所带来的生产自动化和人工智能制造的应用。在现有的技术环境中，人工智能以及高度自动化的生产设备已经被越来越广泛地应用于工业技术领域，并以此实现了对劳动要素的替代。然而由于技术发展本身的阶段性局限，目前的人工智能与自动化技术还只能从事最低层次，或者最简单的工艺环节，因此对于劳动的替代也更多地发生在高度劳动密集型的简单生产环节。由此而可能引发的一个重要现象就是，越是在传统的劳动密集型产品或生产环节，如标准化的简单工业制成品以及加工组装环节，人工智能对于劳动的取代会越为深入，相应的产品也会直接从高劳动密集型产品直接逆转为高资本密集型产品。

这种要素密集度的逆转会给国际贸易格局带来类似“里昂惕夫悖论”，但程度更为深刻的变化。在传统的贸易格局中，发展中国家即便不具有技术方面的优势，仍可借助相对丰裕的劳动力资源和低廉的劳动力要素价格获得参与国际分工并开展国际贸易的可能，但在人工智能和自动化技术的冲击之下，发达国家将会在高端制成品之外进一步获得传统意义上的低端劳动密集型产品的比较优势，形成对发展中国家技术和成本的双重挤压，发展中国家的贸易空间以及贸易利益获取都将不可避免地受到冲击。在这样的背景下，经典贸易理论中所内含的贸易“普适性”与“普惠性”特征是否依然存在？国际分工和贸易格局又会发生怎样的改变？这些实际上也都是贸易理论所面临的新的挑战。

四　数字贸易的经济效应

在对现有的国际贸易理论框架形成挑战的基础上，数字贸易本身也会给经济社会带来从微观层面到宏观层面的一系列经济效应。

（一）微观层面

在微观层面上，数字贸易所带来的经济效应主要集中在消费者福利和生产者福利的影响方面。

1. 消费者福利

数字贸易的发展会对消费者福利产生正反两个方面的影响。

从正面效应来看，首先，数字贸易活动本身所引发的产品多样化和“长尾效应”会增大消费者的选择空间，特别是在传统贸易活动中被忽视和舍弃的小众型产品需求，从而得以在更广泛的范围内契合消费者偏好特征，带来消费者效用的整体提升。其次，在数字贸易活动中，由于交易平台的引入所带来的供应链扁平化以及数字产品本身的低边际成本和低运输成本特征，产品会具有相对传统贸易模式更为低廉的价格，进一步增加消费者在同等规模的消费中所获得的消费者剩余。再次，数字经济条件下，借助于现代化的网络和信息技术，很多商品的供应和消费会采用与传统贸易活动截然不同的经营模式，如一些市场规模较为庞大、受众覆盖面较广，且边际成本极低的数字媒体与内容提供商会采取“免费+广告”的运营模式，将内容服务本身作为广告推广的媒介，并以广告收入作为企业营收的主体，对于消费者而言，无疑获得了以更低的成本获取相关消费产品的途径；云平台技术的发展使得一些软件产品和服务开始从电脑和终端主机转向云端，并以“月租”的形式取代传统的一次性购买，在减轻消费者资金压力的同时也提升了消费者在产品选择方面的灵活性。最后，一些非经常使用产品的“共享消费”作为一种数字经济环境下的新生经营模式，对于消费者使用体验的提升也起到了不小的推动作用。

尽管数字贸易对消费者福利的影响有诸多的积极方面，但作为一把“双刃剑”，数字贸易对消费者福利的负面效应也同样值得注意。首先，数字经济本身内涵的规模经济与自我强化特征会使得数字型企业具有更强的自然垄断属性，在不施加外部制度约束的情况下，由“赢者通吃”所带来的极端垄断格局显然会对市场竞争造成严重的冲击，并会通过限制消费者的选择空间和垄断性的定价策略使得消费者的福利遭受一定的侵害。其次，数字贸易活动中的范围经济特征会使得数字型企业倾向于通过产品技术和标准的“捆绑”来排斥外来的竞争压力，如通过手机终端软件和电脑、智能家电以及汽车软件等的适配性和兼容性使得消费者在购买其中任意一款产品之后，出于易用性的考虑而被迫选择该品牌的其他产品。这种所谓的“产品生态体系”的营造实际上可能导致产品市场上呈现出厂商与品牌的分割，并可能通过限制消费者的选择空间或提升消费者选择其他产品的成本而对其福利产生影响。再次，在数字贸易活动中，借助于交易平台、大数据和人工智能技术的广泛应用，数字厂商会具有较之传统厂商更强悍的消费者识别与歧视性定价能力，甚至可以根据每个消费者的偏好进行单独的定价，从而进一步侵蚀消费者剩余。最后，在数字贸易活动中，生产者出于获取竞争优势以及创造市场需求的需要，往往会对旗下的软硬件产品进行频繁甚至强制性的更新（如通过软件系统的更新实现对旧款硬件产品的强制淘汰），而其中大部分的更新对于提升消费者的消费体验并无明显的促进效果，却会使消费者因此付出额外的代价并给其福利带来负面的影响。

2. 生产者福利

从生产者的角度来看，数字贸易活动对于现实和潜在生产者的福利也会产生如下影响。

就正面效应而论，数字贸易对于数字产品生产者所带来的最直观的积极效应就是交易成本的大幅节约，这一方面可以减少最终产品交易过程中的额外成本负担；另一方面也有助于企业降低中间产品的采购成本支出，使企业可以以更为高效的方式组建供应链体系，进而减轻企业的资金压力并提升经营效率。在规模经济的技术条件下，国际贸易活动的开展可以为数字产品生产企业提供更为广阔的市场空间，并借助由此产生的规模累积效果实现成本的节约与效率的提升。数字技术也为企业在生产和交易过程中的信息搜集和获取提供了更多的便利，这一方面可以帮助企业更加迅速地把握市场需求的变化，并通过对消费者的进一步细分与精准定位提供更有针对性的产品和服务；另一方面也能够使企业更准确甄别潜在的信用风险，从而进一步增加生产者的福利空间。此外，数字化技术还可以使企业对生产贸易流程以及供应链体系进行精确管控，在极端情况下甚至可以实现传统生产方式无法企及的“零库存”经营，极大地减少了传统生产与贸易过程中的浪费和损耗。很多数字化产品与技术的易复制性也使得很多基于软件代码或经营模式的创新活动更加易于模仿，这也为潜在的生产者进入市场，保持对市场的竞争压力并激发在位者不断进行技术创新，推动产业滚动发展创造了更加良好的条件。

但数字贸易活动在提高企业效率和增进企业福利的同时，也可能从一定的侧面对企业的利益形成一定的损害，而这种负面作用可能更多地来自数字经济自然垄断特征所带来的市场进入壁垒。具体而言，数字贸易条件下可能阻止企业进入和发展的障碍主要来自如下两个方面。

一是由规模经济引发的规模壁垒，即当市场中存在已经占据优势市场地位的企业主体时，其优势可能会通过规模经济和范围经济效应得到不断的强化，并极大地挤占和压缩其他企业的生存空间，因此在数字经济条件下，可能并不存在若干企业并存的完全竞争或垄断竞争市场结构，取而代之的则是寡头垄断甚至完全垄断的竞争格局，对于绝大多数企业而言，在数字经济环境下的生存难度都将远高于传统企业。

二是数字经济本身的技术壁垒和专利壁垒。由于数字经济依托于高度复杂的现代电子信息技术，无论是硬件产品还是软件产品，其生产过程都具有远高于传统制造业的技术门槛，数字经济下极大的生存压力也会使得相关产业具有极高的研发密集度和技术更迭频率，同时多数的数字产业都具有极高的固定成本投入与极低的边际成本并存的特征，进一步加大了企业参与相关生产与贸易活动的资金和技术壁垒。此外，目前在位企业还可以凭借对于标准的控制和知识产权的围堵进一步对后发者和潜在进入者的技术发展路径进行封锁，客观上也加大了企业克服相关技术壁垒的难度。

（二）宏观层面

除了在微观层面上对消费者以及生产者的福利产生影响之外，数字贸易还在宏观层面上引起了国际分工与贸易格局、贸易形式以及价值链形态等方面的变化。

1. 国际分工与贸易格局

数字贸易的发展至少在如下几个方面对现有的国际分工和贸易格局形成了颠覆。

首先，数字贸易的发展进一步增添了比较优势的内涵，并可能由此造成传统工业化国家的进一步分化。在传统的国际贸易格局当中，由生产率和要素禀赋差异构成的相对比较优势扮演了关键性的角色，而围绕着这一内涵，发达国家和发展中国家分别在资本与技术密集型产品和资源与劳动密集型产品领域建立起各自的优势并形成专业化的分工与贸易格局。而在数字贸易条件之下，尽管上述相对比较优势仍然是决定分工和贸易格局的基础，但其内涵与形态却已经发生了重要的改变。一方面，相对于传统解释，数字贸易条件下的比较优势增添了很多新的元素，如数字基础设施的完备程度、数字技术相关的劳动力与人力资本的培育以及一国与数字监管相关的制度和法律法规等；同时，数字经济的高资本与技术密集型特质也决定了资本和技术会成为与数字贸易相关的比较优势的重要来源。另一方面，数字经济也会对很多传统意义上的比较优势形成弱化作用，由于数字经济本身的虚拟性和无形性特征决定了其对于有形物料投入的需求相对较低，且普通的劳动力也难以适应数字经济下高技术复杂度的工作，特别是在人工智能技术可能对普通劳动形成替代的背景下，普通资源禀赋以及低层次的劳动力要素在比较优势体系中的重要性会日趋下降。这些变化将会使得原有的资本技术密集型产品与资源劳动密集型产品的分工格局被打破，部分传统的工业化国家如果不能在数字资源和技术方面保持领先，则很可能在新的数字经济与贸易活动中丧失优势地位，而一些本土市场规模较大，易于数字型企业成长并在数字技术方面具有一定赶超潜力的发展中国家却可以凭借规模优势和技术格局颠覆所带来的追赶机遇而成为数字经济与贸易活动中的新宠。

其次，数字经济下的生产与贸易活动可能会更趋集中。在传统的分工与贸易格局中，由于运输成本的局限和产业集聚带来的要素成本上升等拥挤效应，产业分布的集中化趋势会在一定程度上受到阻碍。然而在数字经济条件下，一方面，相关的生产和贸易活动需要更高的技术门槛和配套的基础设施要求，从而使得绝大多数国家实际上被排斥在外；另一方面，数字经济中要素的内生性和近乎无边际成本的特性会极大地消弭产业集聚所引发的拥挤效应，且产品与服务的运输成本近乎为零，进一步使得诱发传统产业扩散的离心力被削弱，产业的集聚力量会更为明显。在其作用之下，数字型企业的生产和贸易活动相对于传统情况下也会更为集中，并可能在未来形成少数在数字领域拥有比较优势的国家中占据大部分数字贸易份额的格局。

再次，由于地理距离已不再成为数字贸易活动的主要障碍，一些以地理优势而形成的贸易枢纽国家或地区，如位于国际航线关键节点上的国家以及沿海港口城市，在数字贸易条件下可能会逐渐失去其优势地位。相对而言，一些由于地理条件而导致交通不便，在传统贸易格局中居于劣势地位的地区在数字经济条件下却可能通过其他优势的培育而异军突起并成为数字贸易活动的新枢纽。在这一方面，地处中国西南腹地的云贵地区无疑是一个典型的案例。尽管深处内陆，交通基础设施相对落后，但在数字经济下该地区却凭借着宜人的气候（温差季节波动较低）和丰富的水电资源在数据存储和处理方面形成了独有的优势，成为众多数字型企业和云平台建设的首选目标。

最后，数字经济还改变了传统意义上的产业分工格局。数字经济条件下，产业的分工已经完全突破了传统基于横向产品类别的产业间分工以及基于纵向产业链条划分的产业内分工，而是在大型跨国企业的主导之下，依托于交易平台形成了复杂的网络化分工与产业生态体系。这一方面使得产品生产的复杂程度和国际化程度大幅提升，从而使得世界上任何一个国家都不再具有脱离全球分工体系而独自实现发展的可能性，极大地提升了各国经贸联系的紧密程度；另一方面也导致数字产品的生产与贸易活动中的“国界”概念变得更趋模糊，无论是对于企业而言还是对于产品本身而言，界定其“原产地”或者“民族属性”，乃至对于一国在分工体系中的地位进行具体的评判都会成为更加困难且无意义的事情。

2. 贸易形式

数字产品的引入和数字技术的广泛应用也在相当程度上改变了传统的贸易方式。

首先，在货物贸易领域中，受信息搜寻成本以及信用风险成本等的制约，传统的贸易活动大多以专业化的中间商为中介来进行，在一定程度上增加了货物的供应链条和贸易成本。而数字技术的引入则极大地解决了这一问题，依托于线上交易平台，不仅可以对相关商品的供求信息实现迅速的筛选与对接，而且借助平台的信用支撑，也较好地解决了传统贸易中的信用风险问题，因此在数字技术条件下，即便是传统的货物贸易也开始更多地采用线上平台的方式实现供给端和需求端的直接对接，同时作为供应链体系的延伸，一些传统的贸易中间商也开始利用数字技术实现向外贸综合服务企业转型，依托平台为贸易企业提供从中间品到最终产品的采购、物流、仓储和通关在内的一体化与信息化服务，更是极大地提升了贸易活动的效率。

其次，借助数字技术所实现的精准市场定位和精细化管理，数字化条件下的贸易活动也在逐渐从传统以节约运输成本为目的的大宗贸易模式向小型化、精细化和分散化转变，商品的种类和细分化程度在多样化需求的激发下得到了前所未有的提升；个性化和定制化的产品将在贸易活动中占据越来越重要的地位。同时，信息技术的应用也使得传统制造企业能够为客户提供更趋多元化和系统化的售前、售中和售后服务，并使得服务环节成为维系企业市场竞争力的重要一环，制造业的生产与贸易链条向服务端延伸，以及由此带来的制造业服务化已经成为贸易格局未来的发展趋势之一，甚至很多大型设备的制造企业已经开始通过“租用＋服务”的模式从制造企业向服务企业转型，并由此开创了与以往截然不同的新贸易方式。

最后，在可数字化传递的产品和服务领域，借助信息技术的广泛采用，一些完全区别于传统贸易的新商业模式也得到了迅速的发展。除了依托平台连接众多的供应商和客户之外，很多商务服务企业正在尝试以云端计算的方式解放终端设备的计算力局限，以进一步提升相关软件的数据处理能力和效率；软件的贸易方式也正在从传统的一次性购买向分期付费的“租用型”转变；而在范围经济的引领之下，一些以内容提供为核心的数字产品生产企业也开始探索以“免费＋广告”的方式创造企业的盈利增长点，进而形成全新的运作模式。

3. 价值链结构与参与方式

从全球贸易与分工的宏观视角来看，数字贸易的迅速发展也在深刻地改变着价值链的结构，并引起了深层次的国际分工参与方式的改变。

首先，数字经济条件下的价值链主导权更为集中，但参与程度则更趋分散。数字产品本身所具有的高技术门槛以及规模经济特征决定了在大多数的数字产品领域无法容纳更多的市场主体，市场结构会趋向寡头垄断甚至完全垄断格局，由此所带来的一个必然的结果便是产业链的主导权将会更多地集中在少数大型跨国数字企业的手中。这些企业可以凭借其在标准制定、专利封锁以及前期市场规模等方面的优势实现对价值链的严格掌控。而与之相对的则是这些价值链的参与范围将会变得更广——数字产业链的多元化和复杂程度为众多拥有不同的资源优势、技术优势乃至文化优势的国家和企业的参与提供足够的空间，同时数字技术的应用也为更多的中小型企业甚至个人融入价值链体系提供了可行的技术支持，并使得数字经济形态下的价值链从传统的线性化向覆盖范围更广的网络化蔓延。

其次，数字经济条件下价值链的纵深将被大大缩短，价值链会更多地呈现出“扁平化”的特征。这一现象主要来自数字贸易平台的广泛参与。凭借着庞大的数据汇集与整合能力，平台经济的出现直接勾连了生产领域中的供给方和需求方，从而省略了传统贸易活动中很多的中间环节。这种生产与消费的直接对接一方面可以极大地提高价值链体系的运作效率，并在整体上提升生产者和消费者的福利，但同时也对生产者有效协调自身的生产与库存管理，应对倏忽而至的需求波动和市场变化提出了更高的要求。

最后，数字贸易的发展也进一步影响了全球价值链的价值创造模式和利益分配格局。传统的价值链领域中，由于技术含量相对有限，价值创造活动更多地集中在生产环节，因此拥有相对庞大和完整的制造业体系的国家往往会在价值链参与的过程中获得更为可观的利益。然而在数字贸易环境中，技术和创新能力的重要性得到了前所未有的强化，而研发和创新活动所创造的价值也将在新的价值链体系中占据绝对优势的地位。这将使得全球价值链体系的利益分配从传统的工业化国家向掌握数字经济主动权和价值链主导权的企业与国家倾斜，而在寡头化的市场结构中，这种价值链分配体系的改变也会进一步强化全球价值创造向少数企业集中的趋势，从而进一步加剧国际分工体系中的收入分配失衡现象。

（三）政策层面

作为一种新兴的经济现象，数字贸易的产生和发展对于政府的监管与治理，以及全球商品和要素流动的政策协调也形成了一定的冲击和挑战。从近年来的发展实践来看，这些政策方面的影响和争议主要集中在如下几个方面。

1. 海关监管

数字贸易的发展对传统的海关监管形成了新的挑战。首先，区别于传统货物的大宗性特征，数字贸易活动所呈现出的交易规模小型化和分散化特征使得海关在税收和检验检疫过程中要面临更为烦琐的认定和查验工作，特别是在直接针对消费者的跨境电子商务活动中，很多的产品配送与普通的邮政小包之间难以进行有效的区分，对关税的征收造成了相当的困扰，而大量分散化的小型物流包裹也无法通过传统大宗货物抽检的方式进行必要的检验检疫，客观上也对进出口产品的安全形成了威胁。其次，在目前双边贸易协定逐渐取代传统多边贸易框架成为推动贸易开放主要支撑的情况下，产品产地的认证就成为确定关税征收标准的重要依据。然而由于价值链的复杂化和网络化程度更高，数字贸易中的产品在原产地认证以及是否符合相应的税收优惠条件也成为一个复杂且具有争议的问题。最后，目前的海关税收和监管仍主要针对传统的实体货物产品，而对于数字经济条件下大量开展的服务贸易和内容提供等无形的线上交易，目前的海关监管体系仍然缺乏相应的政策法规和监管手段来对其进行课税和有效的治理，从而使得纯粹的数字贸易在实际上成为海关监管的盲区。

基于上述的问题，未来的海关监管也可能会在数字贸易的冲击之下发生重大的改革。一方面，数字技术的应用在给传统的海关监管带来挑战的同时，也为海关的监管提供了新的工具和手段，如建设统一的通关管理平台，并通过 App 以及社交网络向更多的小型企业乃至个人开放；通过信息和数据的共享简化商品出入境手续；通过大数据和网络技术实现对产品原产地和物流、仓储等信息进行有效追踪，通过人工智能技术对进出口产品进行智能审图和非侵入式检查，扩大查验的覆盖范围和提升查验的效率等。另一方面，针对数字型企业和数字化产品的税收征管，各国也在进行新的探索，如欧盟近年来拟针对数字产品的贸易征收“数字服务税”，并试图以此为基础打造针对数字服务的全球税收征管规则；新加坡、马来西亚等亚洲国家也正在研究对网络服务企业加征增值税。但相关的政策大多仍处在研究阶段，且各国标准并不统一，对于流动性极强的数字企业而言，单方面的税收征管可能会制造“制度洼地”并引起产业转移，无助于从根本上解决数字企业的纳税问题。因此，对于数字贸易背景下的税收征管，可能还需要更多地依靠各国海关和税务部门的沟通和协作。

2. 数据跨境自由流动

作为数字贸易的基础和载体，数据要素是否能够实现跨境的自由流动是数字贸易能否有效开展的关键。从一般性的角度而论，取消数据跨境流动的限制，促进数字产品和服务的有效流通是数字经济条件下进一步推进经济全球化和扩大开放的必然选择。然而在现实情况中，数字要素的流动却因为其特有的敏感性而成为数字贸易规则制定中最具争议的部分——一方面，数据要素会不可避免地携带个人的隐私信息，对于数据要素的采集和利用可能会涉嫌侵犯个人的隐私权，甚至造成个人信息的泄露与潜在的经济损失风险；另一方面，数据要素的跨境流动还可能关系到国家的信息安全，而在信息与数字技术已经渗透到社会生活各个方面的背景下，这种国家层面的“隐私”泄露甚至可能威胁到国家的产业甚至国防安全。此外，在数字要素内生性特征的驱使之下，控制了数据资源也就可以在相当程度上掌控产业发展的主导权，这也为相关国家限制数据要素的跨境流动提供了动机支持。

基于上述的争议，目前在全球范围内围绕数字要素的跨境流动形成了两类不同的政策主张。其中以美国为代表，在当前数字经济发展方面占得先机的国家极力强调数据要素的“全球属性”，主张实现数据要素的高度自由流动，并在各类自由贸易协定中努力避免对数据跨境流动施加阻碍；而以欧盟为代表的国家则更多地强调数据要素的“主权属性”，基于保护个人隐私和国家安全，以及扶持境内数字产业竞争力的目的主张对数据要素的跨境流动实施必要的限制，在 2018 年欧洲联盟出台的《通用数据保护条例》（GDPR）中，明确规定了只有在取得数据主体“同意”的情况下才能对数据进行相应的处理，同时对数据的本地化提出了更多的要求，只有在符合一定条件的前提下才可以进行数据的跨境传输。

总体而言，作为保护主义在数字经济背景下的新形式，数据跨境流动的限制是当前数字贸易全球治理规则所面临的最大争议和挑战，而相较于传统基于经济利益的保护主义，数据跨境流动中所掺杂的隐私保护、信息主权、产业发展主导权甚至国家安全等议题使相关问题变得更为复杂化，而如何在平衡数字贸易的发展与数字经济安全的基础上探索出兼顾各方利益的数据流动规则也是未来数字贸易治理体制所关注的焦点。

3. 反垄断

除了数字经济条件下的税收与数据要素的跨境流动之外，数字贸易活动也给现行市场中的反垄断监管带来了新的挑战。数字贸易所具有的规模经济和“赢者通吃”特性具有极强的自然垄断倾向，极容易通过自我强化效应形成寡头垄断甚至完全垄断的市场竞争结构，从而给现行的反垄断工作带来更大的压力；更为重要的是，数字贸易活动中新的数字技术与经营方式的引入也对当前的反垄断法律框架体系形成了不小的冲击。

根据熊鸿儒（2019）的分析，数字经济活动对于现行反垄断体系的颠覆会集中表现在如下方面。

首先，在数字经济条件下，传统上以“结构 - 行为 - 效果”范式来界定垄断行为的分析与评判标准很难适应数字经济时代的动态性和跨界性特征。一方面，数字要素的内生性与数字经济创新频率极高，市场变动剧烈的特性会对以往基于静态资源配置效率的市场结构评判标准产生颠覆；另一方面，数字生产与贸易活动的范围经济与跨部门特性也会使以往基于单边市场的评判体系产生很多的问题。此外，数据贸易活动中基于质量和创新的非价格竞争正在逐渐成为主流，以往基于价格评判的测度工具的适用性也存在诸多的疑问。

其次，作为垄断认定的标准，数字贸易中广泛涉及的平台是否存在滥用支配地位的垄断行为在识别上也面临着更多的困难。在传统经济中，通常会采用基于定价的“等效竞争者基准测试”来作为识别垄断者支配地位滥用的工具，但在数字平台体系下，不仅平台各方的定价和成本结构不具可比性，难以明确破坏竞争的价格水平；平台企业通过技术或市场规模强迫消费端做出“二选一”的纵向限制或滥用排他性等，甚至利用大数据进行价格歧视等隐性的垄断行为不仅超出了监管体系的认知范围，同时对于其是否属于垄断行为的认定也存在诸多的争议（熊鸿儒，2019）。

最后，数字技术的广泛应用还可能带来一些新的垄断方式，如促进生产者之间通过“算法合谋”，即通过算法直接读取和分析市场上竞争对手的价格，预测其行为并调整自身的定价策略以实现事实上的合谋垄断（Mehra，2016）。根据欧盟委员会的统计，目前的电子商务市场中有一半以上的零售商会通过算法软件追踪竞争者的定价并根据跟踪结果调整自己的价格。与传统的串谋垄断相比，这种基于数字技术的算法合谋更具虚拟性，完全颠覆了传统意义上以文字、协议或口头会商等形式达成的共谋，已经完全超出当前反垄断法的约束范围，使相关的反垄断法执行工作变得更为困难（Commission Staff Working Document，2016）。如何透视这一过程中的复杂操作从而识别出相关的串谋行为也成为执法机构目前面临的一大难题。

4. 知识产权维护

作为现代技术密集型产业，数字经济以及以此为基础的数字贸易活动与知识产权存在天然的密切联系。一方面，依托于知识产权保护体系所创造出的政策环境，植根于技术、模式以及内容创新的现代数字企业才能够维持足够的创新动力，并不断地推动相关产业的发展。特别是对于极易复制和传播的纯数字产品而言，有力的知识产权保护体系几乎成为维系产业生存的关键。而另一方面，作为一种现代经济活动中的新兴产业和行为模式，数字经济的出现本身也对传统的知识产权保护体系提出了新的要求。

首先，数字经济活动中所出现的很多新的产品范畴和经营模式令传统的知识产权概念边界变得更为模糊。从内涵来看，所谓的知识产权主要指权利人对其智力劳动所创作的成果和经营活动中的标记、信誉所依法享有的专有权利。在传统经济条件下，由于有形的物质商品和技术规范的存在，知识产权的外延可以被清晰地界定。然而在数字经济条件下，这一界定工作可能会面临诸多的困难和挑战，典型如影视、音乐、文学创作等著作权，在整体上固然应当被纳入知识产权保护的范畴当中，但其中个别桥段、情节的模仿究竟应当被视为普通的借鉴或“致敬经典”还是被视为侵权，多大比例以及程度的模仿可以作为界定侵权与否的边界实际上是一个充满主观色彩，从而难以准确认定的问题。此外，对于数字经济中的一些新兴现象，如软件在外观设计和架构方面的模仿，源代码的局部引用以及商业模式方面的跨界模仿与运用是否应当被纳入知识产权保护的范畴也同样是一个充满争议的问题。

其次，在数字经济环境下，如何平衡知识产权的创新保护效应和垄断效应也是一个亟待解决的问题。从设计初衷来看，知识产权保护体系的目的主要是通过赋予创新者以一定程度的垄断利益来激发技术创新的活力，然而这也同时为知识产权遮盖之下的市场垄断行为埋下了伏笔。特别是在现代数字经济条件下，知识产权的封锁已经成为很多数字巨头维持和控制垄断势力的工具，通过先发优势的积累以及对于技术标准和技术路径等方面的主导权，这些大型的数字企业已经在可能实现突破的技术领域预先申请了大量的专利，对于需要依靠技术的积累实现发展的后发企业而言，除非出现颠覆性的技术革命，否则将极难以突破现有专利的封锁。而由于在位者可以依托垄断的市场地位获取高额利润，其追求技术进步的动机可能也会随之下降，由此也意味着过度的知识产权保护实际上会有悖于其鼓励创新的初衷。

最后，数字经济的高度全球化特征需要各国对知识产权保护规则的统一协调，然而在各国数字经济发展极不平衡的背景下，不同的国家对于知识产权保护的态度也存在严重的分歧，同时很多新的知识产权保护规则也面临着国家安全等复杂议题的考验而举步维艰。比如在美国主张的数字贸易知识产权规则中通常会涉及源代码非强制本地化的条款，避免将源代码的公开和转让作为市场准入的条件，而在相关的数字产品和软件可能对国家信息安全产生威胁的情况下，对于企业源代码的审查也是以中国为代表的很多国家的自然主张。此外，在诸如著作权和数字产品产权的有效期限，作为平台的互联网服务提供商对于知识产权保护是否应当负有连带责任和义务等也都是目前数字贸易知识产权规则的主要争议所在（周念利等，2020）。

参考文献

［1］伯特尔·俄林：《区际贸易与国际贸易》，逯宇铎等译，华夏出版社，2008。

［2］蓝庆新、窦凯：《美欧日数字贸易的内涵演变、发展趋势及中国策略》，《国际贸易》2019 年第 6 期。

［3］李忠民、周维颖：《美国数字贸易发展态势及我国的对策思考》，《全球化》2014 年第 11 期。

［4］马述忠、房超、梁银峰：《数字贸易及其时代价值与研究展望》，《国际贸易问题》2018 年第 10 期。

［5］马述忠、房超、张洪胜：《跨境电商能否突破地理距离的限制》，《财贸经济》2019 年第 8 期。

［6］孙杰：《从数字经济到数字贸易：内涵、特征、规则与影响》，《国际经贸探索》2020 年第 5 期。

［7］吴群峰、杨汝岱：《网络与贸易：一个扩展引力模型研究框架》，《经济研究》2019 年第 2 期。

［8］谢富胜、吴越、王生升：《平台经济全球化的政治经济学分析》，《中国社会科学》2019 年第 12 期。

［9］熊鸿儒：《数字经济时代反垄断规制的主要挑战与国际经验》，《经济纵横》2019 年第 7 期。

［10］熊励、刘慧、刘华玲：《数字与商务：2010 年全球数字贸易与移动商务研讨会论文集》，上海社会科学院出版社，2011。

［11］伊万·沙拉法诺夫、白树强：《WTO 视角下数字产品贸易合作机制研究——基于数字贸易发展现状及壁垒研究》，《国际贸易问题》2018 年第 2 期。

［12］周念利、李玉昊：《数字知识产权规则“美式模板”的典型特征及对中国的挑战》，《国际贸易》2020 年第 5 期。

［13］Anderson，C.，“The Long Tail：Why the Future of Business is Selling Less of

More", Hyperion Books, 2004.

[14] Anderson, J. E., and Wincoop, E., "Gravity with Gravitas: A Solution to the Border Puzzle", *American Economic Review*, 93, 2003: 170 - 192.

[15] Anderson, J. E., "A Theoretical Foundation for the Gravity Equation", *American Economic Review*, 69, 1979: 106 - 116.

[16] Bergstrand, J. H., "The Generalized Gravity Equation, Monopolistic Competition and the Factor-Proportions Theory in International Trade", *Review of Economics and Statistics*, 71, 1989: 143 - 153.

[17] Commission Staff Working Document, "Preliminary Report on the E-Commerce Sector inquiry", 2016 - 09 - 15, http://ec.europa.eu/transparency/regdoc/rep/10102/2016/en/swd-20160312-f1-en-main-part1.pdf.

[18] Deardorff, A. V., "Comparative Advantage in Digital Trade", University of Michigan Working Paper, 2017, No. 664.

[19] Fujita, M., Krugman, P., and Vernables, A. J., *The Spatial Economy: Cities, Regions, and International Trade* (Cambridge: The MIT Press, 1999).

[20] Gomez-Herrera, E., Martens B., and Turlea, G., "The Drivers and Impediments for Cross-border E-commerce in the EU", *Information Economics and Policy*, 28 (7), 2014: 83 - 96.

[21] Helpman, E., and Krugman, P., *Market Structure and Foreign Trade: Increasing Returns, Imperfect Competition and the International Economy* (Cambridge: MIT Express, 1985).

[22] Helpman, E., "International Trade in the Presence of Product Differentiation, Economies of Scales and Monopolistic Competition: A Chamberlin-Heckscher-Ohlin Approach", *Journal of International Economics*, 11 (3), 1981: 305 - 340.

[23] Krugman P. R., "Increasing Returns, Monopolistic Competition, and International Trade", *Journal of International Economics*, 9 (4), 1979: 469 - 479.

[24] Lancaste, K., "Intra-Industry Trade under Perfect Monopolistic Competition", *Journal of International Economics*, 10 (2), 1980: 151 - 175.

[25] Lendle, A., Olarreaga, M., Schropp S., and Vezina, P. L., "There Goes Gravity: eBay and the Death of Distance", *The Economic Journal*, 126 (591), 2016: 406 - 441.

[26] Lopez-Gonzalez, J., and Ferencz, J., "Digital Trade and Market Openness", OECD Trade Policy Papers, 2018, No. 217.

[27] Lopez-González, J., and Marie-Agnes, J., "Digital Trade: Developing a Frame-

work for Analysis", OECD Trade Policy Papers, 2017, No. 205.

[28] Mehra, S. A., "Antitrust and the Robo-Seller: Competition in the Time of Algorithms", Minnesota Law Review, 2016.

[29] Melitz, M. J., "The Impact of Trade on Intra – Industry Reallocations and Aggregate Industry Productivity", *Econometric*, 71 (6), 2003: 1695 – 1725.

[30] Office of the United States Trade Representative, "Key Barriers Digital Trade", 2017, 2017 – 03 – 31, https://ustr.gov/about-us/policy-offices/press-office/fact-sheets/2017/march/key-barriers-digital-trade.

[31] Poyhonen, P., "A Tentative Model for the Volume of Trade between Countries", *Weltwirtschaftliches Archive*, 90, 1963: 93 – 100.

[32] Tinbergen, J., "Shaping the World Economy: Suggestion for an International Economic Policy", New York: The Twentieth Century Fund, 1962.

[33] Yeaple, S. R., "A Simple Model of Firm Heterogeneity, International Trade, and Wages", *Journal of International Economics*, 65 (1), 2005: 1 – 20.

数字贸易壁垒与数字化转型的政策走势*

赵　瑾**

摘　要：本文基于欧洲"数字贸易限制指数"（DTRI）和OECD数字服务贸易限制指数（数字STRI）的研究发现，目前影响数字贸易发展的限制政策主要是关税壁垒、非关税壁垒和数据限制。其中，非关税壁垒包括贸易限制、投资限制、财政限制、自然人跨境流动限制和知识产权等。数字限制政策包括数据政策、平台责任、内容访问等。从数字贸易政策变化看，近五年数字贸易壁垒有强化的趋势，且发展中国家普遍高于发达国家。推动数字贸易发展的关键是制定国家数字发展战略和综合政策，加快数字化转型。实现数字化转型的有效路径是扩大数据市场开放，防范数字安全风险、加强技能培训、实行技术创新，强化战略协调和国际合作。

关键词：数字贸易壁垒；数字贸易限制指数；数字化转型；综合政策框架

随着数字技术的发展，数字化生产、数字化消费、数字化创新推动世界经济进入数字全球化发展新阶段。数字技术跨越时空，将不可贸易的服

* 本文主体内容原载于《国际贸易》2021年第2期，原标题为《数字贸易壁垒与数字化转型的政策走势——基于欧洲和OECD数字贸易限制指数的分析》，收入本书时有增补。

** 赵瑾，中国社会科学院财经战略研究院研究员，博士生导师，主要研究方向为国际经济、国际贸易理论与政策。

务可贸易，改变了商业模式，扩大了国际贸易的规模、范围和速度，有利于培育经济发展新动能，实现经济可持续增长。但目前国际社会普遍认为，各国对数字跨境传输等限制措施阻碍了数字贸易、数字化转型与数字经济发展。研究数字贸易壁垒的表现形式和特点，把握数字化转型的政策走势，对于“十四五”时期加快产业数字化和数字产业化发展，发挥数字贸易在经济增长与可持续发展中的作用具有重要意义。

一　数字贸易框架、数字贸易壁垒与数字贸易限制指数

对于什么是数字贸易，长期以来国际社会没有标准答案。2020 年经合组织、世界贸易组织和国际货币基金组织共同发布的《数字贸易测度手册》界定了数字贸易，并构筑了数字贸易的基本框架。如图 1 所示，数字贸易是指通过计算机网络，以数字订购和/或数字交付方式进行商品或服务的国际交易。数字贸易基本框架由交易主体、交易客体、交易方式组成，它系统回答了谁在交易（买方与卖方）、在哪儿交易、交易什么（产品类型）、如何交易的问题。在数字贸易框架下，交易主体是企业、政府、居民、为居民服务的非营利机构。交易的产品包括货物和服务。交易方式（类型）是通过数字中介平台进行，以数字方式订购、数字方式交付为主。

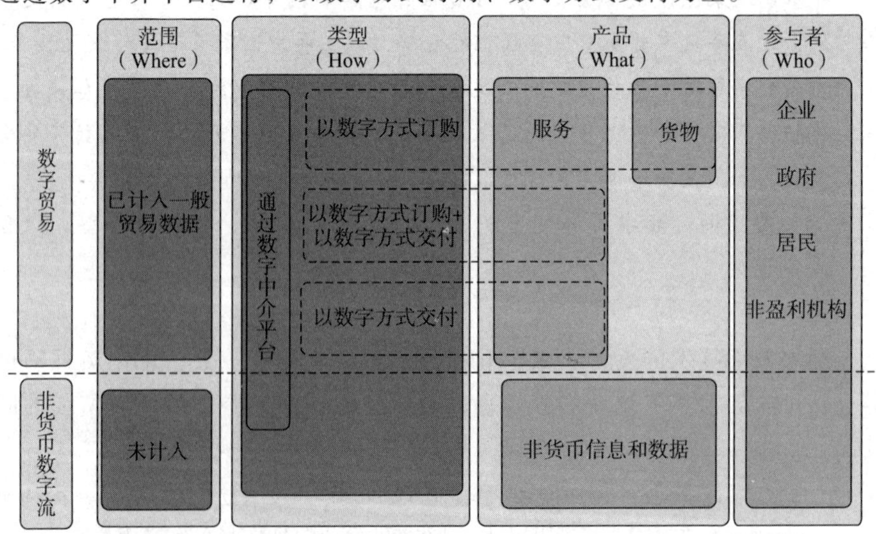

图 1　数字贸易基本框架

资料来源：OECD，WTO and IMF（2020）。

如何测度数字贸易壁垒？目前国际上衡量数字贸易壁垒的量化指标有两个。一是欧洲的“数字贸易限制指数”（DTRI）（见表1）。DTRI由欧洲智库“欧洲国际政治经济中心”（ECIPE）发布，重点对全球64个国家或地区的数字贸易开放度进行评估。该指数从财政限制和市场准入、企业设立限制、数据限制、贸易限制四个方面考察限制货物、服务、投资、人员和数据流动的贸易政策。二是OECD数字服务贸易限制指数（数字STRI）。数据库涵盖46个国家（包括36个OECD国家，10个非OECD国家），数字贸易限制措施主要划分为五大类——基础设施和连通性、电子交易、支付系统、知识产权、影响数字服务贸易的其他壁垒，以贸易限制的综合指数考察各国数字贸易壁垒，指数值介于0和1之间，0表示数字贸易的开放环境，1表示完全封闭的制度。

表1　欧洲数字贸易限制指标

类别	限制措施	具体内容
财政限制和市场准入	关税和贸易保护	- 对ICT产品及其投入的适用关税 - 对ICT产品及其投入的反倾销、反补贴税和保障措施
	税收和补贴	- 数字商品和产品税收制度 - 在线服务税收制度 - 数据使用税 - 补贴和税收优惠的歧视性政策
	政府采购	- 涵盖数字商品和服务的优惠采购制度 - 要求放弃专利、源代码或商业秘密 - 技术要求（如加密技术、产品标准和格式）
企业设立限制	外商投资	- 对外国所有权的限制措施 - 对董事会和经理人的限制措施 - 投资和并购审查 - 与外国投资有关的其他限制性措施
	知识产权	- 专利 - 版权 - 商业秘密 - 与知识产权有关的其他限制措施
	竞争政策	- 竞争 - 与竞争政策有关的其他限制性措施
	商业流动	- 配额、劳动力市场测试和居住时间期限 - 与商业流动有关的其他限制措施

续表

类别	限制措施	具体内容
数据限制	数据政策	-数据跨境流动限制 -数据保留 -数据隐私的主体权利 -数据隐私的管理要求 -违规处罚 -与数据政策有关的其他限制措施
	平台责任	-避风港框架 -通知与删除制度 -与平台责任相关的其他限制措施
	内容访问	-网络内容的审查和过滤 -宽带和网络中立性 -与内容访问相关的其他限制措施
贸易限制	贸易数量限制	-数字商品进口限制 -市场的本地内容要求 -数字商品出口限制
	标准	-电信标准 -产品安全认证（EMC/EMI、无线传输） -产品审查与测试要求 -加密要求 -与标准相关的其他限制措施
	在线销售与交易	-交易实现障碍 -域名（DNS）注册要求 -在线销售 -消费者保护法对在线销售存在歧视性

资料来源：ECTPE（2018）。

从两大国际指标体系看，影响数字贸易发展的限制政策主要是关税壁垒、非关税壁垒和数据限制。

（一）关税壁垒

关税壁垒是指对ICT产品及其投入征收关税和建立贸易救济的措施（对数字商品征收反倾销税、反补贴税和保障措施）。WTO信息技术协议（ITA）虽然降低了数字产品的关税，但因有些国家没有签署相关协议，对数字贸易产品继续实行较高的关税。

欧洲 DTRI 指数显示，目前只有中国香港、挪威和新加坡对数字产品实行零关税，且没有建立数字产品的贸易保护措施。拉丁美洲和亚洲对信息技术产品及其投入征收的最高关税率和平均最惠国关税率最高，其中阿根廷、中国、巴基斯坦和越南的最高关税率达 35%。同时，有 13 个国家对数字产品采取了贸易救济措施，采取的措施主要是反倾销，很少运用保障措施，没有发现征收反补贴税。

（二）非关税壁垒

非关税壁垒是指除关税外的其他影响数字贸易的政策措施，包括贸易限制、投资限制、财政限制、自然人跨境流动限制和知识产权等。

1. 贸易限制

贸易限制是指对商品和服务进出口实行的各种限制，包括数量限制、许可证要求、政府采购、技术性贸易壁垒等。（1）数量限制。指限制数字商品的进出口、市场本地化要求、限制在线销售特定产品等。（2）许可证要求。指对从事电子商务的许可证要求或授权。（3）政府采购。包括对数字商品和服务的优惠采购制度（排除外国公司、本地内容要求等），要求放弃专利、源代码或商业秘密，技术要求（加密技术、产品标准和格式）等。如印度在政府采购中要求国内制成品占比；对国产设备实施优惠政策，对影响安全的电信产品要求优先考虑国内制造。欧洲 DTRI 指数显示，金砖国家和 MINT（墨西哥、印度尼西亚、尼日利亚、土耳其）的政府采购限制居前 15 位，澳大利亚、日本、韩国和美国是 15 个限制较强的国家。欧共体在政府采购方面相对比较开放。（4）技术性贸易壁垒。包括电信标准、产品安全认证、产品审查与测试要求、加密要求等。如电信标准制度缺乏透明度、产品安全认证不符合国际标准的产品审查与测试要求、以国家安全为由禁止使用数字商品或服务、强制使用不符合国际标准的加密标准等。

2. 投资限制

投资限制是指限制外国公司进入本国市场的政策措施，包括对外国所有权的限制措施（外国最大持股要求、合资要求、最低资本金要求、外国公司数量配额等）、对董事会和经理人的限制（国籍或居住地要求）、投资和并购的国家安全审查、与外国投资有关的其他限制性措施等。

3. 财政限制

财政限制是指对数字产品的税收与补贴政策，包括数字产品的歧视性征税、在线服务的歧视性征税、数据使用税、补贴和税收优惠的歧视性政策等。欧洲 DTRI 指数显示，新兴经济体采取的财政限制措施最强，排名前 10 的国家大多是新兴经济体，法国和日本分别排名第六和第八。在税收方面，巴西对数字商品和服务高额征税，鼓励企业在当地生产个人电脑；土耳其对计算机光盘、CD、DVD 和其他技术设备征收版权税；尼日利亚对数据服务除征税 5% 外，另外加征 2% 的增值税等。在补贴方面，印度尼西亚和俄罗斯实行歧视性的财政补贴，如印度尼西亚只对国内企业提供出口融资等。

4. 自然人跨境流动限制

自然人跨境流动限制包括岗位数量配额、劳动力市场测试和居住期限等。如罗马尼亚对三类外国自然服务供应商（即公司内受让人、合同服务供应商和独立服务供应商）实行配额、对非欧盟公民进行劳动力市场测试、对服务供应商的最初居住时间控制在 90 天内等。欧洲 DTRI 指数显示，对所有类型的服务供给实行劳动力市场测试的国家主要是新兴经济体，如中国、巴西、文莱、巴基斯坦和秘鲁，但也有澳大利亚、奥地利、比利时和法国等发达经济体。

5. 知识产权

知识产权是指与数字产品相关的知识产权法律制度，包括版权、专利、商标和商业秘密。如在商标与版权方面对外国人或公司实行歧视性待遇，强制要求披露商业秘密，对知识产权侵权行为执法不力等。

（三）数据限制

数据限制是指对数据使用和跨境流动实行的限制措施，包括数据政策、平台责任、内容访问等（见表 1）。其中，数据政策包括数据跨境流动限制、数据保留、数据隐私的主体权利、数据隐私的管理要求、违规处罚，以及与数据政策有关的其他限制措施；平台责任包括避风港框架、通知与删除制度、与平台责任相关的其他限制措施；内容访问包括网络内容的审查和过滤、宽带和网络中立性、与内容访问相关的其他限制措施。

二　数字贸易壁垒的主要特点

在数字经济时代，影响数字贸易发展的政策手段与影响货物贸易、服务贸易的手段既有相似点，也有明显差异。从国际数字贸易壁垒两大限制指数看，数字贸易壁垒已呈现新的特点。

第一，从经济体来看，数字贸易限制水平高低与一国经济发展水平呈负相关。一般来说，经济不发达的国家，数字贸易限制水平较高，经济发展水平较高的国家，数字贸易限制水平较低。如图 2 所示，欧洲数字贸易限制（DTRI）指数表明，发达国家的限制度较低，新兴经济体和发展中国家限制度较高。如表 2 所示，全球 65 个国家排名中，数字贸易限制指数最高的前 10 个国家中，除法国外，其他均为新兴经济体和发展中国家。在新兴经济体中，中国数字贸易限制指数最高，其后依次是俄罗斯、印度、印度尼西亚、越南、巴西、土耳其、阿根廷。

值得关注的是，虽然美国、法国、德国是发达经济体，但 DTRI 指数表明，在欧洲，法国、德国是数字贸易限制最多的两个国家，限制指数均高于平均值，法国也是世界上数字贸易限制指数全球排名前十大国家中唯一一个欧洲国家。同样，美国虽然是数字经济大国、全球著名数字公司所在地，但其数字贸易限制指数也高于 65 个国家的平均值。

第二，从国家分布看，小型经济体、服务业在 GDP 占比较高的国家/地区，市场开放度较高。如图 2 所示，欧洲数字贸易限制（DTRI）指数显示，65 个国家中，新西兰是数字贸易市场开放度最高的国家，对数字贸易很少有限制。其他国家或地区由低到高依次是冰岛、挪威、爱尔兰和中国香港。数字贸易市场开放度最高的五个经济体的共同特点是小型经济体，对国际市场依存度高，且服务业占比高于其他国家。对数字经济的大多数领域实行自由贸易政策，有利于推动生产力发展，促进研发、设计等知识密集型产业投资，加速数字经济发展。

第三，从数字贸易限制措施看，发达国家数字贸易保护的主要手段是财政限制、投资限制和数据限制，发展中国家采取各种手段实施限制。如表 2 所示，欧洲数字贸易限制（DTRI）指数与措施的国际排名显示：（1）实行财政限制与市场准入限制的前 10 个国家中，以新兴经济体和发展

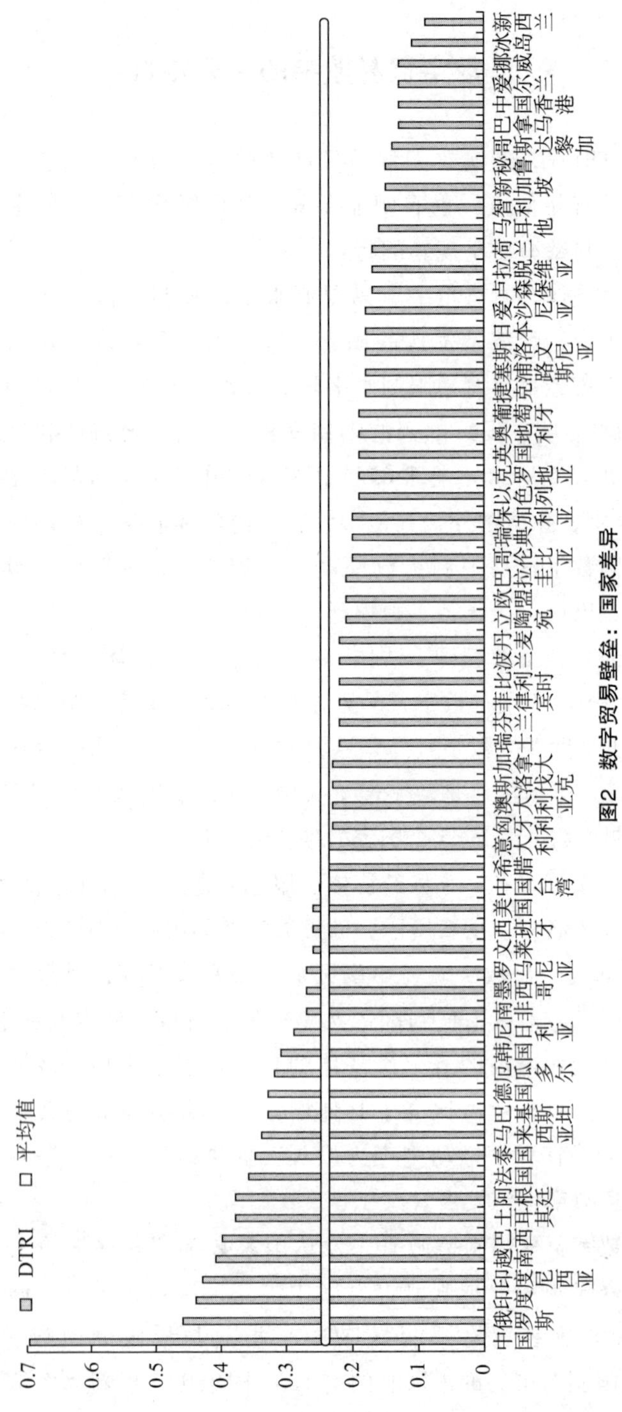

图2　数字贸易壁垒：国家差异

资料来源：ECTPE（2018）。

中国家为主，但美国居第10位；（2）对投资实行限制的前10个国家中，主要是新兴经济体和发展中国家，但发达国家瑞士、法国分别居第6位和第10位；（3）实行数据限制的前10个国家中，主要是新兴经济体和发展中国家，居前三位的分别是中国、俄罗斯、土耳其。但法国、德国和丹麦分别排名第4位、第7位、第10位；（4）实行贸易限制的前10个国家都是新兴经济体和发展中国家。

以数字经济大国为例，美国和中国分别是发达国家与发展中国家的代表。美国数字贸易限制指数全球排名第22位，但其财政限制和市场准入全球排名第10位，投资限制全球排名第12位，其中，财政限制措施中，税收补贴政策居全球第14位，政府采购限制居全球第5位；投资限制措施中，对外商投资限制政策排名全球第13位，竞争政策全球排名第9位。中国数字贸易限制指数全球排名第1位，其数据限制、企业设立限制、贸易限制均居全球首位。

表2 数字贸易限制指数与措施的国际排名

排名	DTRI	财政限制和市场准入	企业设立限制	数据限制	贸易限制
1	中国	印度	中国	中国	中国
2	俄罗斯	巴西	泰国	俄罗斯	阿根廷
3	印度	中国	越南	土耳其	越南
4	印度尼西亚	阿根廷	中国台湾	法国	巴西
5	越南	巴基斯坦	马来西亚	印度尼西亚	印度尼西亚
6	巴西	印度	瑞士	越南	俄罗斯
7	土耳其	南非	厄瓜多尔	德国	印度
8	阿根廷	尼日利亚	印度	韩国	土耳其
9	法国	俄罗斯	俄罗斯	文莱	厄瓜多尔
10	泰国	美国	法国	丹麦	马来西亚

资料来源：ECTPE（2018）。

第四，从数字贸易政策变化看，近五年数字贸易壁垒有强化的趋势。如图3所示，OECD数字贸易限制指数显示，与2014年数字贸易限制指数平均值0.165相比，2019年平均值达0.182，限制指数高于2014年。其中，

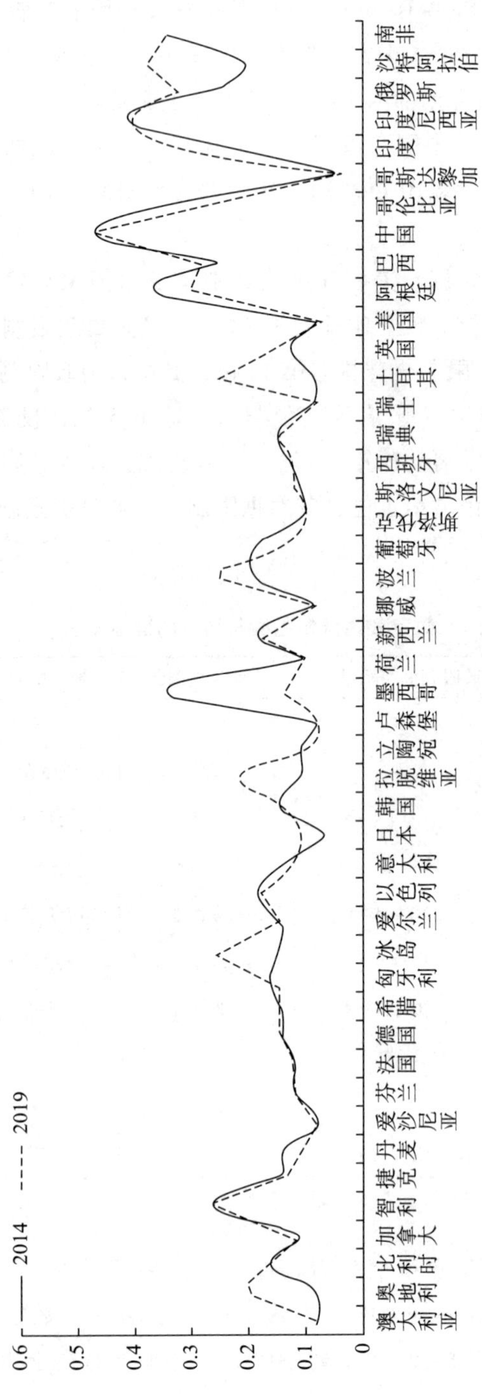

图3 OECD数字贸易限制指数

资料来源：OECD.

13 个国家的限制指数高于 2014 年，分别是土耳其、沙特阿拉伯、印度、奥地利、冰岛、拉脱维亚、波兰、俄罗斯、日本、巴西、中国、斯洛文尼亚、韩国。2019 年，46 个国家中，高于平均限制指数的国家达 15 个，按高低排序依次是中国、印度尼西亚、沙特阿拉伯、印度、南非、俄罗斯、阿根廷、哥伦比亚、巴西、冰岛、土耳其、波兰、智利、拉脱维亚、奥地利。

三 数字化转型面临的主要挑战

数字化大大降低了国际贸易成本，提高了服务可贸易程度，促进了全球价值链协调，扩大了贸易的规模、范围和速度。数字贸易发展不仅有利于促进经济增长，而且有利于中小企业低成本进入国际市场，增加妇女就业、环境保护，推动经济可持续发展。

产业是贸易发展的基础。数字贸易的大发展取决于国内产业数字化转型。国际研究显示（OECD，2017），未来 3 ~ 5 年实现数字化目标面临的十大挑战是：（1）认识，实施，执行；（2）协调，包括多方利益相关者，多方和多层次治理协调；（3）技能，培训，教育；（4）公共投资或资金；（5）技术，包括标准和协同性；（6）信任，包括隐私、安全、消费者保护；（7）法律和监管；（8）政策设计和措施；（9）信息技术的采用、商业数字化、创新；（10）私人投资或获得融资（见表 3）。OECD 发布的《2020 年数字经济展望》显示，2019 年 22 个国家实现数字战略政策目标面临的主要挑战是：数字鸿沟、预算和资金限制、利益相关者的协调和互动、制定有效的监管工具和框架、适应数字技术的快速发展、创新与安全的平衡等。G20 在数字化发展中面临的主要挑战是：获得数字技术和服务；数字基础设施；支持数字基础设施和新的商业模式；制定数字标准；信息技术部门监管、数字安全、技能与数字经济；数字化、中小企业、初创企业和活力；数字时代的消费者权利；数字化和法律框架。

数字化转型正在从根本上改变国际贸易格局。消除数字贸易壁垒，推动数字贸易发展，必须迎接数字化发展的挑战，从国家战略层面制定综合经济社会发展政策。

表3　实现数字发展政策目标面临的主要挑战

2017年主要挑战排序（由弱到强）	未来3～5年的主要挑战排序（由强到弱）
认识，实施，执行	认识，实施，执行
技能，培训，教育	协调，包括多方利益相关者，多方和多层次治理协调
协调，包括多方利益相关者，多方和多层次治理协调	技能，培训，教育
政策设计和措施	公共投资或资金
法律和监管	技术，包括标准和协同性
技术，包括标准和协同性	信任，包括隐私、安全、消费者保护
信息技术的采用，商业数字化，创新	法律和监管
公共投资或资金	政策设计和措施
私人投资或获得融资	信息技术的采用、商业数字化、创新
信任，包括隐私、安全、消费者保护	私人投资或获得融资

资料来源：OECD（2017a）。

四　未来数字化转型、市场开放的政策走势

近年来，OECD相继发布《G20数字转型的关键问题》（2017）、《数字贸易和市场开放》（2018）、《衡量数字变革：未来路线图》（2019）、《衡量企业数字安全风险管理办法》（2019）、《数字化综合政策框架》（2020）等研究报告，针对数字化转型提出了一系列政策主张。从大国数字经济战略与政策框架看，数字贸易政策超越贸易本身，涉及经济社会、民生福祉、可持续发展等众多领域。制定数字发展战略与政策是加快实现数字化转型、推动数字贸易发展的关键。

（一）战略定位

数字化转型与数字经济发展需要国家顶层设计，制定发展战略。有效的战略旨在促进和发展信息技术，加强信任和电子政务，提高数字技能和教育水平，应对网络治理、数字风险等全球性挑战。一是制定国家数字发展综合战略。数字化转型是系统工程，涉及经济社会发展诸多领域，为确保政策的一致性，OECD主张建立综合政策框架。综合政策包括市场访问、使用、创新、就业、社会、信任、市场开放七个方面（见表4）。二是制定数字发展专项战略。为解决影响数字经济发展的主要障碍和关键问题，应制定有针对性

的战略，精准施策。如制定国家宽带战略，通过将互联网连接到经济发展落后的偏远地区，弥补数字鸿沟，实现数字经济的包容性增长；制定国家网络安全战略或国家数字安全风险管理战略，增强企业、消费者对数字化转型发展的信任；制定国家隐私战略，通过保护数据和隐私，让数字技术造福人类。三是制定数字化转型战略，通过利益相关者参与政策制定，确保致力于数字化转型的所有领域和部门政策协调一致和有效执行。

表 4　通向数字经济的综合政策框架

政策	内容	政策	内容	政策	内容
①市场访问	投资 通信基础设施和服务 竞争 区域发展	④就业	劳动力市场 技能 社会保护 税收和福利 区域发展	⑦市场开放	贸易 投资 金融市场 竞争 征税
②使用	数字政府 投资 商业活力 中小企业 技能 数字安全和隐私保护	⑤社会	社会政策 技能 税收和福利 环境 保健 数字政府	—	—
③创新	创业精神 中小企业 竞争 科学和技术 数字政府 部门政策和法规	⑥信任	数字风险管理 中小企业 隐私 数字安全 保护消费者	—	—

资料来源：OECD（2020）。

（二）战略协调

数字化发展跨领域、跨部门，涉及企业、消费者和国际伙伴等不同利益相关者。为确保政策协调一致，OECD 强调，国家数字化战略应阐明数字化转型有助于实现包容性增长、提高人民福祉、推动可持续发展的愿景，并与现存国家战略，如宽带发展战略、数字安全战略、创新发展战略等协调。协调的内容包括标准协调、政策协调、国内外监管协调等。

（三）政策评估

为提高财政支出的质量、合法性和有效性，OECD 强调任何新的战略都应进行监测和评估。监测和评估可使决策者了解数字转型的动因和障碍、过去和当前政策的有效性、一国数字发展状况等，对布局战略优先事项，选择政策措施和手段，以及资金分配至关重要。成功的战略需要有明确的执行期限和可量化的目标，并设立相关指标监测进展情况，应以行动计划目标为标准，监测战略目标和实现其他相关国内外高层次政策目标的进展情况。在战略执行周期结束时，进行系统评估和评价应成为更新现有战略或准备新战略的基础。OECD 竞争政策评估工具包确立了评估的三种路径：制定和审查政策；对现有法律法规进行总体评估；评估新的法律法规草案。

（四）战略实施与政策导向

数字化转型与市场开放涉及政府、企业、消费者等利益相关者，扩大数字市场开放、防范数字安全风险、提升数字技能、实行技术创新、加强国际合作有利于战略协调与战略实施。

第一，数字市场开放。数字经济时代以数字交易为核心，数字市场开放是实现数字化转型，扩大数字贸易规模、范围、速度的关键。如何进行市场开放？OECD 发布的《市场开放指导原则》制定了六项原则。①透明度。即规则发布、决策过程透明，及时向 WTO 通报相关措施。鉴于数字经济的复杂性，透明度对确保法规有效和利益相关者正确理解至关重要，及时提供最新信息，使不同利益相关者参与决策，有利于降低市场交易成本。②非歧视性。创造公平竞争的市场环境，共享平等的市场机会，有利于最大限度减少市场扭曲，获得最大收益。③避免不必要的贸易限制。避免对电子商务的使用和发展设置不必要的障碍，不对以电子方式提供服务的企业实行事先授权或任何其他要求。④国际政策协调。⑤互认。推动技术、标准、法律监管方式等互认，有利于克服各国监管的异质性，提高物联网时代数字贸易效应。⑥竞争。

数字开放的关键政策包括贸易、投资、金融市场、竞争与税收等。OECD 强调数字市场开放要强化其整体性与协调性（OECD，2019）。因数字化转型涉及货物、服务和数字连接背后贸易政策等诸多问题，如关税壁垒、非关税壁垒、贸易便利化、市场准入、国民待遇、国内监管、支付、数字连接的基础设施、电信服务等，要获得数字化转型利益，应从整体上通盘考虑贸易政策与其他政策的协调，并有效运用竞争政策、税收政策等其他政策实现共同目标。同时，针对数字贸易的国际性和异质性，为克服不同国家监管类型和监管程度差异对数字贸易的影响，各国应加强国际对话和国际合作，减少负外部性。

第二，数字风险与安全。数字化发展面临的最大挑战是数字风险，如网络欺诈、虚假信息与网络攻击等。2020 年世界经济论坛将数据欺诈或被窃、网络攻击分别列入未来十年可能发生风险的第六位、第七位。在数字化转型中，能否有效管控风险是成功实现数字化转型的关键。OECD（2019）强调要从经济与社会两个层面关注数字安全风险。为有效控制和管理风险，OECD 制定了衡量数字安全风险的框架，包括六个模块和 18 个相关指标。六个模块包括：人口统计；数字安全风险治理；数字安全风险评估；降低数字安全风险实践；数字安全风险转移实践；数字安全风险意识和培训。该框架充分借鉴了 OECD 关于数字安全风险管理促进经济和社会繁荣的建议（OECD，2015），如认识、技能和授权，责任，人权与基本价值观，合作，风险评估与处理周期，安全措施，创新等。

长期以来，人们将数字安全风险视为技术问题，但随着数字安全风险性质和规模的变化，G20 经济体正在重新评估风险中技术的作用。近年来，许多政府和利益相关者强调要从经济和社会层面考虑数字安全风险的重要性。数字安全涉及多个领域，包括经济和社会繁荣、技术、执法、国家和国际安全等。因数字化转型大大增强了经济活动的相互依赖性、系统的复杂性，以及跨部门和跨边界的系统性风险，OECD 强调，各国政府必须采取政策，加强对关键基础设施和服务运营商的数字安全风险管理，并运用物联网、人工智能、大数据分析和区块链等技术。

第三，数字鸿沟与技能培训。数字技术的发展在有技能和无技能运用该技术的人之间形成了数字鸿沟。该技能包括纯粹的数字技能，也包括安全遨游网络世界所需的情感和社交技能。为防止数字技术引发社会不平等风险，消除数字鸿沟，OECD 倡导进行技能投资、教育投资，开展有针对性的技能培训，建立免费在线培训平台等。

第四，创新。创新是经济发展的第一动力。数字创新是实现数字变革的根本动力，它不仅改变了货物贸易与服务贸易的形态，而且改变了商业模式。实现创新需要综合考虑各方面政策，包括创业和中小企业、科学和技术、竞争、数字政府，以及能源、金融、教育、运输、卫生和教育等部门政策。在此，OECD 特别强调，一要充分发挥公共部门在基础科学研究中的作用。因私营企业往往不愿意投资成本高、投资回报不确定的项目，如互联网、全球定位系统（GPS）等，在基础科学研究中，公共部门必须发挥重要作用。二要在创新中发挥公私伙伴关系，加快创新成果的商业化。为此，应实行支持研发和创新的激励政策，如保护知识产权制度、研发税收抵免的税收激励措施等。三要实行数字开放与共享。目前人们已普遍认识到数据和数据分析作为创新来源的重要性。数据时代创新受数据驱动，商业模式创新建立在收集和分析大量数据的基础上。公共部门生产和消耗大量数据，开放政府数据可以推动公共部门的创新和效率，同时，数字技术也可以帮助政府更好地制定、设计和执行政策法规，提高效率，减少浪费。

第五，加强国际合作与对话。不同国家对不同类型的产品和服务采取不同程度的监管，为防止异质性监管的国际负面溢出效应影响产品与服务的跨境流动，形成贸易壁垒，在数字市场开放中，应加强国际对话与国际合作。同时，互联网的全球性，数字技术的全球应用、传播和跨国性，也促使绝大多数国家的数字安全战略要求加强国际合作，如参加相关的区域和国际论坛，建立双边和多边关系，分享经验和最佳做法；建立国家联络点，及时处理数字安全风险相关问题；加强机构间国际合作与协调，及时修改和建立适应数字化经济和社会发展的法律等。

参考文献

[1] Casalini, F., López, G. J., and Moïsé, E., "Approaches to Market Openness in the Digital Age", OECD Trade Policy Papers, 2019, No. 219 (Paris: OECD Publishing), http://dx.doi.org/10.1787/818a7498-en.

[2] ECTPE, "Digital Trade Restrictiveness Index", 2018, https://ecipe.org/dte/dte-report/.

[3] Ferencz, J., and Gonzales, F., "Barriers to Trade in Digitally Enabled Services in the G20", OECD Trade Policy Papers, 2019, No. 232 (Paris: OECD Publishing), http://dx. doi. org/10. 1787/264c4c02 – en.

[4] González, J., and Ferencz, J., "Digital Trade and Market Openness", 2018, https://www. oecd. org/g20/key-issues-for-digital-transformation-in-the-g20. pdf.

[5] OECD, "Going Digital Integrated Policy Framework", OECD iLibrary (oecd-ilibrary. org), 2020.

[6] OECD, *Key Issues for Digital Transformation in the G20* (Paris: OECD Publishing, 2017b), https://www. oecd. org/g20/key-issues-for-digital-transformation-in-the-g20. pdf.

[7] OECD, "Measuring Digital Security Risk Management Practices in Businesses", OECD iLibrary (oecd-ilibrary. org), 2019.

[8] OECD, *Measuring the Digital Transformation: A Roadmap for the Future* (Paris: OECD Publishing, 2019), https://dx. doi. org/10. 1787/9789264311992 – en.

[9] OECD, *OECD Digital Economy Outlook 2017* (Paris: OECD Publishing, 2017a), http://dx. doi. org/10. 1787/9789264276284 – en.

[10] OECD, "Recommendation of the Council on Digital Security Risk Management for Economic and Social Prosperity", 2015, https://legalinstruments. oecd. org/en/instruments/OECD-LEGAL-0415.

[11] OECD, WTO, and IMF, "Handbook on Measuring Digital Trade Version 1", OCDE (oecd. org), 2020.

[12] World Economic Forum, "The Global Risks Report 2020", World Economic Forum (weforum. org), 2020.

数字贸易理论与规则研究进展*

陈维涛　朱柿颖**

摘　要：随着数字化与全球化的发展，数字贸易在全球范围内迅速发展，各国机构与研究人员也均将数字贸易作为研究重点。本文对数字贸易的发展历程、理论内涵进行了总结归纳与分析，并分析了数字贸易在推进过程中所带来的正面和负面影响；同时，还对当前数字贸易规则制定的现状及发展趋势进行了总结与对比分析。本文认为，随着数字贸易的快速发展，越来越多的国家或地区必将更加积极地参与数字贸易规则的制定，我国要全面提升数字贸易发展的能力和水平，以提高我国在全球数字贸易规则制定中的话语权。

关键词：数字贸易规则；数字贸易壁垒；数字化；电子商务

一　数字贸易的发展历程与理论归纳

数字贸易这一新的贸易方式的出现与发展是各方面因素共同推动的结果。数字贸易是在传统贸易形式的基础上通过互联网等数字化技术的运用以及全球化的进一步发展而兴起的。国外有关数字贸易理论的研究从 21 世

---

* 本文主体内容原载于《经济学动态》2019 年第 9 期，收入本书时有修改。

** 陈维涛，南京审计大学经济学院副教授，主要研究方向为金融审计、金融监管学、国际贸易学；朱柿颖，南京审计大学经济学院研究生，主要研究方向为世界经济。

纪初期开始逐渐上升，而我国对数字贸易的理论研究则是从 2012 年开始增多。最初，学术界对数字贸易的研究集中于无形商品形式的数字贸易以及贸易过程中的规章制度和使用的技术，随后集中于对美国、欧盟等数字贸易强国的系统性研究。近年来，随着互联网等技术的普及和贸易全球化，数字贸易在世界范围内呈现出深入发展的趋势，中国等发展中国家数字贸易的发展十分迅猛，学者们也开始关注发展中国家的数字贸易发展情况；同时，随着越来越多的国家不断发展数字贸易，在暂时不存在统一数字贸易规则的情况下，各国间发生争端的可能性也就不断提高，因而各国开始试图在 WTO 等自由贸易协定的框架下制定出统一的数字贸易规则，相关研究人员也开始对此进行探究。

（一）数字贸易的演进历程

众多研究人员认为，数字贸易兴起的基础是数字经济（digital economy）。数字经济在《二十国集团数字经济发展与合作倡议》（2016）中被定义为以数字化信息和知识为生产要素，以现代信息网络为重要活动空间，有效利用信息通信技术（ICT）作为生产力增长的重要驱动力的一系列经济活动。数字经济的不断发展在很大程度上对产业产品进行了创新，对全球贸易体系产生了影响，这些都是推动数字贸易出现与发展的必要条件，因而，数字经济推动了数字贸易这一贸易方式的兴起（Carlsson，2004；Khumalo，2010；Ma 等，2019；Meltzer，2019；吴伟华，2019；蓝庆新、窦凯，2019）。数字贸易是全球化和数字化发展到一定时期而产生的新型贸易模式，在发展的起步阶段可以被认为是电子商务。其中，电子商务这一概念最早由 IBM 公司于 1996 年提出，Popescu 和 Manoela（2007）将电子商务定义为买卖双方的商业交易本身，交易前后所有的互动和信息交流，以及相关的技术支持。Turban 等（2017）认为电子商务在实践中的应用最早可以追溯到 20 世纪 70 年代初，当时主要是在金融机构之间，货币以电子方式转移，被称为电子资金转移（electronic funds transfer），资金可以从一个组织通过电子的方式转移到另外一个组织。然而，当时通过电子方式进行资金的转移仅限于大型公司、金融机构和其他一些敢于尝试的企业。而互联网 1969 年出现，1991 年被允许向公众开放，1993 年支持多媒体应用的功能，均推动着电子商务的进程。

按照交易主体，电子商务模式主要分为企业对企业（Business to Business，B2B）、企业对消费者（Business to Customer，B2C）以及消费者对消费者（Customer to Customer，C2C）这三种模式。而随着数字技术的不断发展以及在贸易中的广泛运用，电子商务的内涵不断地延伸与拓展，这就产生了“数字贸易”这一概念，也出现了企业对消费者对企业（Business to Customer to Business，B2C2B）这种新型的数字贸易模式。这种数字贸易模式将商家、个人以及生产供货商这三个贸易主体在互联网这一平台上紧密联系在一起。现阶段学界认为电子商务属于数字贸易的范畴，数字贸易不仅包括了通过电子商务进行的货物贸易，还包括与货物交付相关的服务贸易（王惠敏、张黎，2017），而数字贸易中具有代表性的形式为跨境电子商务（刘航等，2019）。总的来说，可以认为数字贸易是电子商务的进一步发展，是电子商务的更高级形式。

按照贸易形式，国际贸易发展到现阶段大概经历了三个阶段：首先是传统贸易的出现；之后在运输等各方面成本降低的基础上产生了全球价值链（GVC）贸易；而随着全球现在经历的数字化趋势，沟通、传输的方式变得更加快捷简便，成本更加低廉，从而产生了数字贸易。数字贸易作为贸易体系经过各种驱动因素发展到现阶段的产物，在保留了之前传统贸易形式的同时，也具备了众多之前的贸易形式所不具备的特性。其一，数字贸易的贸易模式较之前两种贸易模式有所创新，数字贸易中贸易的是数字产品、服务贸易以及实体货物（USITC，2014；Lund 和 Manyika，2016）。其二，由于数字贸易的发展是依托于云计算、大数据等技术的不断进步升级，而在这些新型技术不断涌现的情况下，数字贸易的内容也在不停地更新与升级，这对制造业等相关产业的智能化转型会产生促进作用（Ma 等，2019）。其三，数字贸易是在信息通信技术等技术进步、相关基础设施不断完善的基础上所衍生出来的，随着云计算、大数据、移动互联网、社交媒体等现代信息技术在全球范围内的普及应用，数字贸易也将能够普及到更广阔的地理范围（Abeliansky 等，2016；Lund 和 Manyika，2016）。

马述忠等（2018）对“数字贸易”的演进历程进行了划分，并将 2013 年之前数字贸易的发展阶段总结为数字产品与服务贸易的阶段，将 2014 年之后数字贸易的发展阶段总结为实体货物、数字产品与服务贸易的阶段。据此，本文认为可以将数字贸易的发展划分为两个阶段：第一阶段，数字贸易的贸易对象仅仅包含数字产品与服务；第二阶段，数字贸易的标的物中除了数字产品与服务之外，还包含了实体货物。这两个阶段以 2014 年美国国际贸易委员会（USITC）对“数字贸易”概念进行扩充作为划分的时间节点。本文认为当前世界上数字贸易较为发达的欧盟和美国等经济体均处在数字贸易发展的第二阶段，而其他一些数字贸易仍处于起步阶段的经济体和国家，其数字贸易发展仍然处于第一阶段，依然主要以数字产品与服务作为数字贸易的贸易标的物。同时，部分经济体由于缺少数字贸易的相关基础设施，比如电信、互联网等硬件基础设施以及操作系统、共享平台等软件基础设施，因而尚未参与数字贸易。

（二）数字贸易的理论归纳

随着数字技术的发展，数字产品交易这一新型的贸易方式产生，而数字贸易中包含了数字产品的贸易，因而在对数字贸易的定义进行归纳之前，需要先对数字产品的理论研究进展进行总结。早期，Shapiro 和 Varian（2000）简要对数字化产品进行定义，认为数字化产品包含数字格式；而 Hui 和 Chau（2002）认为任何能被数字化（转换成二进制格式）的商品或服务都是数字产品。但是以上对数字产品概念的表达较为笼统，在 2003 年美国与智利签订的双边自由贸易协定中，数字产品被重新定义为计算机程序、文本、视频、图像、录音和其他经数字化编码并以电子方式传输的产品，这一定义在美国主导的自由贸易协定中一直使用。在早期的 WTO 谈判中，虽然秘书处未给出明确的定义，但是也将数字产品的分类列举出来：电视电影、音乐、软件、录音录像、计算机和娱乐节目。近年来，有学者认为对数字产品内涵的早期研究不够全面，开始区分狭义的角度和广义的角度，并分别进行分析。从狭义上看，数字产品是通过数字或者网络方式传输的物品；广义上看，数字产品中还应包括运用数字技术的电子产品，通过网络进行传输的产品，以及依托于一定的物理载体而存在的产品（Gao，2017）。Neeraj（2019）更进一步认为，在数字产品的定义中需要体现出商业贸易覆盖的全部产品和交易平台，因而将数字产品概括为有形数字商品和无形数字商品，分为在网络上订购的有形商品，数字化的音乐、软件和书籍等的媒体，3D 制成品以及智能商品。

数字产品的贸易形成了早期的数字贸易，但经过发展的数字贸易变得较为复杂，比如在麦肯锡全球研究所发布的题为《数字全球化：全球流动的新时代》（Manyika 等，2016）的报告中，认为除了传输有价值的信息流和思想流之外，数据流还支持商品、服务、金融和人员的流动。由于数字贸易的发展时间不长，尚未成熟，并且存在多种多样的发展方式，因而对于数字贸易的研究时间跨度较大，难度较大，全世界不同国家的不同机构和研究人员对于数字贸易这一概念都没有一个统一明确的界定。

一方面，从世界各国的官方机构对数字贸易进行定义的角度来看，早期将数字贸易等同于电子商务。早在 1998 年世界贸易组织第二次部长会议设立的“电子商务工作计划”中，“电子商务”这一概念就被定义为通过电子方式生产、分销、营销、销售或交付货物和服务，并在很长一段时间内被看作“数字贸易”的概念。2013 年 7 月，USITC 在《美国与全球经济中的数字贸易Ⅰ》中正式提出了“数字贸易”的定义，将其狭义地表达为通过互联网传输产品和服务的国内商务和国际贸易活动，并且指出数字贸易所包含的内容：一是数字化交付内容，如音乐、游戏；二是社交媒体，如社交网络网站、用户评价网站等；三是搜索引擎；四是软件服务等其他数字化产品和服务。随着数字贸易中交易产品范围的扩大，2014 年 8 月 USITC 在《美国与全球经济中的数字贸易Ⅱ》中将实体货物纳入数字贸易的定义中，其中互联网和基于互联网的技术在订购、生产或交付产品和服务方面发挥着极为重要的作用，这一定义包含了大部分实体商品的商业活动，即将之前在定义中排除的实体商品的贸易包含了进来。联合国贸发组织（UNCTAD，2015）把对电子商务的定义表达为通过计算机网络进行的购买和销售，并且认为电子商务包含实物商品以及数字产品和服务。2017 年，美国国际贸易委员会在《全球数字贸易 1：市场机遇与主要贸易限制》中指出，数字贸易是任意一家公司通过互联网进行产品和服务的交付，以及比如智能手机和互联网传感器等相关产品的交付，这一概念的论述又拓展了对于数字贸易的定义。

另一方面，学术界对数字贸易的定义是在官方定义基础上进行的更加深入的思考与扩展。Weber（2010）提出，数字贸易是指涉及通过电子交付传输有价值的产品或服务贸易，数字贸易的核心是数字产品或服务。这一定义比较模糊，没有对具体电子交付传输形式以及所传输的产品和服务的具体形式进行详细的描述。Deardorff（2017）将国际数字贸易定义为一种涉及多个国家的商务，其中贸易中产品本身是数字的，或者至少部分贸易通过使用互联网或者类似的数字技术完成了广告宣传、订购、交付、支付或者服务。本文认为，正如在 WTO 中一直将数字贸易与电子商务等同看待，在部分贸易协定中，电子商务与数字贸易的定义没有实质上的区别，因而部分学者将数字贸易等同于电子商务（electronic commerce），或者是跨境电子商务（cross-border electronic commerce）（Gao，2018）。为此，Meltzer（2014，2019）更关注的是跨境数据流本身作为一种贸易的方式或是通过企业使用数字服务来提高生产力这两种方式来实现数字贸易这种更加广泛的定义。

综上对数字贸易演进历程与理论归纳的论述，本文认为数字贸易、电子商务与数字经济三者之间存在相互承接的联系。首先，数字经济产生并发展到一定程度进而催生了电子商务的产生与发展，而随着电子商务的发展，其需要的技术、平台等方面不断进步与发展又为数字贸易发展提供了契机。其次，数字经济是一种信息和商务活动都数字化的新兴的社会政治和经济系统，电子商务和数字贸易在这一经济系统中产生并且得到发展，这是数字经济与数字贸易和电子商务之间的联系。再次，在很多情况下，数字贸易与电子商务这两者并没有本质上的区别，数字贸易与电子商务这两者之间存在很多相同的特点与性质。最后，在实际运用中，电子商务往往被认为是通过互联网这种方式进行的货物或者服务贸易；而数字贸易则把侧重点放在数字化交付内容及服务的流动上，其核心在于数据的流动。

二　数字贸易的影响与数字贸易规则的研究进展

（一）数字贸易推进过程中的积极影响

数字贸易对世界各国的经济增长与稳定发展具有驱动作用，并对世界范围内的贸易也会产生不可忽视的积极影响，学界对数字贸易在推进过程中产生的积极影响的研究从类似贸易的成本降低、传输渠道高效便捷、全球经济运行效率提高等不同角度进行了论述（吴伟华，2019）。本文从如下三个方面进行总结。

1. 数字贸易对贸易标的物的影响

在数字贸易快速发展的背景下，商品数字化和数字化交易均扩大了商品交易范围，从而对贸易标的物产生了重要影响。González 和 Jouanjean（2017）认为数字贸易不仅改变了我们的贸易方式，同时也对贸易标的物产生了影响。Meltzer（2016）通过对数字贸易前后小包裹的全球交付量的变化进行研究发现，在数字贸易产生之前，由于国际贸易中以大批量商品的出口为主导，因而出口低价值商品往往在商业上不可行，而数字贸易的出现改变了商品贸易的构成，能够对农产品等低价商品进行贸易。Lund 和 Manyika（2016）研究发现，随着数字贸易的发展，基于 3D 打印技术，很多跨国公司将医疗假肢以及替换零部件等产品生产所需的标准化技术文件出口至第三方，然后由第三方在当地进行生产与交易，这使得商品标的物的生产不再局限于某一特定国家或地区，实现了商品生产与贸易的数字化，也改变了物理标的物的贸易流动形式。

2. 数字贸易对贸易成本和效率的影响

数字贸易在推进过程中能够通过大数据、云计算等新一代信息技术的运用来降低贸易成本，提高效率。Meltzer（2019）从宏观角度分析指出，通过生产和使用数据，全球化的经济和贸易过程中会出现数字化创新趋势，而数字贸易这一贸易的创新方式能够提高贸易的效率。González 和 Jouanjean（2017）认为，由于数据流能够共享信息，因而在数字贸易的过程中能够通过贸易主体之间流通的资金流、信息流、思想流等资源的流动，降低信息不对称的情况，从而能够高效地获取交易相关的高价值信息，有效匹配企业之间的供求关系，因而能够使进入进出口市场的企业的贸易成本降低。Jouanjean（2019）从农产品贸易的角度分析指出，数字贸易在农产品贸易中的应用主要侧重于建立便于贸易主体进行交流与交易的平台。将数字化运用于农产品贸易的过程中，能够通过建立数字化的物流中心与交易渠道，有效地降低农产品的运输成本，确保交货时间。

3. 数字贸易对全球价值链的影响

由于数字贸易中的数字产品是一种在国际贸易中占有很大比重的中间产品，因而数字产品的不断更新与创新所引起的数字贸易的不断发展会对全球价值链中各国各产业的生产与利益产生很重要的影响。一方面，学者认为数字贸易能够增进全球价值链中贸易主体间的沟通与联系，推动全球价值链中各贸易主体的发展。比如，González 和 Jouanjean（2017）认为数字贸易作为一种新兴的贸易方式，能够通过贸易主体之间数据、信息与思想的流动，形成一种沟通的新渠道，为企业、消费者和政府的互动开辟新途径，从而进一步加速全球价值链中各国之间全方位的贸易。另一方面，数字贸易的兴起能够为小企业的世界贸易创造机会，而小企业融入全球价值链也能够为全球价值链中各国的发展创造新动力。例如，Jouanjean（2019）对农业和食品行业进行分析后指出，在数字贸易有所发展之前，发达经济体与发展中国家的小企业与全球价值链是脱节的，而在数字贸易在全球范围内有所推广后，小企业也在不断地融入全球价值链，整个价值链能够跨境传递信息，并且为货物创造竞争优势（Serafica 和 Albert，2018）。

（二）数字贸易推进过程中面临的困难与挑战

数字贸易作为一种新兴事物，是在世界的贸易、技术发展到一定阶段的产物，其发展还不够成熟，数字贸易对相关领域的基础设施、技术进步以及法律法规等方面的要求都会较高，然而现阶段的法律法规可能滞后于数字贸易的快速发展，从而会对数字贸易的推进和发展过程造成一些阻碍，产生负面的影响，这就形成了数字贸易壁垒（digital trade barrier）。USITC（2014）中对于数字贸易壁垒进行了明确清晰的分类，将贸易数字壁垒分为本地化要求、市场准入限制、数据隐私和保护要求、知识产权保护、不确定的法律责任规则、审查和海关措施这七大类，并且分别对每一类数字贸易壁垒进行了明确的定义。有很多学者从这七个方面对数字贸易壁垒进行部分或者全部的研究，其中大部分学者将研究的重点放在本地化要求、市场准入限制、数据隐私和保护要求、知识产权侵权这几个方面。另外，也有研究人员针对“数字鸿沟”（digital divide）这一概念进行研究，主要通过信息是否缺乏、互联网的普及程度、社会发展情况以及受教育程度等维度来研究各国之间、各地区之间由于数字贸易所产生的差距。本文仅对数据隐私和保护要求、本地化要求以及知识产权侵权这三个方面的数字壁垒研究进行概述。

1. 数据隐私和保护要求

一方面，由于新一代信息技术的使用，数字贸易发展过程中会产生数据隐私问题。例如，Koske 等（2014）直接指出，互联网为部分参与者提供了从事非法活动、侵犯隐私以及从事可能伤害用户的欺诈活动的机会。而 Montgomery（2012）从数字营销的角度切入，对数字营销收集个人数据的模式和产生的数据隐私问题进行研究后认为，需要通过政策规范和自律来制定安全保障措施，以解决数据隐私问题。Weber（2015）进一步从更大的数字技术影响的范围进行了研究，从社交登录的登录信息、第三方访问的在线数据、个人的位置数据、个人信息是否能够被公众访问、对个人偏好进行分析的数字营销数据的收集这五个方面详细地研究了数字贸易过程中会产生的数据隐私问题。另一方面，若是各个国家内部制定相关律法或是采取相关的措施以保护本国公民的数据隐私，在一定程度上也会产生负面影响。Janow（2019）从数据传输速度的角度分析指出，在数字贸易背景下的数据流动传输速度远远高于货物和服务的传输速度，如果不能对跨境的数据进行有效的监管，则会导致严重的后果。而各国政府等相关机构采取的保护数据隐私的措施会对消费者信息的收集、披露、分享、保护的监管体制机制产生较大差别，这会导致各国之间在这一领域产生摩擦或者冲突，从某种程度上来看会降低各国的贸易开放程度。

2. 本地化要求

一些国家重视数字贸易中隐私保护等情况而采取本地化措施，但这一措施在保护了本国数据安全的同时也会产生一定的负面影响。Cory（2017）针对欧盟、加拿大、法国、巴西等每一个实施数据本地化的国家或者地区所实施的政策进行了统计与展示，并且将数据的类型详细地划分为会计、税务和金融行业数据，个人数据，电信数据，新兴数字服务数据，政府和公开数据，以及其他数据六类，以清晰地展示每个国家是针对哪些类别所实施的数据本地化政策。Meltzer（2016）在《最大限度地利用互联网进行国际贸易》一文中把隐私领域设定为数字贸易会对监管目标产生重要影响的两个领域之一。由于在线业务在出口的过程中会收集大量的个人隐私数据，可以进行个人识别，因而认为出口国存在对个人数据的流动施加限制的动机。据此，政府考虑到各国之间隐私法规存在的差异会破坏国内监管目标，以及出于对本土行业或者企业的保护，防止受到国外企业的冲击，会实施数据的本地化措施。另外，Azmeh 和 Foster（2016）认为，在国家安全信息泄露事件发生之后，一些国家出于保护隐私或者维护系统安全等正当安全问题，以及对于本国经济效益正向效应的考虑，会选择本土化的措施，要求所有的公司必须按照政策要求将数据服务器本土化，这样会对数据的跨境传输造成一定的负面影响。同时，Meltzer（2019）从成本角度分析了数据的本地化措施对数字贸易的负面影响，将数字贸易过程中数据本地化的成本分为国内成本与国际成本，认为数据的本地化会提高访问和使用数据的成本，这样会损害数字贸易的收益。

3. 知识产权保护

美国国际贸易委员会（2014）对数字通信行业企业的调查统计显示，75%的大型企业和50%的中小型企业认为，数字贸易中由于知识产权侵权相关法律规则的不完善而导致的数字贸易保护会对数字贸易的发展产生冲击。基于上述知识产权保护的现状，部分学者强调平衡合理的版权规则。Meltzer（2016）通过初步研究发现，采用平衡版权规则以及合理使用其他限制的国家会比使用封闭版权的国家获得更高的收益，更加有利于本国的研发创新，并且能够产生更多的就业机会。在此基础上，Gantz（2020）具体分析数字贸易中重视知识产权保护的重要意义，认为在数字贸易中对知识产权的保护能够促进技术市场的垂直专业化发展，并使思想流与技术流通过数字贸易能够更加有效高质地流通。但目前由于不同国家、地域与消费者中数字贸易的发展存在较大差距，各国、各地域不同消费者对于知识产权保护也存在差异，这些因素会阻碍数字贸易的发展。

综上所述，数字贸易在发展过程中所面临的相关本地化要求、数据隐私和保护要求以及知识产权保护等困境，其重要的原因就在于世界上各个国家之间尚未形成统一的数字贸易规则。每个国家依据本国数字贸易发展的优劣以及遵循自身利益最大化的原则形成了自己国家的数字贸易规则，而这些不同国家的数字贸易规则对各个领域的不同见解则会使各国之间产生相关的纠纷（Ahmed，2019）。

（三）贸易协定下的数字贸易规则

由于数字贸易发展过程中会产生数字贸易壁垒以及数字鸿沟等方面的严重问题，而数字贸易在未来将会在世界经济贸易发展过程中扮演着越来越重要的角色，同时当前数字贸易国际规则的制定尚处于起步阶段，因而数字贸易规则的制定已经引起了世界各国的重视，各国对于数字贸易规则的制定都做出了很大的努力，其中较为突出的有美国和欧盟。美国从很早就开始对数字贸易及其相关的数字经济的政策进行了研究，例如美国商务部最先于1998年5月以及1999年6月发布了名为《新兴的数字经济》的报告，紧接着在2000年6月发布了《数字经济2000年度报告》。而且，美国在双边和多边贸易协定中也最先推出了数字贸易规则，并且一直致力于打造一个具有统一约束力的全球数字贸易规则体系。由于美国一直是数字贸易规则的先行者与领导者，因而早期相关领域的研究主要是针对美国所制定的数字贸易规则的梳理与整理，以及美国对于数字贸易规则所期望的目标等方面。例如，Vincent（2003）对美国数字贸易政策目标进行了详细的研究，将美国的数字贸易领域划分为IT商品的贸易，以娱乐服务、电信为主的数字服务贸易，电子商务或电子产品的贸易，以及在数字时代知识产权的保护这四个领域，并对每个领域的美国数字贸易政策目标进行了详尽的规划。相对于其他发达国家和发展中国家，欧盟国家数字贸易的发展也是较为迅猛的。Vincent和Hold（2011）通过对欧盟与各国的贸易协定中对于数字贸易规则的制定情况研究发现，欧盟对数字贸易规则的制定越来越重视。但是，目前欧盟对于数字贸易规则制定的研究相较于美国而言较为稀缺，缺乏比较系统全面的研究，其主要研究方向只是针对三个关键领域，分别是知识产权侵权的保护、视听部门，以及数据的隐私及保护要求。

随着数字贸易的不断发展，数字贸易所包含的内容得到不断的引申，而各类贸易协定也都对数字贸易以及数字产品、数字服务、电子商务等相关领域进行了愈加深入的探索与研究。同时，对数字贸易规则进行探究的经济体从发达国家扩大到了发展中国家，也有越来越多的国家积极参与数字贸易规则的制定。根据对国际上已有相关的研究文献的总结与概括，本文主要从多边和诸边贸易协定方面与区域和双边贸易协定方面对不同协定、不同领域以及不同国家的数字贸易规则的研究分别进行归纳总结。

1. *多边和诸边贸易协定*

有学者认为，世界贸易组织的数字贸易相关规则是不完整、过时的，并且WTO成员并没有针对数字贸易发展中面临的困境和问题探讨出相关的规则，而且掣肘于多哈回合的谈判效率，从而应对数字贸易所带来的机遇和挑战的能力有限（Burri，2012；Meltzer，2019）。虽然WTO在数字贸易规则制定的推进中存在很多问题，但WTO在推动多边数字贸易规则建设方面做出了努力，多次进行了电子商务相关的谈判，推动了数字贸易规则的制定。因此，WTO仍然是最能作为统一制定数字贸易规则的机构，很多学者对世界贸易组织的规则框架下相关协定中的数字贸易规则进行了研究。

首先，《关税及贸易总协定》（General Agreement on Tariffs and Trade, GATT）中的数字贸易规则虽然对部分领域做出了合理的规定，但是依然存在问题。学界对其的研究主要集中于电子商务活动的分类问题（Neeraj, 2019）、电子商务活动的义务规则（Burri，2015），以及GATT中的例外规则问题（Gao，2017）。例如，Meltzer（2019）对数字贸易中数字服务贸易的分类进行了归纳，将其分为电信、视听、计算机和相关服务以及基于数据的服务和数据服务；同时也总结出其在数字贸易规则上存在的两个问题：过早的缔结时间导致落后的服务承诺对数字贸易适用性的限制，以及其服务分类方式与当前企业贸易方式的不适用性。Aaronson（2018）从电子支付服务领域的数字贸易规则《电子商务章程》的角度进行研究后认为，虽然已有部分国家运用其解决跨境数据流争端，但由于其对跨境数据流没有进行明确规定，因而后期会有产生争端的风险。

其次，在《服务贸易总协定》（General Agreement on Trade in Services, GATS）方面，学界主要关注的领域与上述《关税及贸易总协定》相类似，即电子商务规则（Vincent和Hold，2011；Aaronson，2018）与分类（Burri, 2015；Gao，2017）以及跨界数据流动的管理规则（Aaronson，2017；Aaronson，2018），但其与《关税及贸易总协定》中所制定的数字贸易规则也存在不同。Meltzer（2016）认为世界贸易组织体制框架下的《关税及贸易总协定》和《服务贸易总协定》虽然都包含最惠国待遇和国民待遇的核心非歧视原则，但是由于后者数字贸易规则的市场准入自由度更高，两者会产生很大的差异。同时，Meltzer（2019）强调了《服务贸易总协定》在数字贸易规则制定中的先进性，在作者看来，如果数字贸易将商品贸易转变为服务贸易，则《服务贸易总协定》可以取代《关税及贸易总协定》。

最后，也有部分针对世界贸易组织框架下其他多边贸易协定中数字贸易规则进行的研究。其一，在《国际服务贸易协定》（Trade in Service Agreement，TiSA）中较为突出的是“美式模板”中自由放任的特征，美式模板的这一特征在数字贸易推进过程中有利有弊。美国电子商务提案的主要目的是为消费者提供自由访问和使用服务，以及应用的选择和连接设备的自由。另外，《国际服务贸易协定》中数字贸易规则的部分随着国际数字贸易的不断推进而不断更新，例如，完善了电子商务、电信等与数字贸易相关的服务业行业的监管，并针对跨境数据流动等数字贸易中的敏感问题设立相关的数字贸易规则。但是 Gao（2018）也通过研究指出，美国数字贸易规则中的“自由放任”在数字贸易发展的初期阶段能够发挥较好的效果，但是随着数字贸易的发展，持续的自由放任会给拥有和控制信息共享平台和互联网等相关基础设施的市场参与者和电子商务企业带来负面效果。其二，有关《贸易便利化协定》（Trade Facilitation Agreement，TFA）中的数字贸易规则。一方面，由于《贸易便利化协定》是第一个能够被运用于跨境电商领域的规则，因而这一协定的制定能够对数字贸易的发展产生显著的积极作用。Meltzer（2019）总结认为，该协定中数字贸易相关的规则是通过降低货物通过海关的成本来支持货物的电子商务销售，这对于数字贸易尤其是价值低、数量少的数字贸易来说有着很大的意义。另一方面，《贸易便利化协定》中的数字贸易规则也会产生不可忽视的负面影响，从其自身的语言特点来看，《贸易便利化协定》中数字贸易规则的内容较为抽象，使其在实际贸易的运用中具有一定的局限性；从其规则的适用范围角度，《贸易便利化协定》仅能运用于实体货物的数字贸易中，这同样限制了这一协定的可用范围。其三，对《信息技术协定》（Information Technology Agreement，ITA）中的相关数字贸易规则的研究较少。众所周知，该协定中最重要的数字贸易规则就是将广泛意义上的信息技术产品关税降低到零关税。Henn 和 Gnutzmann-Mkrtchyan（2015）在《IT 协议对贸易的影响》一文中，通过关税削减效应、关税消除效应、进口承诺效应以及出口承诺效应这四种效应分别对积极签署国和被动签署国的进出口市场份额的变化进行计算发现，ITA 会对积极签署国的最终产品和被动签署国的中间产品产生更大的作用。在此基础上，并通过分析证明，虽然《信息技术协定》对具有不同教育程度、不同商业环境和不同地理位置的国家会产生不同程度的影响，但是其对平均教育水平较低、商业环境恶劣以及地理位置偏远的国家都会产生较大的正面影响。也有学者提出，《信息技术协定》中数字贸易规则的制定虽然为世界范围内数字贸易的发展奠定基础，但其制定的数字贸易规则仅仅是对半导体、通信设备、科学仪器等工业制成品的贸易进行规定，无法完全覆盖数字产品。其四，部分学者对《技术性贸易壁垒协议》（Agreementon Technical Barriers to Trade，TBT）中数字贸易规则的制定进行了研究。Neeraj（2019）在题为《数字经济的贸易规则：在 WTO 中开辟新的领域》的文献中表明，《技术性贸易壁垒协议》中所包含的最惠国待遇和国民待遇原则，尤其是在现有国际标准的基础上制定国内技术法规的承诺，都会对数字贸易规则的制定产生宽带网络标准制定、数据隐私保护、数据存储等方面的影响。

2. 区域和双边贸易协定

在区域和双边贸易协定维度，学者们对数字贸易规则的研究主要集中于《跨太平洋伙伴关系协定》、日本与欧盟签署的经济伙伴关系协定、《北美自由贸易协定》和韩国的自由贸易协定这四种贸易协定。本文接下来就对上述四种贸易协定分别进行论述。

首先，学界对《跨太平洋伙伴关系协定》（Trans-Pacific Partnership Agreement，TPP）以及《全面与进步跨太平洋伙伴关系协定》（Comprehensive Progressive Trans-Pacific Partnership，CPTPP）中的数字贸易规则的研究主要集中于知识产权领域以及数据隐私的管理规则方面。其中，与数字贸易相关的规则与规定具有一定的进步性。例如 Meltzer（2016）主要针对数字贸易中知识产权问题的规则制定进行了深入的探究，从平衡知识产权和中间责任问题这两个维度分别进行了论述。在作者看来，需要找到维持国家、行业竞争力的知识产权保护与互联网上的数据、信息的自由流动这两者之间的平衡点，而《跨太平洋伙伴关系协定》中的相关规则能够使知识产权得到有效的保护，但同时需要在知识产权方面实现适当的平衡，因而需要一些限制和例外。在中间责任问题方面，即互联网服务提供商是否应该对用户发布的内容负责方面，作者认为美国通过现有国家安全港的模型在《跨太平洋伙伴关系协定》中明确对中介责任的保护是具有现实意义的。而 Gao（2017）在《TPP 中的数字贸易管制：数字时代的贸易规则》一文中对《跨太平洋伙伴关系协定》的个人信息保护和数据隐私管理方面的数字贸易规则进行研究后指出，将数据隐私的监管重点转移到商业公司，由商业公司承担对个人信息的保护这一方式具有创新性和可行性。另外，Azmeh 和 Foster（2016）在《TPP 与数字贸易议程：数字产业政策与硅谷对新贸易协定的影响》一文中还指出，《跨太平洋伙伴关系协定》中所提出的扩大数据“安全港”原则适用的范围，以及在相关自由贸易协定缔约国之间制定隐私法等规则，均能对各国的数据隐私和信息安全进行高效的管理。Davis（2017）通过分析认为，《跨太平洋伙伴关系协定》条款可能成为快速增长的数字服务贸易领域的新基准。Janow（2019）在对世界贸易组织体制框架下将产品划分为商品和服务的分类方式与数字经济在结构上不相符的论述基础上，考虑到数字产品及其市场结构中固有的特征对于一种完全不同的处理方式的需求，也认为《跨太平洋伙伴关系协定》可以作为制定规范统一的数字贸易规则的基础准则。但同时由于一旦以《跨太平洋伙伴关系协定》作为数字贸易规则的基准，多边贸易协定框架下的数字贸易规则的制定将会与其相冲突，因而《跨太平洋伙伴关系协定》没有协调数字经济与现有的世界贸易组织体制框架的矛盾关系。Wolfe（2019）从另一个角度对TPP中跨国数据流动与数据本地化的数字贸易规则进行了探讨。作者将TPP中相关领域的规则与《综合性经济贸易协议》（Comprehensive Economic and Trade Agreement，CETA）进行对比，分别论述了CETA和TPP对数据服务器的控制权以及服务器的地理位置这两个问题的不同规则以及缺陷。Gao（2017）也指出《跨太平洋伙伴关系协定》中所制定的数字贸易规则存在两个方面的严重缺陷：一是《跨太平洋伙伴关系协定》中相关的数字贸易规则对政府的数字贸易相关行为提出了更高的要求，使得其覆盖的总体范围缩小；二是相较于其他自由贸易协定，《跨太平洋伙伴关系协定》中的相关规则缩小了非歧视义务的范围，这同样损害了自由贸易协定缔约方的利益。

其次，在《日本－欧盟自由贸易协定》（Japan-EU FTA）方面，国际上对《日本－欧盟自由贸易协定》的研究主要是有关数字贸易中的数据跨境流动以及数字隐私方面规则的制定，其中较为突出的是对欧盟在数据跨境流动领域的态度及其制定的规则研究。欧盟在《国际服务贸易协定》和《美欧双边自由贸易协定》中对于跨境数据流的承诺都保持着犹豫不决的态度，这同样造成了《日本－欧盟自由贸易协定》中没有制定数字贸易中跨境数据流动的相关规则，欧盟在这方面只承诺在《日本－欧盟自由贸易协定》生效后的三年内重新对这一问题进行讨论（Aaronson，2018；Janow，2019；Meltzer，2019）。

再次，由于《北美自由贸易协定》（North American Free Trade Agreement，NAFTA）于2018年被更新为《美国－墨西哥－加拿大协定》（USMCA），因而现阶段对其的研究重点放在USMCA对NAFTA不足的弥补上。在USMCA出现之前，Aaronson（2017）就提出对《北美自由贸易协定》2.0版本的要求，希望其中的相关领域能够提供更详细的数据保护规则，并且表达出希望《北美自由贸易协定》2.0 能够在技术发展和新形式的贸易保护主义出现时解决数字贸易问题的需求。在 NAFTA 更新为 USMCA 之后，Meltzer（2019）对 USMCA 所更新的数字贸易规则中包含数据本地化等数据流动问题进行了重点研究，总结出不要求公司提供源代码作为进入市场的条件，以及对各国发展国内互相兼容的隐私制度的要求。而参考《美国－墨西哥－加拿大协定》中的具体数字贸易规则，可以看到规则条例主要围绕对数字产品不征收关税、禁止数字化设施的本地化等方面进行规定。其中，Gantz（2020）主要从《美国－墨西哥－加拿大协定》中知识产权保护相关的数字贸易规则角度进行研究，认为《美国－墨西哥－加拿大协定》中较为突出的优势是通过建立一个知识产权委员会，加强知识产权的边境执法，并在拓展版权、商标保护等存在争议的领域同样制定了有效的数字贸易规则。

最后，关于韩国的自由贸易协定中数字贸易规则的研究，多数学者均是从电子商务规则角度进行研究。Janow 和 Mavroidis（2019）在题为《数字贸易、电子商务、世贸组织和区域框架》的文献中，对韩国的自由贸易协定中有关电子商务规则进行了详细研究，并总结出其数字贸易规则的先进性。其一，由于特定的一系列条款的一致性程度较高，该国会优先处理相关问题，而其关于消费者保护、无纸化交易以及数据保护的规则是唯一一致的，因而与数字贸易相关的数字保护等领域出现的问题能够得到及时的解决。其二，韩国的自由贸易协定中包含了非歧视原则与电子签名等方面的数字贸易规则，覆盖范围较为广泛。

3. 其他组织

有关其他组织框架中数字贸易规则研究的文献数量更为稀少，而现有的研究主要集中于亚太经济合作组织（Asia-Pacific Economic Cooperation，APEC）、二十国集团（G20）以及经济合作与发展组织（OECD）。在经济合作与发展组织所制定的数字贸易规则方面，其制定数字贸易规则的立场与 USITC 并不一致，主要目的是维护全球范围内数字贸易规则的完整性与一致性，推动数字贸易的发展。在亚太经济合作组织所制定的数字贸易规则方面，早在 2008 年，亚太经济合作组织所提议的《数字繁荣的行动清单》就开始尝试推进数字贸易中的基础设施、信息流、智力资本等六个重点领域的相应规则的制定。而 Meltzer（2016）则对亚太经济合作组织中限制跨境数据流方面的跨境隐私规则进行了总结与概述，突出其灵活性与合理性，认为亚太经济合作组织的跨境隐私规则是一种可以通用的互相操作的监管框架，规则中不要求合作组织内的各国采用自上而下的隐私法律，而是采用法律以及行业规范的灵活规则，因而可以在更广泛的国际范围内实施后进行更加有效的数据隐私保护，同时确保数据可以跨国流动。

由于现阶段数字贸易的迅速发展与当前各种组织框架下所推进的数字贸易规则的制定还不匹配，基于上述各类贸易协定中制定的数字贸易规则也存在一些问题。Meltzer（2016）认为当前数字贸易规则存在以下问题：一是司法管辖区之间缺乏协调；二是解决低价值商品跨境争端的不足；三是数据隐私安全问题；四是缺乏国际支付机制的问题；五是物流网络的不足。为此，作者根据数字贸易规则的短期、中期与长期目标分别针对上述五个问题提出了在世界贸易框架下制定数字贸易规则的建议。为了能够克服数字贸易在发展过程中陷入的困境，对数字贸易壁垒进行有效的治理，促进数字贸易持续稳定发展，一些学者提出加强国际的监管合作，在各个国家之间的各个领域运用共同的原则与标准，并且将国际监管合作与自由贸易协定中的数字贸易规则相结合，为数字贸易的发展提供统一的框架（Meltzer，2019）。

三　国内有关数字贸易理论与规则的研究进展

国内学界对于数字贸易的研究起步比较晚，主要关注的是数字贸易内涵、美欧日数字贸易规则及其分歧、学习国外数字贸易规则的经验并打造“中式模板”三个方面，近年来也取得了一定的成果。

（一）数字贸易内涵的界定

国内学界对数字贸易内涵的界定大多还是沿用了美国国际贸易委员会（USITC）在其研究报告中对数字贸易的定义。伊万·沙拉法诺夫和白树强（2018）根据国外学者对数字产品狭义与广义上的分析，对数字贸易进行了狭义和广义上的内涵界定。其中，狭义上的数字贸易是指依托互联网，通过数字交换技术为贸易主体提供所需的数字化信息；广义上的数字贸易则是将ICT产品和服务的交易、数字产品及服务、人员流动和数据传输四个核心因素加入数字贸易概念。马述忠等（2018）认为数字贸易是传统贸易在数字经济时代的拓展与延伸，并据此结合中国数字贸易发展的现实情况对数字贸易进行了定义，将其表述为以现代信息网络为载体，通过信息通信技术的有效使用，实现传统实体货物、数字产品与服务、数字化知识与信息的高效交换，进而推动消费互联网向产业互联网转型，并最终实现制造业智能化的新型贸易活动。徐金海、周蓉蓉（2019）研究指出，由于数字贸易中的数字产品是一种在国际贸易中占有很大比重的中间产品，因而数字产品的不断更新与创新所引起的数字贸易的不断发展，会对全球价值链中各国各产业的生产与利益产生很重要的影响。

（二）对国外数字贸易规则的研究

在国际数字贸易的发展过程中，美国和欧盟都是处于发展前沿的国家或经济体，而美国和欧盟在数字贸易规则的制定过程中也是处于领导者的位置，以维护其在全球数字贸易中的地位。因此，许多国内的研究人员对美国和欧盟的数字贸易规则的制定进行了研究，由此也分别总结出美国和欧盟的数字贸易规则特点，得出“美式模板”和“欧式模板”。

在对美式模板的研究中，李杨等（2016）对数字贸易规则“美式模板”的基本构成及主要内容进行了研究，认为“美式模板”中的一个特点是美国通常在其主导的区域贸易安排中通过在“跨境服务贸易章”引入机制创新元素以推动数字服务贸易的自由化发展。而我国对“欧式模板”研究的文献数量还相对较少。周念利和陈寰琦（2018）通过对欧盟自由贸易协定的数字贸易相关章节进行了整理，从由缺到盈、由里及外这两个角度进行了分析，总结出数字贸易规则“欧式模板”的四个主要特征：一是欧盟的规则文本缺乏一个成熟完整且独立的体系；二是在“视听例外”和“隐私保护”上坚守立场；三是欧盟会根据缔约方比较优势的强弱来改变“出价”；四是重视在知识产权保护和信息交流技术合作中积极推进规则发展。而且，他们通过对“欧式模板”更加深入的解读，总结出跨境数据自由流动、知识产权保护以及视听例外这三个领域是欧盟在数字贸易规则的制定中最为关注的领域。

由于美欧在数字贸易产业上不同的比较优势，以及不同的文化、经济和制度背景，美国和欧盟数字贸易规则的制定在某些方面也存在不同。国内部分学者对美欧的数字贸易规则制定的差异进行了分析。王惠敏和张黎（2017）从税收的角度切入，从美国规定在交易原产地征税而欧盟规定在消费者所在地征税的事实总结出，美国和欧盟在税收领域的数字贸易规则的制定中也存在分歧。吴伟华（2019）通过对分歧较大的跨境数据流动领域进行分析后认为，美国反对限制跨境数据的流动，更加重视跨国数据流动所带来的利益，这与前文所总结的美式模板的特点相一致；而欧盟对数据自由跨境流动的条件进行了严格的规定与限制，更加看重其公民的数据隐私的保护。另外，有关文化产品的数字贸易也是现阶段美欧数字贸易规则的重大分歧之一，由于美国的文化强国地位，其并未对文化产品的数字贸易做出例外的规定，而欧盟甚至发展中国家出于本国文化产业的考虑，主张对数字贸易中的文化产品例外对待（吴伟华，2019）。美欧等数字贸易强国对税收、跨境数据流动以及文化产品领域的分歧，都对数字贸易的发展以及全球统一的数字贸易规则的制定产生了负面的影响。

另外，也有部分学者对日本的数字贸易规则的制定进行了分析，总结出日本通过各领域的科技创新来推动数字经济与数字贸易发展的结论。日本虽然并非欧美这类数字贸易强国，但其通过美国退出 TPP 以及与欧盟签署的《日欧经济伙伴关系协定》（Economic Partnership Agreement，EPA）两个渠道，推广了其数字贸易规则；同时，日本也通过 G20 峰会等多边会议推广其贸易规则，从而进一步提升其在全球数字贸易规则制定中的话语权（蓝庆新、窦凯，2019）。

（三）对中国数字贸易规则的研究

随着中国数字贸易的快速发展，一些学者开始加大对我国数字贸易规则的研究力度。例如，来有为和宋芳秀（2018）主要从我国积极参与构建数字贸易国际规则体系的实践角度进行了分析，提出要坚持扩大开放与适度保护相结合的原则，积极、主动、全方位地参与双边、多边、区域数字贸易规则制定，提出中国方案、中国提案和中国主张，进而建立更加公平合理的数字贸易规则新秩序。吴伟华（2019）就中国在世界贸易组织框架下提出数字贸易等相关领域的利益诉求，在《中韩自由贸易协定》等自由贸易协定中制定有关电子商务的贸易规则，在国内推进数字贸易相关领域改革，以及完善国内数字贸易相关领域法律法规这四个角度，展示了中国对数字贸易的初步探索中所取得的成绩。另外，针对 WTO 框架下数字贸易中电子商务规则的制定与现实需求存在的差距，从 2016 年初开始，阿里巴巴集团的创始人马云就在多种场合提到 eWTO 概念，希望能够建立一套由企业间先行协商，再由政府认可的有利于中小企业自由贸易的商业规则。中国国内也有部分研究人员对 eWTO 进行探究，并结合世界各国在制定数字贸易规则过程中取得的进展与遇到的问题，从遵从 WTO 相关原则，关注数据跨境流动领域，消费者权益保护、知识产权保护，并需要重点关注数字贸易中小微企业的参与等方面对 eWTO 的基本原则进行界定。

与此同时，由于国内数字贸易的发展还只是处在起步阶段，中国数字贸易规则的发展也尚处在萌芽阶段，同时国内的学者对于数字贸易规则的研究也尚不成熟，因而国内的很多学者对国际上其他数字贸易发展较为成熟国家的数字贸易规则进行研究，并且对于国际上先进的数字贸易规则经验进行了总结，在此基础上有学者提出了“中式模板”数字贸易规则的构想（周念利，2018；徐金海、周蓉蓉，2019）。基于美式模板中美国根据自身比较优势，在数字贸易规则中突出的自由化特点，周念利（2018）将中美两国在数字贸易规则的制定中存在的差异进行对比，认为以“跨境数据自由流动”“数据存储非强制本地化”“个人信息保护”等领域为主的美式模板第二代规则会对中国制定数字贸易规则带来显著的负面影响，因此对中国现阶段数字贸易的发展与数字贸易规则的制定提出新的要求。徐金海、周蓉蓉（2019）更进一步地提出具体的应对措施，认为中国遵循跨境货物贸易领域的比较优势，并且克服中国数字贸易地区发展不平等的特点，才能改变当前美欧掌握数字贸易规则制定话语权的现状。同时，吴伟华（2019）通过总结中国数字贸易已具备的产业基础与初步成绩后提出，为了下一阶段数字贸易的更好发展，中国需要加快相关领域的机制改革，抓紧完善国内相关领域的法律法规建设；另外，也不能忽视数字贸易相关领域的监管方式等方面的创新。可见，中国只有在数字贸易规则制定中打造具有中国特色的“中式模板”，才能更好地应对美欧日等国在数字贸易规则制定中的分歧，才能更好地推动中国数字贸易稳健发展。

四　结论与展望

通过对数字贸易理论与规则进展的研究进行梳理，我们能够得出以下结论：首先，数字贸易的产生与发展依托的是互联网、大数据、云计算等信息技术的进步，数字贸易带来的经济效益已经高于传统贸易带来的经济效益，因而数字贸易可能会成为未来几十年国际贸易的主要形式之一。其次，数字贸易的发展并未成熟，因而对数字贸易的相关理论与规则的研究还处在不断探索之中，而数字贸易的发展也不可能一帆风顺，在其发展过程中总会遇到各种亟待解决的问题。最后，数字贸易规则的制定对数字贸易中遇到的问题及其治理等都有很重要的意义，越来越多的国家参与数字贸易规则的制定以及全球数字贸易问题的治理。本文认为，未来对于数字贸易的研究方向将主要集中在以下几个方面。

1. 数字贸易的内涵研究

虽然现阶段全球已有数量众多的国家、国际各类官方机构和研究人员对数字贸易以及相关的数字经济、数字产品、（跨境）电子商务等专有名词进行了详细的概念界定，但是由于数字贸易的不断发展，数字贸易所运用的技术、设施等有所不同，各国数字贸易的范围与发展程度也各不相同，因而各国对数字贸易内涵的界定都有结合自己国家特点的不同理解。但数字贸易的稳健发展是需要以世界各国对于数字贸易的统一定义、一致认定为基础的，因而对数字贸易内涵的深入研究依然很有必要。

2. 数字贸易的国际竞争力研究

虽然目前众多学者表明我国数字贸易的发展与美国、欧盟等发达国家之间存在一定差距，但这些主要是对我国数字贸易国际竞争力的定性研究，而对我国现阶段数字贸易国际竞争力的定量研究比较缺乏，只有对数字贸易的国际竞争力进行定量研究，才能精准找到短板并促进我国数字贸易健康发展。

3. WTO 和自由贸易协定框架下数字贸易规则的研究

美国、欧盟、中国等国家或地区对数字贸易过程中遇到的数字贸易壁垒等问题，以及数字贸易规则制定还存在不同的观点与争议，导致各国数字贸易规则相互之间无法进行顺利对接，这给世界数字贸易的治理与发展带来了诸多负面影响。因此，在WTO框架下或者是自由贸易协定框架下制定统一的数字贸易规则是很有必要的。

4. 中国数字贸易规则的研究

我国现阶段对“一带一路”和eWTO等平台的数字贸易规则的研究还只是处在起步阶段，因而需要更多地对我国已有的数字贸易机制平台进行研究，从而我国制定数字贸易规则的能力与影响力得以提升。当前我国数字贸易的发展与美国和欧盟等发达国家之间仍然存在差距，因而我国可以在学习发达国家数字贸易规则和数字贸易治理经验的基础上，提出属于我国自身的数字贸易规则体系，提高我国在全球数字贸易规则制定中的话语权。

参考文献

[1] Shapiro, C., Varian, H.:《信息规则：网络经济的策略指导》，张帆译，中国人民大学出版社，2000。

[2] 来有为、宋芳秀：《数字贸易国际规则制定：现状与建议》，《国际贸易》2018年第12期。

[3] 蓝庆新、窦凯：《美欧日数字贸易的内涵演变、发展趋势及中国策略》，《国际贸易》2019年第6期。

[4] 李杨、陈寰琦、周念利：《数字贸易规则“美式模板”对中国的挑战及应对》，《国际贸易》2016年第10期。

[5] 刘航、伏霖、李涛、孙宝文：《基于中国实践的互联网与数字经济研究——首届互联网与数字经济论坛综述》，《经济研究》2019年第3期。

[6] 马述忠、房超、梁银锋：《数字贸易及其时代价值与研究展望》，《国际贸易问题》2018年第10期。

[7] 王惠敏、张黎：《电子商务国际规则新发展及中国的应对策略》，《国际贸易》2017年第4期。

[8] 吴伟华：《我国参与制定全球数字贸易规则的形势与对策》，《国际贸易》2019年第6期。

[9] 徐金海、周蓉蓉：《数字贸易规则制定：发展趋势、国际经验与政策建议》，《国际贸易》2019年第6期。

[10] 伊万·沙拉法诺夫、白树强：《WTO 视角下数字产品贸易合作机制研究——基于数字贸易发展现状及壁垒研究》，《国际贸易问题》2018 年第 2 期。

[11] 周念利：《积极推广数字贸易规则的“中式模板”》，《新华日报》，2018 年 5 月 2 日。

[12] 周念利、陈寰琦：《数字贸易规则“欧式模板”的典型特征及发展趋向》，《国际经贸探索》2018 年第 3 期。

[13] Aaronson, S. A., "Information Please: A Comprehensive Approach to Digital Trade Provisions in NAFTA 2.0", CIGI Papers, 2017, No. 154.

[14] Aaronson, S. A., "The Digital Trade Imbalance and Its Implications for Internet Governance", Global Commission on Internet Governance Working Paper, 2016, No. 25.

[15] Aaronson, S. A., "What are We Talking about When We Talk about Digital Protectionism?", Institute for International Economic Policy Working Paper, 2018, No. 2018-12.

[16] Abelianskya, A. L., and Hilbert, M., "Digital Technology and International Trade: Is it the Quantity of Subscriptions or the Quality of Data Speed that Matters?", *Telecommunications Policy*, 41 (1), 2016: 35-48.

[17] Aguerre, C., "Digital Trade in Latin America: Mapping Issues and Approaches", Digital Policy, *Regulation and Governance*, 21 (1), 2019: 2-18.

[18] Aguiar, L., and Waldfogel, J., "Digitization, Copyright, and the Welfare Effects of Music Trade", Institute for Prospective Technological Studies Digital Economy Working Paper, 2014, No. 2014-05.

[19] Ahmed, U., "The Importance of Cross-border Regulatory Cooperation in an Era of Digital Trade", *World Trade Review*, 18 (S1), 2019: 99-120.

[20] Azmeh, S., and Foster, C., "The TPP and the Digital Trade Agenda: Digital Industrial Policy and Silicon Valley's Influence on new Trade Agreements", International Development Working Paper, 2016, No. 16-175.

[21] Bergemann, D., et al., "Pricing Under the Threat of Piracy: Flexibility and Platforms for Digital Goods", Cowles Foundation Discussion Paper, 2011, No. 1834.

[22] Burri, M., "The Global Digital Divide as Impeded Access to Content", in Burri, M., and Cottier, T. (eds.), *Trade Governance in the Digital Age* (Cambridge: Cambridge University Press, 2012).

[23] Burri, M., "The International Economic Law Framework for Digital Trade", *Zeitschrift für Schwezerisches Recht*, 135 (2), 2015: 10-72.

[24] Carlsson, B. , "The Digital Economy: What is New and What is Not", *Structural Change and Economic Dynamics*, 15 (3), 2004: 245 - 264.

[25] Cory, N. , "Cross-border Data Flows: Where are the Barriers, and What Do They Cost?", 2017, https://itif. org/publications/2017/05/01/cross-border-data-flows-where-are-barriers-and-what-do-they-cost.

[26] Davis, C. L. , "Foreign Policy and Trade Law: Japan's Unexpected Leadership in TPP Negotiations", 2017, https://www. cambridge. org/core.

[27] Deardorff, A. V. , "Sensitive Sectors in Free Trade Agreements", Research Seminar in International Economics Discussion Paper, 2017, No. 663.

[28] Gantz, D. A. , "USMCA Provisions on Intellectual Property, Services, and Digital Trade", Arizona Legal StudiesDiscussion Paper, 2020, No. 20 - 03.

[29] Gao, H. , "Digital or trade? The Contrasting Approaches of China and US to Digital Trade", *Journal of International Economic Law*, 21 (2), 2018: 297 - 321.

[30] Gao, H. , "The Regulation of Digital Trade in the TPP: Trade Rules for the Digital Age", in Chaisseand, J. , and. Gao, H. (eds.), *Paradigm Shift in International Economic Law Rule-Making* (Berlin: Springer, 2017) .

[31] González, J. L. , and Jouanjean, M. A. , "Digital Trade: Developing a Framework for Analysis OECD", Trade Policy Papers, 2017, No. 205.

[32] G20 Research Group, "G20 Digital Economy Development and Cooperation Initiative", 2016, http://www. g20. utoronto. ca/2016/g20-digital-economy-development-and-cooperation. pdf.

[33] Henn, C. , and Gnutzmann-Mkrtchyan, A. , "The Layers of the IT Agreement's Trade Impact", WTO Staff Working Paper, 2015, No. ERSD - 2015 - 01.

[34] Hui, K. L. , and Chau, P. Y. K. , "Classifying Digital Products", *Communications of the ACM*, 45 (6), 2002: 73 - 79.

[35] Janow, M. E. , and Mavroidis, P. C. , "Digital Trade, E-commerce, the WTO and Regional Frameworks", *World Trade Review*, 18 (S1), 2019: 1 - 7.

[36] Jouanjean, M. A. , "Digital Opportunities for Trade in the Agriculture and Food Sectors", OECD Food, Agriculture and Fisheries Papers, 2019, No. 122.

[37] Khumalo, B. , "Digital Economy and Knowledge Economics: Implications on Economic Model", *International Journal of Innovation in the Digital Economy*, 1 (1), 2010: 19 - 36.

[38] Koske, I. , et al. , "The Internet Economy-Regulatory Challenges and Practices", Economics Department Working Papers, 2014, No. 1171.

[39] Linkov, I., et al., "Governance Strategies for a Sustainable Digital World", *Sustainability*, 10 (2), 2018: 440 – 447.

[40] Lund, S., and Manyika, J., "How Digital Trade is Transforming Globalisation", 2016, https://www.ictsd.org/themes/global-economic-governance/research/how-digital-trade-is-transforming-globalization.

[41] Ma, S., et al., "Policy Analysis and Development Evaluation of Digital Trade: An International Comparison", *China & World Economy*, 27 (3), 2019: 49 – 75.

[42] Manyika, J., et al., "Digital Globalization: The New Era of Global Flows", 2016, https://www.mckinsey.com/business-functions/digital-mckinsey/our-insights/digital-globalization-the-new-era-of-global-flows.

[43] Meltzer, J. P., "Governing Digital Trade", *World Trade Review*, 18 (S1), 2019: 1 – 26.

[44] Meltzer, J. P., "Maximizing the Opportunities of the Internet for International Trade", E15 Expert Group on the Digital Economy-Policy Options Paper, 2016.

[45] Meltzer, J. P., "Supporting the Internet as a Platform for International Trade: Opportunities for Small and Medium-sized Enterprises and Developing Countries", Brookings Working Paper, 2014, No. 69.

[46] Montgomery, K. C., "The New Threat of Digital Marketing", *Pediatric Clinics of North America*, 59 (3), 2012: 659 – 675.

[47] Neeraj, R. S., "Trade Rules for the Digital Economy: Charting New Waters at the WTO", *World Trade Review*, 18 (S1), 2019: 121 – 141.

[48] Popescu, D. V., and Manoela, P., "Electronic Commerce Versus Traditional Commerce", *Amfiteatru Economic Journal*, 9 (21), 2007: 127 – 132.

[49] Serafica, R., B., and Albert, J. R. G., "Issues on Digital Trade", PIDS Discussion Paper Series, 2018, No. 2018 – 30.

[50] Turban, E., et al., "Introduction to Electronic Commerce and Social Commerce", Springer, 2017.

[51] United States International Trade Commission (USITC), "Digital Trade in the U. S. and Global Economies, Part 2", 2014, https://www.usitc.gov/publications/332/pub4485.pdf.

[52] United States International Trade Commission (USITC), "Digital Trade in the U. S. and Global Economies, Part 1", 2013, https://www.usitc.gov/publications/332/pub4415.pdf.

[53] United States International Trade Commission (USITC), "Global Digital Trade 1: Market Opportunities and Key Foreign Trade Restrictions", 2017, https://www.usitc.gov/publications/Industry_econ_analysis_332/2017/global_digital_trade_1_market_opportunities_and.htm.

[54] Vincent, S. W., "The Digital Trade Agenda of the U.S.: Parallel Tracks of Bilateral", *SSRN Electronic Journal*, 58 (1), 2003: 7-46.

[55] Vincent, S. W., and Hold, A., "Towards Coherent Rules for Digital Trade: Building on Efforts in Multilateral Versus Preferential Trade Negotiations", Swiss National Centre of Competence in Research Working Paper, 2011, No. 2011-64.

[56] Weber, R. H., "Digital Trade in WTO-law-taking Stock and Looking Ahead", *SSRN Electronic Journal*, 5 (1), 2010: 1-24.

[57] Weber, R. H., "The Digital Future - A Challenge for Privacy?", *Computer Law & Security Review*, 31 (2), 2015: 234-242.

[58] Wolfe, R., "Learning about Digital Trade: Privacy and E-commerce in CETA and TPP", *World Trade Review*, 18 (S1), 2019: 63-84.

全球数字贸易规制体系构建中的中美博弈*

周念利　陈寰琦**

摘　要：中美两国是全球数字贸易发展的最大利益攸关者。在全球数字贸易治理体系构建过程中，中美由于在数字贸易相关产业上的比较优势迥异，因此提出了不同的规则诉求，并基于不同的路径推出与践行体现其意志的数字贸易规则。中美两国在构建全球数字贸易规制体系中可谓亦敌亦友。本文对数字贸易规则"美式模板"的典型特征进行了提炼，并在此基础上为中国应对数字贸易规则"美式模板"提出政策建言。

关键词：数字贸易规则；美式模板；中式模板

近年来，传统货物贸易增长停滞甚至下降，但全球数字贸易发展迅猛，并逐渐成为推动经济增长的新动能。① 2014 年，全球近 12% 的货物贸易基于电商平台实现，数字贸易推动全球 GDP 增长约 2.8 万亿美元。② 一国网络

---

* 本文主体内容原载于《亚太经济》2017 年第 4 期，原标题为《全球数字贸易规制体系构建的中美博弈分析》，收入本书时有增补。

** 周念利，对外经济贸易大学中国 WTO 研究院研究员，主要研究方向为区域经济一体化、服务贸易；陈寰琦，广东外语外贸大学经济贸易学院讲师，主要研究方向为数字贸易与服务贸易。

① 关于数字贸易，学术界尚未给出统一定义，本文中的"数字贸易"是指依托互联网进行的货物和服务贸易。

② McKinsey Global Institute, "Digital Globalization: The New Era of Global Flows", 2016: 7。

接入率每提升10%，其国际贸易量会增加1%。[①] 数字贸易的发展普及，极大地降低了国际贸易的准入门槛，标志着“普惠贸易”时代的到来。针对数字贸易治理，传统贸易规则不仅在文本设计而且在操作执行上都困难重重（Bellia等，2010）。美国作为数字贸易大国和强国，一直致力于克服信息技术对传统贸易规则带来的挑战。关于美国构建数字贸易规则的研究并不鲜见，早期文献主要针对美国国内电子商务的相关立法、态度及战略进行探讨，如韦伟（2000）、张楚（2000）、Sacha Wunsch-Vincent（2003）和宋玉萍（2007）。近年来，学者们逐渐将视线转向国际数字贸易规则的“美式模板”。如针对早期的（第一代）数字贸易规则（“电子传输免关税”、“贸易无纸化”、“透明度”和“数字产品非歧视性待遇”）Mia（2008）、王立武和杨柳（2013）、陈靓（2015）和李佳欣（2015）曾进行过梳理和评述。随着信息技术的发展，数字贸易的市场范围和服务类型不断扩大，很多新议题随之出现。Burri Mira（2015）将这些新议题总结为“源代码的转移或访问”、“跨境数据自由流动”、“网络接入与使用”、“个人信息保护”、“主动电子商务信息”和“当地成分要求”等。这些新议题成为Mega-FTA（TPP/TiSA/TTIP，俗称3T）在数字贸易规则谈判中的主要内容和争议焦点。最能体现美国意志并取得新进展的条款也大都集中于此（Rolf H. Weber，2015）。Joshua（2014）围绕“跨境数据自由流动”和“个人信息保护”上的美欧争议以及相关条款的可能影响展开了经验研究。弓永钦和王健（2016）、李杨等（2016）则以TPP为案例解读了“电子商务”章中的新规则。周念利等（2019）通过比对USMCA和TPP梳理了特朗普执政时期“美式模板”的拓展和深化，温树英（2019）整理了USMCA在推动金融跨境数据传输和放开管制方面所取得的进展。

近年来，中国电子商务发展迅速，作为跨境电商大国，中国应如何参与数字贸易国际规则制定值得深入探究。虽然戴振华（2015）、何其生（2012）、郭鹏（2010）、李忠民和周维颖（2014）就中国在国际数字贸易谈判中的立场问题展开过一些分析，沈玉良等（2018）就中国如何应对国际数字贸易规则中免关税、数据保护和市场准入等问题带来的挑战提出了政

① Freund, C. L., and Weinhold, D., “The Effect of the Internet on International Trade”, *Journal of International Economics*, 62 (1), 2004: 171 - 189。

策建言，但这些研究仍有待细化和深入完善。由于中美两国是全球数字贸易的最大利益攸关者，在全球数字贸易治理体系构建过程中，有必要对中美之间的主要差异进行客观梳理，这是把脉中国在与美国博弈过程中所持基本立场的前提。本文尝试对中美在数字贸易相关产业发展上的比较优势、利益诉求及实现路径进行比较，并充分提炼数字贸易规则“美式模板”的典型特征，再在此基础上对中国应对数字贸易规则“美式模板”提出政策建言。

一 中美在全球数字贸易治理体系构建中的主要差异

中美是全球数字贸易巨头，如若以2017年股票市值排序，全球排名前15的互联网企业中，有10家来自美国，4家来自中国，1家来自日本，其他发达国家以及新兴经济体如欧盟28国、加拿大、巴西、印度和韩国的企业均榜上无名。① 中美两国同为全球名列前茅的数字贸易大国，这是支撑中美能共同为构筑全球数字贸易治理体系而不懈努力的现实基础。但在建设数字贸易治理体系的实践中，中美还存在很多分歧，主要表现在如下方面。

（一）产业比较优势

尽管在2008年金融危机之后，“再制造业化”被提升为美国的一项重要战略。但美国依旧是个服务经济体，服务业占GDP的比重接近80%。美国是服务大国也是服务强国，在数字贸易领域，美国的比较优势存在于数字服务产业以及一些可数字化的传统服务产业。根据美国国际贸易委员会对数字服务产业所做的分类，本文将前述的按市值排名全球前15位的10家美国互联网企业划分为如下几类：（1）数字内容服务提供者，如线上电影租赁提供商Netflix；（2）数字搜索引擎服务提供商，如Google（Alphabet）；（3）网络社交媒介提供者，如Facebook；（4）基于云计算的互联网服务提供者，如提供客户关系管理方案的Salesforce和互联网门户网站Yahoo。此外，Priceline是基于互联网的旅游服务提供者，Apple是软件服务以及某种

① 美国企业包括Apple，Amazon，Alphabet，Facebook，Booking，eBay，Netflix，Expedia，Salesforce，Uber，中国企业包括京东、百度、腾讯和阿里巴巴。

程度上互联网内容服务（iTunes，iBook）的提供者，Amazon 和 eBay 提供的是电子商务平台服务。美国这 10 家互联网巨头企业在 2017 年的总市值达到 34629.2 亿美元，占美国 GDP 的 17.86%（见表 1）。

表 1　2017 年美国数字贸易企业年度财报数据

单位：十亿美元

企业	营收	市值	企业	营收	市值
Apple	229.23	868.88	Netflix	11.70	146.43
Amazon	117.86	883.07	Expedia	8.77	16.17
Alphabet	110.80	780.60	Salesforce	8.39	85.06
Facebook	40.65	528.22	Uber	6.50	17.82
Booking	12.23	92.94	总额	555.11	3462.92
eBay	8.98	43.73			

资料来源：根据各企业年度财报、福布斯排行榜和百度股市通资料整理所得。

跟美国形成鲜明对照的是，中国是制造业大国。作为世界工厂以及世界第一人口大国，中国既是制造大国也是消费大国。在过去的几十年中，中国经济依托货物贸易取得了飞速增长。在以互联网为代表的信息通信技术的带动下，跨境电商在中国飞速发展。2015 年中国跨境电商营业额总计 4.8 万亿元人民币，占中国进出口总额的 19.5%。在前述的市值排名居全球前 15 的 4 家中国企业中，阿里巴巴和京东是著名的电商平台企业，其发展势头令人瞩目，从中国国内市场来看，2015 年中国国内社会消费品的零售总额共 30 万亿元人民币，而阿里巴巴和京东两者加起来就近 3 万亿元人民币，占比达 10%。[①] 中国阿里巴巴的市场份额占全球电商市场 27%（美国 Amazon 仅占 13%）。[②] 总体上看，在数字贸易领域，中国的比较优势依旧存在于基于互联网、依托大型电商平台所进行的跨境货物贸易。

（二）主要规则诉求

由于中美在数字贸易相关产业上的比较优势迥异，两国在全球数字贸

① 阿里巴巴 2015 年度财报。

② Internet Retailer，https://www.internetretailer.com/.

易规制体系中的主要诉求也存在明显差别。概括而言，由于美国的比较优势是数字服务贸易，数字贸易规则“美式模板”无疑会重点引入与数据流动、知识产权等相关的内容，着力推动“跨境数据自由流动”“数据存储设备以及数字技术非强制本地化”“保证网络自由接入”等有助于促进数字服务输出的相关规则。中国的比较优势是基于互联网从事的货物贸易，因此会更加关注能促进跨境货物贸易便利化、强化微观主体从事跨境电商信心等的相关规则，如“低价值货物免关税”“加强消费者个人信息和隐私保护”“完善法律及金融支付机制”“构建跨境电商争端解决机制”等（见表2）。

表2　中美具有不同的数字贸易规则诉求

国别与诉求	数字贸易谈判焦点
中国：树立数字货物贸易中企业和消费者的信心	争端解决机制
	消费者保护法律
	完善金融支付机制
	个人信息和隐私保护
	数字贸易中的关税及其他税（如电子传输和低价值货物免关税）安排
美国：数据跨境流动合作	追求跨境数据自由流动
	数据存储设备及存储技术非强制本地化
	限制出于保护本国企业目的的网络准入约束
	国民经济安全和公共利益例外
	推动ICT合作

资料来源：根据Meltzer（2016）整理。

（三）诉求的实现路径

目前能够凸显美国意志的数字贸易规则已在美国所主导的一系列国际贸易协定中陆续体现。国际贸易协定是主权国家之间经过协商所缔结的法律文本。可以说，美国遵循与主权国家展开官方协商方式，“自上而下”地推动其所关注的数字贸易规则的产生和实施。尽管中国已对外缔结了一系列区域贸易协定，但直至2015年签署的中韩FTA及中国－澳大利亚FTA才开始涵盖独立的“电子商务”章，但其中只涉及一些简单的、分歧较少的第一代数字贸易规则。中国曾试图加入TiSA谈判，以更好地参与国际服务贸易规则尤其是国际数字贸易规则的制定，但该申请遭到美国的强烈反对。在此情形下，中国只能另辟蹊径。目前，中国主要遵循非官方的、自下而上的路径来提出符合自身需求的政策主张。如影响最大的是“电子世界贸易平台规则”（eWTP）的倡议。该倡议是以阿里为代表的私营部门引领的、市场驱动的、多利益攸关方共同参与的国际贸易规则合作平台（见表3）。

表3　中美基于不同的路径来推出其政策主张

国家	实现路径	驱动主体	代表性协议
美国	官方路径（自上而下）	政府驱动（政府之间的协商机制）	TPP、TiSA、TTIP、KORUS
中国	非官方路径（自下而上）	市场驱动（阿里等企业、其他利益相关方共同参与协商的机制）	eWTP

二　数字贸易规则“美式模板”的主要内容

迄今为止，美国共签订了除TPP、TiSA和TTIP之外的14个含有独立“电子商务”章的FTA。除此之外，有3个Mega-FTA（3T）未生效或未签订（见表4）。自美国－约旦FTA（2000）“小试牛刀”首次引入非强制性的“电子商务”章开始，到美国－新加坡FTA（2003）“武装牙齿”第一次给“电子商务”章注入约束力，再到TPP（2015）“锋芒毕露”大量涵盖了充分体现美国意志的数字贸易规则新议题，区域贸易安排中数字贸易规则的重要性与日俱增。

表4　含有“电子商务”章的美国FTA

FTA	签订时间	生效时间	FTA	签订时间	生效时间
美国－约旦FTA	2000.11	2001.12	美国－哥伦比亚FTA	2006.11	2012.5
美国－新加坡FTA	2003.5	2004.1	美国－巴拿马FTA	2007.6	2012.1
美国－智利FTA	2003.6	2004.1	美国－韩国FTA	2007.6	2012.3
美国－澳大利亚FTA	2004.5	2005.1	TPP	2015.11	未生效
美国－摩洛哥FTA	2004.6	2006.1	TiSA	已退出	未生效
美国－多米尼加FTA	2004.8	2006.3	TTIP	未签订	未生效

续表

FTA	签订时间	生效时间	FTA	签订时间	生效时间
美国－巴林 FTA	2005.9	2006.8	USMCA	2018.9	未生效
美国－阿曼 FTA	2006.1	2009.1	UJDTA	2019.10	2020.7
美国－秘鲁 FTA	2006.4	2009.2			

回顾“美式模板”的发展历程，可根据数字贸易的议题内容将其分为三个阶段。

第一阶段是美国－约旦 FTA（2000）到美国－韩国 FTA（KORUS，2007）。这个阶段的议题有两个特征。一是大部分涵盖的议题在美国与缔约方间已达成了普遍共识，并成为后期美国与他国谈判中的基石，包括“电子传输免关税”、“透明度”、“非歧视待遇”、“贸易规则对数字服务提供的适用性”、“电子认证及电子签名”、“贸易无纸化”、“消费者保护”和“网络接入和使用”等。二是虽然协定中出现了涉及美国自身利益的富有雄心的条款，但多采用软性语言，缺乏约束力，如 KORUS 提出的“跨境数据自由流动”仅仅是一种合作性的倡导（见表 5）。

表 5　KORUS 涵盖数字贸易相关内容的章节和条例

协定	章节	条例
KORUS	电子商务	15.1 一般；15.2 服务的电子提供；15.3 数字产品；15.4 电子认证和电子签名；15.5 线上消费者保护；15.6 无纸化贸易；15.7 以电子方式进行的跨境信息传输；15.8 跨境信息流；15.9 定义
	知识产权	18.3 网络域名
	投资	11.8 履行要求（禁止强制技术转让、禁止歧视性技术要求）
	电信	14.21 技术和标准的措施 1
	跨境服务	12.1 范围；12.5 当地存在；12.13 定义
	金融服务	附件 13－B 特定承诺 C 节功能履行 2；附件 13－B 特定承诺 B 节信息转移

第二阶段是从美国－韩国 FTA（2007）到 TPP 的缔结（2015）。美国在这一阶段共主导了三个大型 FTA 协定——TPP、TiSA 和 TTIP，其中 TPP 的内容最全面、最有代表性，可谓是“美式模板”的集大成者。TPP 在保留第一阶段成就的基础上，纳入了具有强制性的“非应邀商业电子信

息”、“个人信息保护”、“跨境数据自由流动”、“数据存储非强制本地化”和“源代码非强制本地化”等议题。其中，“跨境数据自由流动”“数据存储非强制本地化”和“源代码非强制本地化”在国际社会中引发了不少争议，也是美国在全球范围内推广“美式模板”的难点所在（见表6）。

表6　TPP中涵盖数字贸易规则的章节

协定	章节	条例
TPP	电子商务	14.1 定义（数字贸易相关术语）；14.2 范围和一般条款；14.3 海关关税；14.4 数字产品的非歧视性待遇；14.5 国内电子交易制度框架；14.6 电子认证和电子签名；14.7 线上消费者保护；14.8 个人信息保护；14.9 无纸化贸易；14.10 电子商务网络的接入和使用原则；14.11 以电子方式进行的跨境信息传输；14.12 互联网互联费用分摊；14.13 计算设备的位置；14.14 非应邀商业电子信息；14.15 合作；14.16 网络安全事务合作；14.17 源代码；14.18 争端解决
	知识产权	18.28 域名；18.81 网络服务提供商；18.82 法律救济和安全港
	投资	11.8 履行要求（禁止强制技术转让、禁止歧视性技术要求）
	电信	13.23 技术选择的自由
	跨境服务	10.1 定义；10.2 范围；10.6 当地存在
	部门附件	附件8-B信息通信技术产品A节：使用加密的信息通信技术（ICT）产品
	金融服务	11.17 后台功能运行附件11-B特定承诺B节信息转移

第三阶段是从TPP（2015）到《美日数字贸易协议》（UJDTA，2019）。虽然美国退出TPP等举动给数字贸易规则的构建带来了诸多不确定的因素，但由于美国数字服务贸易仍是其比较优势所在，因此《美-墨-加协定》（USMCA，2018）不仅在数字贸易章节中承袭了以TPP电子商务章节为代表的数字贸易规则，还在此基础上实现了一系列数字贸易规则升级：一是通过删减例外条款来增加“跨境数据自由流动”、“数据存储非强制本地化”、“源代码非强制本地化”和“数字产品非歧视性待遇”等核心议题的深度；二是引入了新议题“互联网服务提供商的第三方侵权责任豁免”和“公开政府数据”。虽然USMCA的签署时间早于UJDTA，但在“美式模板”的核心议题上高于UJDTA，因此USMCA是第三阶段的

代表性协议。

经过了分别以 KORUS、TPP 和 USMCA 为代表的三大阶段的发展演进，如今数字贸易规则“美式模板”已能较充分地展现美国在数字贸易中的雄心。“美式模板”遵循的是循序渐进的演变规律，因此 USMCA 作为美国主导的最新区域贸易安排，不仅继承了美国在以往协定中所主导的数字贸易内容，还在此基础上拓展了一系列新议题。可谓“美式模板”中最为广泛、全面且具有代表性的协定。在 2019 年 WTO 框架下开启的电子商务谈判中，美国也是以 USMCA 为蓝本来推进“美式模板”在多边层面的扩展。因此，分析 USMCA 的数字贸易规则议题，可以清晰地展现数字贸易规则“美式模板”的现状和全貌。

总体而言，USMCA 中含有数字贸易内容的章节主要有数字贸易（第 19 章）、电信（第 18 章）、知识产权（第 20 章）、投资（第 14 章）、跨境服务（第 15 章）和部门附件（第 12 章）。如表 7 所示，USMCA 的数字贸易所涵盖的数字贸易规则在内容和数量上都远超其他章节。该章主要界定了数字贸易的术语（如电子手段、计算机设施、数字产品、交互式计算机服务，第 19.1 条），“数字贸易”章的涵盖范围和总则（第 19.2 条），对数字传输内容实施永久免关税（第 19.3 条），给予数字产品国民待遇和最惠国待遇（第 19.4 条），承认电子认证和电子签名的有效性（第 19.6 条），承认电子形式文件与纸质文件享有同等有效性（第 19.9 条），要求允许跨境数据流动（第 19.11 条）和自主选择计算设施和数据的存储位置（数据存储非强制本地化）（第 19.12 条），要求不得强制公开源代码和算法（第 19.16 条），豁免互联网服务提供商的第三方侵权责任（第 19.18 条）。“知识产权”章规定了可豁免网络服务提供商对平台上版权侵权行为负责的情形（第 20.89 条）。“投资”章规定了不得强制投资者进行技术转让，以及不得强制投资者购买或者采用特定技术（第 14.10 条）。“电信”章要求不得剥夺公共电信服务提供商选择技术的自由（第 18.15 条）。跨境服务章肯定了传统贸易规则对数字贸易的适用性（第 15.2 条）。部门附件要求不得强制 ICT 产品提供商或制造商公开产品中涵盖的加密技术（第 12.C.2）。

表7　USMCA 中涵盖数字贸易规则的章节

章节	条例
数字贸易	19.1 定义（数字贸易相关术语）；19.2 范围和总则；19.3 海关关税；19.4 数字产品的非歧视性待遇；19.5 国内电子交易框架；19.6 电子认证和电子签名；19.7 线上消费者保护；19.8 个人信息保护；19.9 无纸贸易；19.10 电子商务网络的接入和使用原则；19.11 通过电子方式传输信息；19.12 计算设施位置；19.13 非应邀商业电子信息；19.14 合作；19.15 网络安全；19.16 源代码；19.17 互操作性计算机服务；19.18 公开政府数据
知识产权	20.88 网络服务提供商；20.89 法律救济和安全港
投资	14.10 业绩要求（禁止强制技术转让、禁止歧视性技术要求）
电信	18.15 技术选择的自由
跨境服务	15.2 范围
部门附件	12.C.2 使用加密的 ICT 技术

资料来源：https://ustr.gov/trade-agreements/free-trade-agreements/united-states-mexico-canada-agreement。

三　数字贸易规则“美式模板”的核心诉求

概括而言，数字贸易规则的“美式模板”主要由“电子商务”“跨境服务贸易”“知识产权”“信息技术合作”等章节共同构成（见表7）。从内容上看，数字贸易规则“美式模板”呈现如下典型特征。

（一）力推“跨境数据自由流动”

如前文所述，美国的比较优势是数字服务产业。这些提供数字服务的企业如 Google、Facebook 等，其业务运营均建立在对数据的自由获取和跨境流动的基础之上。因此“跨境数据自由流动”和“数据存储非强制本地化”是“美式模板”中当之无愧的核心条款。美国－韩国 FTA（2007）第15.8条首次提出了跨境数据自由流动的概念。该议题在之后的 Mega-FTA 中取得了显著进展。如 TPP（2015）第14.11.2条明确要求政府需允许缔约方出于贸易目的的跨境数据传输；TiSA（2015）第2.1条进一步规定了需使用强硬措辞来阻止妨碍跨境数据流动的行为（见表8）。另外，考虑到完全开放数据流动会威胁个人数据安全，TPP 和 TiSA 提出，需在跨境数据自由流动和实施合法公共目标（如个人数据保护）之间取得平衡，推进前者的同时应不妨碍后者权利的维护。但如何做到二者平衡事实上是存在激烈争议的。如欧盟对个人隐私保护非常看重，对美国力推的跨境数据自由流动表示强烈反对，另由于2013年的斯诺登事件，欧盟对美国的数据监管能力更加不信任，因此在TTIP谈判中美欧并未就“跨境数据流自由流动”议题展开深入讨论。

为最大限度实现“跨境数据自由流动”，USMCA的“数字贸易”章第19.11条在要求“缔约方允许涵盖的人为执行其业务时进行跨境传输”的同时，直接删除了TPP第14.11.1条有关“监管需求”的例外规定，即无论缔约方是因为公共安全还是各自的监管要求，都不能限制“跨境数据自由流动”。例外条款的删除大幅提升了“跨境数据自由流动”条款的约束力和可信度，也给他国监管政策的实施带来了挑战。

表8　美式模板中的“跨境数据自由流动”条款

新一代议题	代表性FTA	条款内容
跨境数据自由流动	美国－韩国FTA（2007）	15.8 各缔约方应认识到在贸易便利中自由信息流动的重要性，同时承认保护个人信息的重要性，缔约方应努力避免对跨境电子商务信息流动强加或维持不必要的障碍
	TPP（2015）	14.11.2 要求政府允许缔约方服务提供者、投资者或他们的投资，出于贸易目的的跨境传输数据——并允许企业不在数据存储和使用当地化的前提下进行交易
	TiSA（2015）	电子商务（二）2.1 只要与服务提供者实施的商业活动有关，各参加方都不得阻碍另一参加方的服务提供者（或者提供服务的消费者）传输、访问、处理或储存信息，无论转移、访问、处理和储存是否发生在参加方领土内
	USMCA（2018）	19.11.1 当以电子方式进行跨境信息传输的活动是为了涵盖人的商业行为时，没有缔约方应阻止或限制跨境数据传输，包括个人信息。 19.11.2 本条规定不得阻止缔约方为实现合理公共政策目标而采取或与第2款不符的措施

此外，“美式模板”也在其他部门承诺了“跨境数据自由流动”。一是在金融服务部门承诺了“跨境数据自由流动”。最具代表性的规定涵盖在TPP和USMCA中。TPP的“金融服务”章要求各缔约方的“金融机构”以电子或其他形式，将信息传入或传出该国境内，进行机构“正常业务所必

需”的数据处理（附件11－B特定承诺B节）。USMCA则要求“任何一方不得阻止受保护人员在其许可、授权或注册的范围内通过电子或其他方式将包括个人信息在内的信息转移至或移出其领土”。在TPP的基础之上，USMCA扩大和明确了该条例的适用主体，“涵盖的人”除了TPP中的“金融机构”，还有“跨境金融服务的提供者”；数据类型从TPP中模糊的“正常业务所必需”变成USMCA“涵盖的人在缔约方许可、授权或注册范围内的业务”的信息，界定更加清晰且易于执行（温树英，2019）。二是针对政府数据也尝试性地提出开放要求。USMCA（第19.18条）中首次提出了“公开政府数据”的概念，明确了实现“公开政府数据”的目标和重要性，以及呼吁以“可机读”形式进行数据公开。这是因为在大数据时代，政府官方数据有非常高的权威性，美国可通过构建类似规则来提高跨境自由获取政府数据的可能性。

（二）要求“数据存储非强制当地化”

在数字贸易规则“美式模板”中，“数据存储非强制本地化”也是围绕数据自由流动发展起来的重要议题。数据存储非强制本地化议题首次出现在美国主导的Mega-FTA谈判中（见表9）。为发展与扩张云计算、云存储等数字服务产业，美国在TPP和TiSA中都强硬表示：不得将数据处理器必须设置在缔约方领土内作为允许数字服务企业在其境内开展经营的前提条件。但该诉求遭到了印度、俄罗斯等国的反对，这些国家出于保护国家网络安全、个人隐私和本国数据产业的原因而设置了一系列强制本地化的措施。

事实上，TPP考虑到其他经济体的诉求，也为“数据存储非强制本地化”保留了例外条款，允许他国出于“监管要求（包括为寻求确保通信和保密的要求，TPP第14.13.1条）”以及“合理的公共政策目标（TPP第14.13.3条）”而不将数据存储在本地。USMCA第19.12条则删除了这两条例外，大幅扩大了该条例的适用范围，实现了美国在数据存储上的最高雄心。此外，值得注意的是，除了“数字贸易”章，USMCA在“金融服务”章中也纳入了“数据存储非强制本地化”的内容。对于这一议题，TPP的“金融服务”章第11.17条只用较为模糊的语言保留了缔约方金融机构要求“数据存储本地化”的权利（温树英，2019），而USMCA则清晰地专门列出“计算设备的位置”（第17.18条），规定缔约方不得要求涵盖的人使用其境内的计算设备作为在其境内从事商业行为的前提条件。当强制涵盖人执行“本地化”措施时，只要可行，就需补偿让其获取因“强制本地化”而无法获取的信息。不过该条款在最后规定了当需要保护个人数据、隐私时的豁免条款。

表 9　美式模板中的“数据存储非强制本地化”条款

议题	代表性 FTA	条款内容
数据存储非强制本地化	TiSA（2015）	8.1 任何参加方不可将以下要求作为服务提供者在其领土内提供服务或进行投资的条件：在该参加方领土内使用或者设置计算机处理或存储服务
	电子商务（八）	8.2 各参加方不应将要求电子商务供应商使用或设置任何本地基础设施作为服务供应的前提条件
	TPP（2015）	14.13.2 缔约方不得将要求涵盖的人使用该缔约方领土内的计算设施或将设施置于其领土之内作为在其领土内从事经营的条件

（三）倡导数字传输永久免关税待遇

美国在数字贸易规则谈判早期已推动了针对电子传输的关税减免进程。2000 年美约 FTA 对免关税的承诺仅停留在不背离现存规则的层面上；而 2003 年美新 FTA 则推进一步，开始明确规定对电子传输免关税，但对电子载体可在不考虑电子内容价值的前提下征税；翌年美国在与澳大利亚签订 FTA 时，最终完美地表达了其在该议题上的意志，即无论是对电子传输还是载体都永久免关税（见表 10）。然而，需要指出的是，美国 - 秘鲁 FTA 15.1.2、TPP 14.3.2 以及 TiSA 的“电子商务”章 10.2 中都提出零关税条款不影响各参加方对境内数字产品征收其他税费（包括国内税）。

表 10　美式模板中的关税条款

议题	代表性 FTA	条款内容
关税	美国 - 约旦 FTA（2000）	7.1 缔约方应努力避免背离目前在电子传输方面征收零关税的现实情况
	美国 - 新加坡 FTA（2003）	14.3.1 电子传输免关税；14.3.2 但可在不考虑电子内容价值的前提下对载体征税
	美国 - 澳大利亚 FTA（2004）	16.3 电子传输以及载体免关税（永久免关税）

续表

议题	代表性 FTA	条款内容
关税	美国 - 韩国 FTA（2007）/ TPP（2015）/ TiSA（2015）/ USMCA（2018）	美国 - 韩国 FTA 15.3.3/TPP 14.3.1/TiSA 电子商务 10.1 与美国 - 澳大利亚 FTA 对应条款一致

从 1998 年签订的《全球电子商务宣言》中可以看出，“电子传输免关税”可谓全球范围内认可度较高的数字贸易议题。一是电子传输体量大、传播内容类型广的特殊属性导致征收关税的可行性不强。如传输的数据包括业务运营数据以及个人非营利性数据，要区分这两者再加以征税是比较困难的。二是由于 WTO 各成员都认识到在现阶段发展数字经济的重要性，而数据是数字经济发展的命脉。削减关税有利于促进数据流动，进而推动数字经济在各大产业的发展。

但各国对“电子传输免关税”的时效性问题还是与“美式模板”所体现出来的“永久性免关税”的立场有差别的。根本的经济原因在于，大部分成员并未如美国一样在数字产业占有优势，因此需要通过“关税”措施来保护自身产业。数字技术的发展具有速度迅猛且不可预期两种特性，这意味着未来技术的进步可大幅降低征收电子传输关税的难度，同时会涌现不少新型的服务内容。在此背景下，永久性的“电子传输免关税”承诺将可能带来以下两方面的隐患：一是如果新型数字服务占据贸易量的比例过大，将给一国带来巨大的关税损失；二是在未来数字服务占各产业比例越来越高的情况下，各经济体在政策上需要减缓外来强势数字服务进口对自身境内产业的冲击，因此不愿在现阶段彻底排除利用关税手段来限制外来数字服务进口的可能性。此外，在美国主导的部分协定中，缔约方不愿对国内税进行承诺也体现了经济体对税收管制手段的谨慎态度。

（四）明确传统贸易投资规则对数字服务的适用性

明确“跨境服务贸易”“投资”“金融”等章节所涵盖的传统贸易和投资规则对以数字方式传输服务的适用性，是美式模板的另一个典型特征。传统贸易与投资规则对数字服务的适用性规定首先出现在美国 - 新加坡 FTA（2003）的第 14.2 条中。自此之后，美国所签署的所有区域贸易协定对此问题均持相同立场。例如：TPP 第 14 章“电子商务”明确指出：针对增值电信服务所做承诺也要适用于基于云计算的电子邮件服务；对于银行服务所做承诺也要覆盖于在线银行服务。针对传统服务的任何例外规定也要覆盖基于数字传输的该服务。有鉴于此，在美国所主导的区域贸易安排中，“跨境服务贸易”、“金融服务”和“投资”章节所涉及的相关承诺及例外规定也可视作数字贸易规则的重要组成部分。美国在数字贸易上具有显著的比较优势，因此近年来致力于降低各种类型的数字贸易壁垒，以将国内的数字服务推向海外，改善自身的经常贸易收支。值得注意的是，一方面，数字贸易是新近发展起来的贸易类型，而规则的发展牵涉不同经济体各自的立场诉求，因此国际社会上的数字贸易规则体系尚未成型且有待完善。另一方面，数字贸易作为国际贸易的一种新形式，与传统贸易存在不少共性。数字贸易所提供的商品如在线提供的金融、电信和服务等都与传统意义上的线下产业有着密切的联系。鉴于既有规则在传统产业的贸易壁垒上已经比较成熟、规范且颇具规模，把这些传统贸易规则的既有成果直接适用于数字贸易，则无须额外花费时间和精力就可达到大幅削减数字贸易壁垒的目的。

（五）推崇“网络开放”和“技术中立”原则

“网络开放”的重点是要求缔约方政府营造开放自由的市场环境，强调网络互操作性即通过确保电子技术和服务、信息通信技术服务的互操作性，来实现网络的自由接入，促使美国更先进的网络企业能无障碍地进入缔约方市场。这在促进网络互联互通的同时，对美国自身电信产业的发展是相当有利的。然而，允许消费者自由接入所有网络的应用会影响他国对网络内容的审查，在某种程度上对对方国家的经济安全构成一定威胁。“技术中立”指在不违反公共政策目标的前提下，境内数字服务提供者可自由选择其所需要的技术。在促进技术创新与发展的同时，使用户能受惠于优质且低价的技术服务（周光斌，2004）。美国之所以提出技术中立（见表 11），是不希望某项特定技术成为贸易壁垒，另外美国的知名数字服务提供商在该行业拥有多项基本专利，希望通过垄断海外，尤其是发展中国家市场，赚取参加方高额的利润费和专利费（李进良，2006）。

再具体到技术的类别，“技术使用的灵活性”所规范的是电信行业中的“公共电信服务”，指缔约方明确或实际上要求向公众普遍提供的电信服务。此类服务可包括电话和数据传输，其典型特点是在两点或多点之间对客户提供的信息进行传输，而客户信息的形式或内容无任何端到端的变化。如商业手机的无线服务和技术数据包（packet-based services）的服务。“美式模板”在TPP及以前的协定中，对“技术使用的灵活性”提出要求尊重合理公共政策利益的例外条件，可理解为选择技术时要考虑互联网的技术标准，以保证网络的互操作性和互联互通。USMCA中则删除了这一豁免内容，实质上是拓展了缔约方选择公共电信服务技术的范围。

表11　美式模板的“网络接入”和“技术中立”议题

新一代议题	代表性FTA	条款内容
网络接入	美国－韩国FTA（2007）	15.7在不被缔约方法律禁止的前提下，消费者拥有自主选择数字产品及服务的权利。在满足法律的情况下可自主运行其选择的应用和服务，在不损害网络的情况下可自由地将设备接入互联网，享有网络供应商、服务和内容提供商自由竞争所带来的福利
	TiSA（2015.10泄露文本）	电子商务附件（七）开放网络、网络接入和使用。 7.1与美国－韩国FTA一致。 7.2各参加方，最好通过相关监管者，提高消费者合法访问、共享和发布信息，以及运行应用程序和使用他们选择的服务的能力。每一参加方应该在跨境和技术中立的基础上不去限制服务提供者在网络上提供服务的能力。在合适时，各参加方应该努力提高服务和技术的互用性。 7.3各参加方应该努力不限制在建立跨境网络和技术中立的基础上，服务提供商提供服务的能力；在适当情况下，各参加方应该努力提高信息通信技术服务、电子服务和技术的互操作性
	TPP（2015）	14.12互联网互通费用分摊：各缔约方认识到寻求国际网络连接的提供方应可与另一缔约方的提供方在商业基础上进行谈判。谈判可包括对于各提供方设施的建立、运营和维护的补偿。 TPP第13章条例：电信服务：各缔约方政府同意电信规则一般不会歧视特定技术，并同意协同合作以促进国际移动漫游竞争。这一章包括和改进了WTO基本电信参考文件的文本
技术中立	TTIP（2015.10泄露文本）	（美国提出）第x.7条：技术中立。 1.参加方不可阻止电信服务供应商选择它所希望的必需的技术来提供满足合法公共政策利益的服务，条件是这种限制措施的准备、采用和实施不会造成不必要的贸易障碍。 2.如果一方采取一项措施，要求使用一个特定的技术或标准，或以其他方式限制供应商选择它所使用的技术提供服务的能力，它应基于如下基础：参加方在（a）立法和（b）规则上确定，市场力量没有或者不能合理地实现其合法的公共政策目标

续表

新一代议题	代表性 FTA	条款内容
技术中立	USMCA（2018）电信	18.15.1 如公共电信服务提供商遵守必要要求以符合合法公共政策利益，任何缔约方不得阻止公共电信服务供应商选择其希望用于服务提供的技术，且制定、采取或使用限制该选择的任何措施，不对贸易造成不必要障碍。 18.15.2 进一步明确，缔约方应根据第 18.24 条（透明度）采取上述措施

（六）禁止以“开放源代码”作为市场准入的前提条件

美国所主导的 Mega-FTA 均包含源代码非强制本地化的条款（见表12），要求缔约方不得硬性要求另一方公开软件源代码，作为进入市场提供服务的前提条件。这主要是由于美国拥有大量专利技术，若开放源代码则不利于其保护其知识产权。但这一做法在国际上引起质疑，因为多数软件的开发是建立在既有软件源代码的获取之上的。如果限制开放，会阻碍发展中国家技术的更新与发展。

表 12　美式模板中的“源代码”议题

新一代议题	代表性 FTA	条款内容
源代码的转移或访问	TiSA（2015.10）电子商务（六）	6.1 任何参加方不得要求以转移或者访问另一参加方为个人所有软件的源代码作为在其领土范围内提供与该软件有关服务的条件
	TPP（2015）	14.17.1 任何缔约方不得将要求转移或获得另一缔约方的人所拥有的软件源代码作为在其领土内进口、分配、销售或使用该软件及包含该软件的产品的条件 14.17.2. 就本条而言，第 1 款规定的软件限于大众市场软件或含有该软件的产品，不包括关键基础设施所使用的软件。 14.17.3. 本条不得阻止： (a) 在商业谈判的合同中包含或实施的关于源代码的条款和条件；或 (b) 缔约方要求修改软件源代码，使该软件符合与本协定一致的法律或法规。 14.17.4. 本条不得理解为影响专利申请或授予的专利的有关要求，包括司法机关做出的任何关于专利争端的命令，但应遵守缔约方保护未授权披露的法律或实践

续表

新一代议题	代表性 FTA	条款内容
	USMCA（2018）数字贸易	19.16.1 任何缔约方不得将要求转移或获得另一缔约方的人所拥有的软件源代码，或者源代码中表达的算法，作为在其领土内进口、分配、销售或使用该软件及包含该软件的产品的条件

“源代码保护”条款起源于美国主导的大型 FTA（3T）中。源代码作为美国数字知识产权的重要部分，也是发展新兴技术的关键所在。TPP 是美国所签订协议中，首个就“源代码保护”进行规定的区域贸易安排。为了保证源代码所有权的完整性，TPP 第 14.17 条第 1 款明确要求：“任何缔约方不得将要求转移或获得另一缔约方所拥有的软件源代码作为在其领土内进口、分配、销售或使用该软件及包含该软件的产品的条件。”换言之，缔约方不得强制他方公开软件源代码作为市场准入的条件。但 TPP 只把软件界定为“大众市场软件”，“关键基础设施”则不在承诺的范畴。美国在 USMCA 第 19.16 条则重申了 TPP 的“源代码保护”规定，并在此基础上把“源代码中的算法”添加至“源代码保护”的适用范畴（第 19.16.1 条）。与此同时，USMCA 还删除了 TPP 中就“关键基础设施”提出的例外规定，即无论是“大众市场软件”还是“关键基础设施软件”，缔约方都不得强制公开这些软件的源代码和算法。

除了在规则上强调“源代码、算法非强制本地化”，美国在技术上也不断发展能有效防止源代码和算法被恶意嵌入以及数据泄露的有效方式——加密。加密技术可以有效保护数据隐私和先进技术知识产权不被窥探，并借此获得用户的信任，最终可使美国程序开发者的产品在国外市场上取得成功。但与美国理想相悖的是，如今一些政府要求对加密技术施加限制。有的国家继续要求将“后门”建立在加密框架中以允许政府访问；有的国家要求将获得加密密钥和源代码作为向外国技术开放国内市场的先决条件，甚至要求不能加密。这导致未经授权的各方可以利用已知漏洞来损坏数据安全（Simonich，2017）。美国产业代表担心如果这些数据的安全性得不到保障，将让美国网络企业失去客户的信任并损害美国商品在海外的吸引力。为保护加密技术，美国互联网企业和政府不断寻求解决办法以确保产业利益。在美国的努力下，美国在 TPP 附件 8 - B 的 A 节第 3 条规定，缔约方不得要求产品生产商或供应商，作为产品生产、销售、分销、进口或使用的条件，向该缔约方或该缔约方境内的人，转让或提供生产商或供应商专有且与产品中密码有关的特定技术。USMCA 第 12. C. 2 条也提出"缔约方不可要求 ICT 货物的提供商和制造商将转移相关加密内容或提供加密技术权限作为在其领土内制造、销售、分销、进口和使用该 ICT 货物的条件"，以确保加密技术的完整性。

（七）推出更富有约束力和普遍性的 ICT 合作宣言

在美国所主导的区域贸易安排中，出现了大量信息技术合作的宣言。Rudolf 和 Hamid（2013）指出在信息通信技术领域需要展开合作的事项是多元化的，包括"互操作性事项"、"信息通信技术研究和标准"、"私人信息保护和信息跨境自由流动的平衡"、"长途通信政策"和"知识产权"等（见表 13）。

表 13　美式模板中的 ICT 合作宣言

议题	代表性 FTA	条款内容
互操作性事项	TiSA（2015. 10）	在适当情况下，各参加方应该努力提高信息通信技术服务、电子服务（包括电子政务服务）和技术的互操作性
私人信息保护和信息跨境自由流动的平衡	TiSA（2015. 10）电子商务附件（二）跨境数据流动，中国香港提出	需在跨境数据流动和个人数据保护之间取得平衡。推进前者的同时应不妨碍后者权利的维护
	TiSA（2015. 10）电子商务附件（二）跨境数据流动	2. 3 各参加方应加强执法能力以保证与数据和隐私保护相关的法律法规得到遵守
信息通信技术研究和标准	TiSA（2015. 11 泄露文本）电子商务第十一章	11. 2 成员方将在电子商务和通信服务领域交换信息，特别包括以下信息：（a）技术的发展以及电子商务和通信服务领域中的研究；（b）通过所有服务模式提供的电子商务和通信服务的商务现状以及技术现转；（c）电子商务技术和电信相关技术交换的可能性；（d）适用的法律与法规、立法程序以及立法的最新发展，适用的技术标准

（八）主张既有数字服务贸易规则对新服务的自动适用性

关于服务贸易自由化，美国所主导的贸易安排引入了一系列有助于促进服务贸易自由化进程的机制创新元素，其中最关键的一点是基于“否定列表”的承诺方式。基于“否定列表”的服务承诺具有普遍适用性，能适用于所有的服务部门（模式），除非在保留清单中明确列出适用于特定服务部门（模式）的例外措施。在信息通信技术的推动下，各式“新服务”可谓层出不穷。这就意味着，如果想对此新服务的自由化进程有所保留，承诺方必须在做出相关承诺时就具有事先预见性，在该新服务上设置相应的不符措施，否则，既有的数字服务贸易规则对新服务具有自动适用性。既有数字服务贸易规则对新服务具有自动适用性的规定，会给服务业尤其是数字服务业发展落后的发展中国家带来巨大的挑战。

一是“跨境数据自由流动”和“数据存储非强制本地化”给新服务的适用性所带来的威胁。新服务的数据可能会潜藏着不少未知利益或者会涉及国家安全问题。由于市场上拥有竞争优势的数字服务提供者主要来自美国，落后的发展中经济体在数据获取和传输上并不具备优势。放开数据管制的后果是数字资源会不断流向包括美国在内的发达经济体，落后的发展中经济体只会不断地丧失数据的所有权。二是“技术非强制转移”和“源代码保护”等知识产权保护措施不利于发展中经济体的技术创新。随着数字贸易的发展，越来越多的服务需要利用数字技术。为了促进新服务的发展，在技术上处于劣势的发展中经济体需要从发达经济体获取数字技术资源。如果禁止新服务的相关技术转往他国，那么发展中经济体会因基础技术的缺乏而不得不依赖于发达经济体，形成技术落后的“马太效应”。三是会迫使发展中国家开放新增服务领域的国内市场。发展中经济体由于产业上的劣势或者是法律制度的不完善，通常不会贸然承诺开放特定部门。但如果在市场准入上将“非歧视性待遇”自动适用于新服务，会给落后的发展中经济体自身的新数字产业发展和法律监管带来冲击。

四　中国应对数字贸易规则“美式模板”的政策建议

如前文所述，在全球数字贸易规制体系的构建中，中美真可谓“亦敌亦友”。数字贸易“美式模板”中雄心水平较高的第二代规则(“跨境数据自由流动”“数据存储设备非强制当地化”“网络开放”“禁止要求开放源代码”等）确实会给中国带来不小挑战。为应对该挑战，中国有必要在“减少甚至剔除不合理的阻碍数据跨境流动的部门规章”“改进数据监管技术对数据进行分类管理”“加强与主要贸易伙伴就跨境隐私保护展开规制协调”等方面做出努力。从战术层面来努力对接“美式模板”的关键规则，确实是中国政府的当务之急。但更重要的是，由于中国是跨境电商大国，中国电子商务发展已经进入快速扩张和密集创新的新阶段。中国应该有底气也必须在跨境电商领域提出符合中国利益诉求的关键规则。这是从战略层面，更主动应对美式模板挑战的重要体现。关于数字贸易“中式模板”的主要内容，本文有如下想法。

（一）战术上理性对接“美式模板”的合理要求

1. 提升数字知识产权保护水平

一是在执法上提高效率，打击数字侵权行为。数字侵权是中美贸易摩擦的焦点所在。中国是美国重要的线上内容市场（数字电影、音乐和视频等），多次被美国 301 调查指责知识产权侵权。事实上，数字侵权行为不仅损害美国线上内容相关的经济利益，还不利于中国自身数字知识创新的发展。中国可在执法上提高打击数字侵权的力度和效率，保护线上知识产权。

二是在法制上不要求公开商业软件的源代码。对于数字贸易规则“美式模板”所要求的“源代码保护”和“保护加密的完整性”，中国在《网络安全法》第二十三条和《信息安全技术移动应用网络安全评价规范》第七条中要求对网络关键设备和网络安全专用产品在国家具备资格的机构接受安全审查；《密码法（征求意见稿）》第十八条也提出需对关键信息基础设施的密码应用安全性分级评估，按照国家安全审查的要求对影响或者可能影响国家安全的密码产品、密码相关服务和密码保障系统进行安全审查。在这些条款的实施过程中，监管方难免会产生获取软件的源代码和算法的需要。值得注意的是，这些法律要求公开源代码的软件并未包括商业软件。与此同时，TPP 在第 14.17 条“源代码”第 2 款也要求不得强制转移和公开大众市场软件的源代码，重大基础设施例外。因此，不要求对商业软件公开源代码可算作中美就这些议题协调的平衡点。中国可基于 TPP 中的“一般例外”或“安全例外”条款，寻求中国现行数字贸易法律法规与美式数字贸易规则求同存异的可能性。

2. 数据分类分级分层基础上的跨境自由流动

对于跨境流动的数据，《中华人民共和国网络安全法》（简称《网络安全法》）第四十八条明确要求进行监督管理，在发现与法律和行政法规相冲突的情况下，需要限制甚至停止传输。《个人信息和重要数据出境安全评估办法（征求意见稿）》第四条更是要求个人信息的出境需要获得个人信息主体的同意，这无疑提高了网络运营者的成本。这些法令限制了美国所期许的“缔约方应允许包括个人信息的跨境传输”。本文认为，实现数据跨境完全自由流动会给国家安全带来巨大威胁。中国可在数据分类、分级、分层的基础上实现跨境数据自由流动。对于不涉及国家安全的数据，允许其跨境自由流动；对于一些重要数据则加以限制。中美就这一问题进行磋商时可通过解读美国 TPP 第 14.11 条“通过电子方式跨境转移数据”第 3 款“维护合理公共政策目的”的例外条款，以商榷中国在此领域的现行政策能否符合该例外要求。

3. 不实施“一刀切”的本地化要求

对于数据存储地，中国《网络安全法》第三十七条要求在一定范围内实施“数据存储本地化”，提出关键信息基础设施的运营者在中国运营过程所获得的个人信息和重要数据应当在境内存储。实在需要提供往境外的，需要进行“安全评估”。更进一步，2017 年《个人信息和重要数据出境安全评估办法（征求意见稿）》第二条把安全评估对象从“关键基础设施运营者”更改为“网络运营者”，即把审查对象扩展至所有主体（万方、余凯，2018）。这其实间接规定了如果企业的经营范围涉及个人信息数据业务，则必须将数据存储中心设置在中国境内。如果全部数据存储在境内，可能不利于企业运用他国设备和招商引资。中国可在关键领域实施本地化要求，但可不实施“一刀切”的本地化要求，即不硬性要求非关键设施存储在本地。鉴于 TPP 第 14.13 条“计算设备的位置”第 3 款的例外条款“允许缔约方在出于‘维护合理公共政策目的’的情况下要求数据存储本地化”，中国可以有弹性的本地化要求与“美式模板”实现部分对接。

4. 适当放松网络内容审查和安全过滤

中国对网络内容实施安全审查。USITC（2017）指责中国的过滤关键词高达1.4万多条。数据是新时代的重要资源，过多地过滤数据虽可保护国民免受不良信息的侵扰，但同时也有可能会阻隔一些有价值、能创造经济效益的信息。为保证中国公民对有价值数据的获取，中国可适当放松网络内容审查和安全过滤，减少过滤词。这可在满足国民对数据需求的同时，部分对接“美式模板”对“跨境数据自由流动”的要求。

5. 豁免互联网服务提供商在非知识产权领域的侵权责任

无论是对数字货物贸易还是对数字服务贸易，网络服务提供者（如网络交易平台提供者）都是一个不可或缺的角色。为了维护网络服务提供者的权益，“美式模板”在USMCA中首次引入网络服务提供者的免责条款。与此同时，中国在国内法中也推出了相应的免责措施以保证网络服务提供者不会受到过度的侵害。这些法案与“美式模板”中的类似，如《信息网络传播权保护条例》就提出了明确的侵权损害赔偿责任豁免条款，要求网络服务提供者在未对传输作品进行改动的情况下无须对侵权内容承担赔偿责任（第二十条）。同时，该条例要求网络服务提供者尽到“通知－删除”责任，在接到权利人的通知书后按规定断开侵权作品链接的情况下不承担侵权责任（第二十三条）。

虽然中国国内法和“美式模板”的措辞不一，但出发点都是保证数字贸易的繁荣发展，两者皆很明确地要在一个合理的范围内保障网络服务提供者的权益，避免其承受过多的责任，因此中美两国在这一议题上的立场是一致的。

6. 基于可机读的形式有选择性地公开政府数据

“美式模板”在USMCA（第19.18条）中首次提出了“公开政府数据”概念，明确了实现“公开政府数据”的目标和重要性，以及呼吁以“可机读”形式进行数据公开。中国国内法并没有就政府数据的公开问题构建相应的法律，只是对数据传输提出了分类分级处理。鉴于政府数据并没有全部被包含在中国限制传输的“重要数据”中，USMCA也未对实施做出强制性要求，因此中美在这一议题上不存在分歧。

7. 构建国内电子交易框架

针对国内电子交易框架，现阶段美国在USMCA中简化了构建框架所参照的国际法，中国则针对国内电商交易推出了不少国内法规。中国除了《网络安全法》、《国家安全法》、《信息网络传播权保护条例》和《电子商务法》等近十部相关法律以外，还推出了《信息安全技术移动应用网络安全评价规范》、《信息网络传播权保护条例》和《关键信息基础设施安全保护条例》等征求意见稿。由于这些法令条款过于分散，缺乏一个总的纲领对电子交易进行规范，因此参照数字贸易规则“美式模板”构建一个便于监管的国内电子交易框架可以降低数字贸易的发展成本，符合中国本身经济发展的切身利益。又由于数字贸易规则“美式模板”的这一规则并非强制性条款，因此中美在这一议题上达成一致意见的难度不大。

8. 确定国家层面的合作领域

推动国家层面合作是中美共同的利益诉求。美国在 USMCA 第 19.14 条中细化了缔约方在中小企业发展方面的合作内容。考虑到电子商务所具有的全球属性，中国也很重视国家地区间的合作。虽然中国在跨境层面上并无与 USMCA 完全一致的交流信息和分享经验的法规，但也有构建推动电子商务、跨境隐私保护和通信技术发展的法律，推出了《电子商务法》《个人信息保护法》。其中，中国在《电子商务法》第七十三条，提出应推动建立与不同国家、地区之间跨境电子商务的交流合作。可见，中美在这一议题上是比较容易达成共识的。

（二）战略上提出中式数字贸易规则

第一，从理论上看，理想的数字贸易规制体系，至少需满足如下标准：一是通过构建数字贸易争端解决机制、完善物流与支付体系、保证私人隐私安全等来提升微观主体从事数字贸易的信心；二是在确保国家经济安全的前提下，通过消除数据强制本地化等贸易壁垒来促进数据跨境自由流动；三是由于互联网既属于全球公共物品，同时又要受国家主权管辖，全球数字贸易规则要通过鼓励主权国家之间的规制合作来有效降低国内规制的负面外溢性。整体上看，为促进数字服务产业发展，美国会更加聚焦于前述后两项标准。但中国的比较优势是基于互联网依托电商平台所进行的跨境货物贸易，所以“如何强化微观主体从事跨境电商的信心”会是中国目前在构建全球数字贸易治理体系中的最大关切。

第二，为提升微观主体从事跨境电商的信心，本文认为中国至少可基于如下两方面来提出规则诉求。一是构建简便高效的针对跨境电商的争端解决机制。尽管中国－韩国 FTA、中国－澳大利亚 FTA 已经包含了单独的“电子商务”章节，但是两个贸易协定明确规定“该协定的争端解决机制不能适用于电子商务领域”，可以说中国对外缔结的贸易协定中关于跨境电商领域的争端解决机制尚属于空白。现在国内电商市场所通行的“不签则退”“七天无理由退货”机制显然也不能直接套用。为实现以较少的人力、物力来解决跨境纷争，美国易趣网（eBay）在 2008 年设立的基于社区法庭（Community Court）的电商争端解决机制值得中国借鉴。二是要强化消费者保护，维护消费者在跨境交易中的权益。现在我国消费者权益保护主要存在以下三个问题：①针对跨境电商的消费者立法亟待完善；②针对个人数据保护的立法存在空白，由于服务商在暗自搜集个人数据，[①] 个人数据被非法获取和利用的现象非常普遍，严重损害了消费者权益；③我国在数字货物贸易的相关法律运行以及监管方面缺乏跨境合作。针对这些问题，中国政府有必要推进跨境消费者权益立法，加强个人数据保护，在国际层面推动与其他国家就消费者个人隐私保护开展政策协调与合作。

第三，全球跨境电商发展目前还存在较多显性、隐性的贸易壁垒，为促进跨境电商发展，中国有必要提出关于“促进跨境电商贸易便利化、自由化”的主张。如目前中国国内市场对跨境电商低值进口货物需求快速上升，然而政府迟迟没有减免该类货物的关税，甚至推出实际上提高税率的政策，这显然会对跨境电商零售进口造成不利影响。美国对低于 800 美元的小额跨境进口商品是不征税的，中国可效仿欧美的免税规定，设置税收优惠或免征门槛，制定“针对低价值货品的免关税待遇”以及“对中小微企业电子商务进出口给予关税优惠”的相关法律。在此基础上，中国还有必要提出“跨境零售电商商品简化海关进口税收征管体系和海关程序”的要求，甚至可以要求“设立单一窗口数字口岸直至建立全球的数字关境”等主张。

第四，加强各国在跨境电商相关的物流运输、金融支付、电信和专业服务等领域的合作。主要体现在三个方面：①辅助服务领域。与贸易伙伴

① 中国消费者协会：《2014 年度消费者个人信息网络安全报告》，2015 年 3 月 13 日，http://www.cca.org.cn/。

交换服务监管程序信息，推动跨境电子商务规则谈判。包括电子和网上支付服务、物流和速递服务、在线通关等。如加强电子商务跨境支付合作，在贸易谈判中就外企第三方支付市场准入问题进行磋商；支持各国物流企业合作，与当地政府合作建设海外仓，建立跨境 B2C 物流公司。②金融领域。促进全球跨境互联网金融行业合作。如政府间交换关于贸易融资创新的监管政策信息，探讨便利贸易融资的可能性；帮助中小微企业解决融资问题，考虑根据平台信用额度进行无抵押贷款等。③新服务领域。促进各国在云计算和大数据服务领域的开放和合作。基于电子商务、大数据和云计算，建立全球企业的网络信用体系、认证体系等。

参考文献

[1] 阿里研究院：《阿里研究院受邀参加日内瓦 WTO 公共论坛，eWTP 获广泛认可》，2016 年 11 月 26 日，www.aliresearch.com。

[2] 陈靓：《数字贸易自由化的国际谈判进展及其对中国的启示》，《上海对外经贸大学学报》2015 年第 3 期。

[3] 戴振华：《论国际数字产品贸易的关税问题》，《理论观察》2015 年第 8 期。

[4] 弓永钦、王健：《TPP 电子商务条款解读以及中国的差距》，《亚太经济》2016 年第 3 期。

[5] 郭鹏：《电子商务立法：全球趋同化中存在利益分歧——美国与欧盟的立场分析》，《中国社会科学院研究生院学报》2010 年第 2 期。

[6] 何其生：《美国自由贸易协定中数字产品贸易的规制研究》，《河南财经政法大学学报》2012 年第 5 期。

[7] 李佳欣：《美国“数字产品”法律制度分析——以〈美韩自由贸易协定〉为例》，《法制博览》2015 年第 28 期。

[8] 李进良：《3G 抉择与自主知识产权》，《现代传输》2006 年第 3 期。

[9] 李杨、陈寰琦、周念利：《数字贸易规则“美式模板”对中国的挑战及应对》，《国际贸易》2016 年第 10 期。

[10] 李忠民、周维颖：《美国数字贸易发展态势及我国的对策思考》，《全球化》2014 年第 11 期。

[11] 沈玉良、李海英、李墨丝、弓永钦：《数字贸易发展趋势与中国的策略选择》，《全球化》2018 年第 7 期。

［12］石静霞：《国际贸易投资规则的再构建及中国的因应》，《中国社会科学》2015年第9期。

［13］宋玉萍：《美国和欧盟的电子商务法律竞争》，《特区经济》2007年第12期。

［14］万方、余凯：《〈网络安全法〉系列解读（四）——数据出境安全评估》，2018，www. sohu. com。

［15］王健：《跨境电商监管 需要新思维》，《经济日报》2016年11月13日。

［16］王立武、杨柳：《美国自由贸易协定的电子商务条款探析》，《亚太经济》2013年第6期。

［17］韦伟：《电子商务在美国经济中的作用》，《美国研究》2000年第4期。

［18］温树英：《金融服务贸易国际法律规制的新发展与启示——以TPP/CPTPP和USMCA为视角》，《国际经济法学刊》2019年第3期。

［19］张楚：《美国电子商务法评析》，《法律科学（西北政法大学学报）》2000年第2期。

［20］中国电子商务研究中心：《中国向WTO提交电子商务发展议案都说了些啥?》，2016年11月26日，http://www. sanwen. net/mp/rhdjinf. html。

［21］周光斌：《也谈技术中立》，《电信软科学研究》2004年第9期。

［22］周念利、陈寰琦：《基于〈美墨加协定〉分析数字贸易规则“美式模板”的深化及扩展》，《国际贸易问题》2019年第9期。

［23］Bellia, P. L., Berman, P. S., Frischmann, B. M., and Post, D. G., "Cyberlaw: Problems of Policy and Juris Parudence in the Information Age", West Academc, 2010.

［24］Consumer Protection Partnership-Update Report 2016, Consumer Protection Partnership (CPP), 2016.

［25］Fink, C., and Molinuevo, M., "East Asian Free Trade Agreements in Services: Key Architectural Elements", *Journal of International Economic Law*, 11 (2), 2008: 263 – 311.

［26］Legg, M., "The Future of Dispute Resolution: Online ADR and Online Courts", Social Science Electronic Publishing, 2016.

［27］Meltzer, J. P., "Maximizing the Opportunities of the Internet for International Trade", Social Science Electronic Publishing, 2016.

［28］Meltzer, J. P., "Supporting the Internet as a Platform for International Trade: Opportunities for Small and Medium-Sized Enterprises and Developing Countries", *SSRN Electronic Journal*, 2014.

［29］Mia, M., "Multilateral Rules for Regional Trade Agreements: Past, Present and Future", Social Science Electronic Publishing, 2008, 795 – 5.

[30] Mikić, M. , "Multilateral Rules for Regional Trade Agreements: Past, Present and Future", United Nations ESCAP, 2007: 215 - 239.

[31] Mira, B. , "The International Economic Law Framework for Digital Trade", *Social Science Electronic Publishing*, 135, 2015: 10 - 72.

[32] OECD Recommendation, "Consumer Protection in E-commerce", OECD, 2016.

[33] Rudolf, A. , and Hamid, M. , "How to Design Trade Agreements in Services: Top Down or Bottom Up?", *Journal of World Trade*, 48 (2), 2013: 191 - 218.

[34] Rule, C. , and Nagarajan, C. , "Leveraging the Wisdom of Crowds: The eBay Community", ACResolution, 2010.

[35] Simonich, B. , "NAFTA 2.0 Priorities Must Include Digital Trade", 2017, http://actonline.org/2017/08/17/nafta-2-0-priorities-must-include-digital-trade/.

[36] Smith, B. L. , and Lessig, L. , "Intellectual Property Rights of Software and Open Source", RIETI Discussion Paper, 2012.

[37] Valant, J. , "Consumer Protection in the EU, Policy Review", European Parliament, 2015.

[38] Weber, R. H. , "The Digital Future - A Challenge for Privacy?", *Computer Law & Security Report*, 31 (2), 2015: 234 - 242.

[39] Wunsch-Vincent, S. , "The Digital Trade Agenda of the U. S. : Parallel Tracks of Bilateral Regional and Multilateral Liberalization", *SSRN Electronic Journal*, 58 (3), 2003: 327 - 330.

数字贸易国际竞争力评价指标体系构建

蓝庆新　窦　凯*

摘　要：本文借鉴国内外相关领域研究成果，以波特“钻石模型”、IMD-WEF 国际竞争力评价理论、赵彦云“中国产业竞争力钻石模型”、金碚“因果关系模型”为基础，围绕核心竞争力、基础竞争力、环境竞争力、现实竞争力四大系统，构建了包含十大要素和 34 项指标的数字贸易国际竞争力评价指标体系，以期为推动全球数字贸易发展提供一定参考。

关键词：数字贸易；国际竞争力；评价指标

目前全球正处在新一轮科技和产业革命突破爆发的历史交汇期，在以互联网为代表的信息通信技术的引领下全球范围内传统产业领域正掀起一场重塑全球经济版图的“数字革命”，“互联网 + 传统产业”的跨界融合推动了数字经济的诞生并发展壮大，预计 2025 年全球数字经济规模将达到 23 万亿美元，已经成为促进全球经济复苏和增长的核心动力。在此背景下，推动传统国际贸易转型升级，诞生了数字贸易这一新型贸易模式。数字贸易作为代表数字经济时代未来发展方向的现代贸易形式，是互联网技术与现代贸易的深度融合，在创新商业模式、提高贸易效率、降低贸易成本、打破贸易壁垒方面具备显著的竞争优势。数字贸易已经成为当前贸易发展

---

* 蓝庆新，对外经济贸易大学国际经济贸易学院教授，博士生导师，主要研究方向为国际贸易；窦凯，安徽财经大学国际经济贸易学院讲师，主要研究方向为数字贸易。

的新趋势，为全球经济发展注入了新动能、开辟了新空间，成为世界各国当前发展的焦点领域。因此，发展数字贸易已经成为当今中国乃至全球日益关注的重点领域，分析研究数字贸易国际竞争力问题，能够更好地解决数字贸易发展中存在的新问题和新现象，从而有效提升数字贸易质量和效益。但是，目前对全球数字贸易竞争力进行评价的研究相对不足，尚未从定量方面提出参考性的评价方法。基于全球数字经济和数字贸易发展的需要，本文力图综合考虑数字贸易的特性，构建数字贸易国际竞争力评价指标体系。

一　数字贸易的内涵演变

数字贸易作为最新提出的概念和贸易形式，在对其国际竞争力开展研究之前，必须对其内涵进行清晰的界定，否则难以准确把握竞争力影响因素，进而无法构建全面且科学的评价指标体系。虽然当前数字贸易已经展现出蓬勃的生命力以及巨大的发展潜力，但是在“数字贸易”概念的界定上学界以及业界尚未形成统一的共识，其内涵和外延在不断地延伸。通过梳理美欧日多个机构发布的“数字贸易”定义以及相关研究文献，根据交易标的的不同，“数字贸易”大致经历了三个阶段的演变。

（一）将数字贸易视为电子商务阶段（1998～2012年）

在这一阶段数字贸易的概念尚未被明确提出，美、欧、日乃至全球一般采用“电子商务”这一概念来表述。世界贸易组织在1998年第二次部长级会议上设立了“电子商务工作计划”，首次提出了“电子商务”这一概念，并将其定义为利用电子方式生产、分销、营销或交付货物和服务的过程，但是该项议题在随后的近20年并未得到充分重视，直到近两年才重新进入各成员的视野。同时，在这一时期电子商务的发展经历了两个阶段：1998～2003年属于电子商务1.0阶段，这一阶段电子商务的主要模式是网上展示和线下交易的外贸信息服务模式，主要目的是给企业信息和产品提供网络展示平台，并不涉及网络交易；2004～2012年属于电子商务2.0阶段，这一阶段电子商务开始脱离纯信息黄页的展示行为，逐步实现线下交易、支付以及物流等环节电子化，在线交易平台开始形成。

（二）将数字贸易视为数字产品与服务贸易阶段（2013年）

在这一阶段乃至随后的下一阶段，美国主导着数字贸易内涵的演变。美国国际贸易委员会（USITC）2013年在*Digital Trade in the U.S. and Global Economies*第一部分首次提出了“数字贸易”这一概念，认为数字贸易是以互联网为基础、以数字技术为手段、利用互联网传输产品以及服务的商业活动，包含国际、国内两大部分。USITC把数字贸易细分成数字内容、社会媒介、搜索引擎、其他数字产品和服务四类，但是把商业活动中的物理产品排除在外，具备数字特性的物理产品也不例外。这一阶段实质上是将数字贸易理解为通过数字化方式传输的贸易，实体货物的贸易被排除在外，该阶段的数字贸易标的范围相当狭隘，与经济现实脱节较为严重，因而很快被全新的数字贸易概念所替代。

（三）将数字贸易视为实体货物以及数字产品和服务贸易的阶段（2014年至今）

在这一阶段，实体货物被纳入数字贸易的交易标的中，强调数字贸易是由数字技术实现的贸易。美国国际贸易委员会（USITC）2014年在*Digital Trade in the U.S. and Global Economies*第二部分完善和扩充了2013年提出的“数字贸易”内涵，将数字贸易界定为“互联网以及基于互联网的技术在产品和服务的订购、生产或交付中扮演重要角色的国内和国际贸易”，不再仅仅包含数字化的产品和服务；2015年欧盟在公布的*Digital Single Market*中认为数字贸易是利用数字技术向个人和企业提供数字产品和服务；2017年美国贸易代表办公室将“数字贸易”概念进一步扩展，不仅明确地指出互联网上销售的产品属于数字贸易，而且还将实现全球价值链的数据流、实现智能制造的服务以及无数其他相关的平台和应用纳入数字贸易范围中，这主要是基于经济社会中数字技术与传统产业融合发展的现实，越来越多的商业活动采取了数字化的形式，企业普遍运用数字技术参与国际竞争与合作；2018年日本在《通商白皮书》中提出数字贸易是基于互联网技术，向消费者提供商品、服务与信息的商务活动。

综上所述，在美版“数字贸易”定义基础上，综合欧盟、日本及国内外相关研究文献，本文认为，数字贸易是以互联网为基础，以数字交换技术为手段，实现传统实体货物、数字化产品与服务、数字化知识和信息的高效交换的商业活动，是数字货物贸易和数字服务贸易的有机统一。具体来说包含两大部分：第一部分，通过数字化方式跨境交易的实体货物，即通过跨境电子商务交易的实体货物；第二部分，基于互联网技术实现数字化产品和服务、数字化产品和信息的交换互动。

二　数字贸易竞争力研究述评

学术界直接对数字贸易国际竞争力的研究无论是在理论上还是在实践上的相关文献均较少，现阶段的研究主要集中在数字内容产业贸易竞争力影响因素层面。

国外相关研究文献方面。Yong（2008）认为内容质量、服务质量以及数字内容提供商是影响数字内容产业贸易竞争力的主要因素；Wolf Richter（2008）认为政府干预能够挽救和提高数字音乐国际竞争力；Shin 等（2008）认为系统质量、内容质量、服务质量以及用户参与是决定数字内容产业国际竞争力的关键因素；Shin（2012）认为技术以及政府指导政策是决定数字内容产业国际竞争力的核心因素；Chiu 等（2013）认为政府政策、技术创新、内容传播平台以及内容质量是决定数字内容产业国际竞争力的关键因素。

国内相关研究文献方面。谢小勇（2006）利用“钻石模型”对数字内容产业的影响因素进行了理论分析，研究结果表明，我国数字内容产业在需求要素以及相关支持产业上具备一定的竞争优势，在生产要素、企业与竞争等方面不具备竞争优势；黄德俊（2011）基于“钻石模型”理论视角对数字音乐产业竞争策略进行研究，他认为中国数字音乐产业受到人力资源、市场秩序、产权保护等因素的影响；熊励等（2014）采用综合评价方法对上海市数字内容产业竞争力进行了评价，结果表明上海市数字内容产业竞争力在逐步增大，并且技术创新是影响竞争力的核心因素；冉景刚（2015）对中国电影产业的竞争力指数进行分析，结果表明中国电影产业国际竞争力依然较弱，不具备参与国际竞争的能力；何向莲（2018）对上海数字内容产业贸易竞争力进行了分析与思考，通过分析数字出版物、数字游戏、互联网络电视以及影视节目贸易状况，认为上海数字内容产业国际竞争力在逐步提高。

综上所述，现阶段学术界对国际竞争力的研究仍然集中在对数字内容产业贸易竞争力的研究，而通过构建评价指标体系直接对数字贸易国际竞争力进行评价的研究尚未涉及，尤其是缺乏对竞争力影响因素的深层次探索。

三　数字贸易国际竞争力评价体系构建理论基础

数字贸易作为数字经济时代的产物，与传统贸易形式存在明显的差异，因此必须构建合适的评价指标体系对其进行评价。当前对贸易国际竞争力的研究多是借鉴国内外产业竞争力相关研究理论，本文综合考虑数字贸易的特征，力图以波特“钻石模型”、IMD-WEF 国际竞争力评价理论、赵彦云“中国产业竞争力钻石模型”、金碚“因果关系模型”为基础，构建数字贸易国际竞争力评价模型与框架。

（一）波特“钻石模型”

“竞争战略之父”迈克尔·波特在《国家竞争优势》中提出了一套用于分析产业获取竞争优势的“国家竞争优势理论”，该理论的核心思想是“钻石模型”。波特的“钻石模型”认为，决定产业竞争优势的是生产要素条件，需求条件，相关支持产业，企业组织、战略及竞争四大基本要素，同时政府与机遇两大辅助要素也发挥着重要作用，六大要素相辅相成，共同构成一个“钻石体系”（见图 1）。

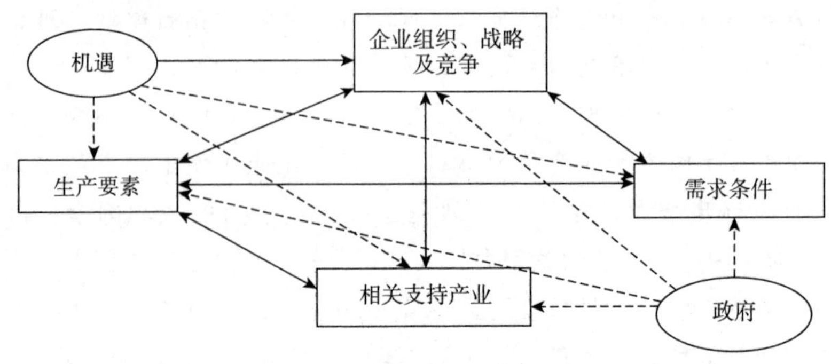

图 1　波特“钻石模型”框架体系

虽然“钻石模型”为研究产业或贸易国际竞争力提供了分析框架，但是其在应用过程中存在一定的局限与不足。一方面，对研究对象缺乏直接定量分析。对数字贸易国际竞争力而言，不仅要从定性的角度进行分析，更要从定量的角度把握数字贸易所处的国际格局和地位，但“钻石模型”尚无法做到这一点。另一方面，分析视角缺乏全面性。“钻石模型”过于强调国内市场需求的作用，然而对数字贸易产品而言，在全球化以及数字技术的影响下，国际需求对其竞争力的影响不可忽视。

（二）IMD-WEF 国际竞争力评价理论

瑞士洛桑国际管理发展学院（the International Institute for Management Development，IMD）以及世界经济论坛（World Economic Forum，WEF）是全球最著名的从事竞争力研究的国际机构，IMD 和 WEF 自 1989 年起在全球竞争力评价上展开合作，最终因理念不合双方于 1996 年开始独立研究。双方近 20 年来根据全球化以及竞争力理论的发展，各自对原有的评价体系不断地进行修订，形成了各具特点的竞争力评价理论。IMD 国际竞争力评价指标体系主要根据各个国家或地区的经济表现、政府效能、商业效率以及设施建设四大类指标进行评价，同时各大类指标下面包含 5 个子类，每个子类下面又根据具体状况包含不同的指标层，共计 338 个指标。其中，2/3 的指标数据来自各国家或地区的官方统计数据（硬指标），1/3 的指标数据来自企业高管的调查问卷（软指标）。WEF 提出了全球竞争力指数的概念，认为决定一个国家或地区竞争力的是一整套政策、制度以及影响因素的集合，全球竞争力指数以三大要素、十二大支柱为基本评价标准，全面反映世界各国或地区竞争力状况。

IMD 和 WEF 国际竞争力评价理论体系从定量方面为评价全球竞争力做出了重要贡献，但是两大指标体系在应用中也存在一定的局限，如两大评价体系均是对全球各国整体竞争力的评价，指标涉及各个领域，而不是单一的针对贸易竞争力的评价体系，但本文是对数字贸易的国际竞争力进行评价，原有的指标体系必须排除与贸易无关的因素，并根据数字贸易特征进行修订。

（三）中国产业竞争力钻石模型

赵彦云教授领导的中国人民大学竞争力与评价研究中心在其承担的教

育部重大攻关课题“中国产业竞争力研究”中取得了一系列成果，研究中心全面跟踪世界学术前沿，重点考察WEF、IMD、欧洲联盟贸易竞争司、中国驻世界贸易组织使团、英国贸工部以及中国驻欧盟使团，结合中国产业竞争力的实证分析研究，立足产业集聚、企业集聚、创新支撑、资源配置等方面，提出了适合国情的“中国产业竞争力钻石模型”。中国产业竞争力钻石模型分为三个层次，分别为核心竞争力、基础竞争力以及环境竞争力。核心竞争力主要是指成本竞争和企业研发之间的竞争，同时由于中国正处在由计划经济的潜在制度向完善的市场经济制度过渡阶段，企业制度改革和完善也对产业竞争力有着严重的影响。基础竞争力是支撑核心竞争力的重要保障，其发展主线是技术创新，在市场经济竞争体制下国家基础研究和高校与研究机构的研发与生产力转化共同构成一个有机整体，是提升软竞争力的关键；金融体系为实现技术创新提升竞争力提供支撑，其路径主要是通过合理配置金融资源来激发产业竞争力；基础设施和人力资本为产业竞争力的中长期提升提供支撑。环境竞争力包含竞争环境和政府管理两个支点，以支撑基础竞争力以及核心竞争力。

中国产业竞争力钻石模型进一步推动了竞争力领域的理论研究，创造性地针对中国国情及经济发展状况进行理论模型的构建，通过对竞争力层次的划分，为构建产业竞争力评价指标体系奠定了基础。但是该模型在应用上也存在一定的局限，如对外贸易竞争力是衡量产业竞争力的重要指标，而模型中缺乏对该类指标的分析；同时，该模型现阶段更多地被用于分析制造业以及传统服务业，但是数字贸易具有其特殊性，必须根据数字贸易的特征对模型进行适度的修正。

（四）金碚“因果关系模型”

中国社会科学院研究员金碚于1997年在对中国工业竞争力进行研究的过程中，基于因果关系框架建立了对产业竞争力进行统计分析的理论模型，即“因果关系模型”。金碚指出评判一国产业国际竞争力的强弱，必须要从原因以及结果这两个维度来进行探索。从结果角度来看，一国或地区某一产品在全球市场上占有的市场份额越高，则其获利能力就会越强，进而反映该国这种产业（产品）越具备很强的竞争力；从原因角度来看，凡是有助于开拓及占据国际、国内市场，同时能够帮助企业获取利润的因素，均是竞争力分析和研究的对象。“因果分析模型”的逻辑结构是把市场上能够有效反映竞争力实现程度的指标作为竞争结果，把反映竞争力强弱原因的指标作为直接以及间接因素指标，分别反映竞争的实力和潜力（见图2）。

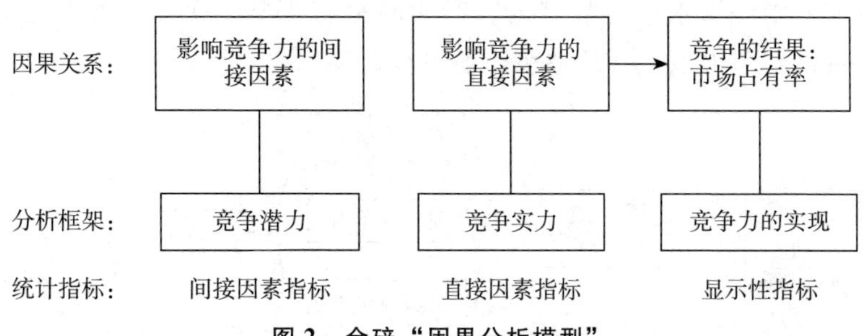

图2　金碚“因果分析模型”

金碚“因果分析模型”的创新性贡献是从原因和结果层面剖析竞争力的影响因素，并通过量化比较各影响因素的优劣，为后期从定量方面研究产业或贸易竞争力指明了方向。但是该模型在应用中也存在一定的局限和不足，如反映竞争结果的量化指标过于单一，市场占有率不能全面反映开放环境下产业竞争力的强弱，尤其是对于数字化产品和服务而言，作为跨界融合的产物，单一的指标远不能对其做出衡量。同时，该模型是在工业品国际竞争力的基础上提出的，其对数字贸易是否适用也存在一定的问题。

本文以上述四大理论模型为基础，结合数字贸易自身的特点以及贸易竞争力影响因素，制定适合数字贸易自身特点的国际竞争力评价指标体系。

四　数字贸易国际竞争力评价指标体系构建

（一）数字贸易国际竞争力理论分析框架

数字贸易作为现代贸易与数字技术深度融合的产物，既包含通过跨境电商交易的实体货物，又包含基于互联网技术实现的数字化产品和服务、数字化产品和信息的交换活动，涉及领域广、产业多，对其竞争力影响因素的研究在复杂度、困难度方面远高于传统贸易，因此本文根据上文所探讨的竞争力相关研究基础，把数字贸易国际竞争力按照“因－果”关系划分成四个维度，即核心竞争力、基础竞争力、环境竞争力、现实竞争力，具体如图3所示。核心竞争力构成要素是指数字内容产业具备的竞争优势，基础竞争力构成要素是指数字内容产业发展的依托，环境竞争力构成要素是指国家宏观经济水平对数字内容产业的影响状况，现实竞争力是核心竞争力、基础竞争力以及环境竞争力的组合效果。

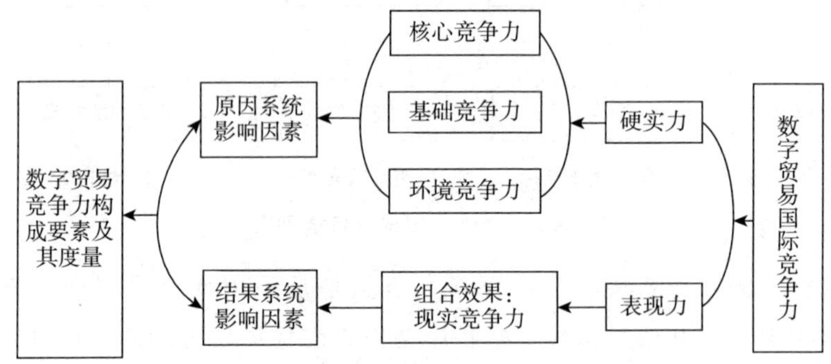

图3　数字贸易国际竞争力构成要素与度量模型

本文在构建数字贸易国际竞争力评价指标体系框架过程中，按照“因果结合”这一逻辑主线，不仅将反映原因系统的核心竞争力、基础竞争力、环境竞争力三大影响系统包含进去，而且还将引入反映三大原因系统组合效果的现实竞争力系统，严格遵循有因必有果、因果相辅相成的原则，其目的是避免在评价过程中出现由于片面重视数字贸易发展表象、忽视内部根源而导致评价效果失真现象的发生。

1. *核心竞争力构成要素*

核心竞争力是指数字贸易目前所具备的竞争优势，该优势不仅体现在数字贸易产品的实力、企业战略以及成长性方面，更是取决于数字贸易企业个体的战略能力。结合数字贸易的特性，本文认为核心竞争力构成要素中与数字贸易密切相关的要素主要包括产品实力、企业战略、创新能力。

2. *基础竞争力构成要素*

基础竞争力主要是指贸易发展的依托，是核心竞争力的主要支撑。它在一定程度上决定了发达国家与新兴发展中国家竞争力的强弱，甚至成为制约国际竞争力提升的基本瓶颈，因此，要提升数字贸易国际竞争力，就必须在贸易基础竞争力上做足文章，这样才能使数字贸易国际竞争力跨越新台阶。结合数字贸易发展特性以及国际竞争理论，本文认为基础竞争力的决定因素主要包括要素禀赋、关联产业以及基础设施。

3. 环境竞争力构成要素

环境竞争力是基础竞争力以及核心竞争力的支撑点，是从国家宏观层面为贸易发展创造的环境，反映了一个国家宏观经济水平对数字贸易的影响。对于数字贸易来说，国家宏观经济环境是贸易正常发展的基础，宏观经济链条上的每一个环节都会直接或间接地对贸易发展水平产生影响，尤其是数字贸易这种跨区域、跨行业、融合度强、覆盖面广的外贸形式，更离不开国家宏观层面的外贸发展环境。具体而言，市场需求、政府行为是影响数字贸易环境竞争力最重要的宏观环境因素。

4. 现实竞争力构成因素

现实竞争力是核心竞争力、基础竞争力和环境竞争力三大系统要素相互作用后产生的组合效果，该系统能够最直观地表现出数字贸易国际竞争力的强弱。结合国内外相关文献，如 Ajami（1992）、金碚（2003）、黄先蓉和田常清（2014）等可以发现，一般把贸易绩效和贸易规模作为衡量现实竞争力强弱的重要指标。

（二）评价指标体系确定原则

为确保构建的数字贸易国际竞争力评价指标体系科学有效且逻辑严密，在分项指标的选取上必须遵循以下原则。

1. 前瞻性与科学性相结合原则

全球数字贸易目前正处在快速成长期，离成熟发展阶段尚有一段较长的时期，因此对其竞争力的评价必须考虑长远且能呈现连续性，能够对未来的发展水平持续进行衡量和分析。这就要求在指标体系的构建上必须秉持前瞻性原则，谋划长远，选择能够反映未来发展趋势的指标，以期通过评价指标体系能够持续探究数字贸易发展水平以及自身的优劣势，使得全球各国在各发展阶段能够根据发展趋势准确定位，实现自身的可持续发展。除此之外，指标的选取在秉持前瞻性原则的同时，还必须以科学理论为指导，避免指标的选取出现盲目地追求前瞻而失去评价的真实目的，这就要求必须在秉持前瞻性原则的同时要秉持科学性原则。

2. 可比性与可度量性相结合原则

指标体系的构建应严格体现可比性与可度量性相结合的原则。一方面，开展数字贸易国际竞争力评价的根本目的是找出一国与其他国家存在的差距，进而探索产生差距的根源，因此在指标体系的选择上既要能够跨越时间进行纵向比较，又要能够对不同国家或地区进行横向比较，这就要求在指标的选取上应统一口径，保持各国在统计数据上的一致性。另一方面，限于数字贸易发展的特性，在指标的选择上必然包含软指标（定性指标）和硬指标（定量指标），有些定量和定性指标可通过相关宏微观统计数据和技术手段获得，而有些指标却难以进行精确估计。因此，在指标的设计过程中，指标的选取应严格秉持可度量性原则，即指标的数据和信息应是可获取的，能够直接通过官方统计数据库或者文献调研、实地调研等方式获取，且数据的计算和获取应是简单可行且科学有效的。

3. 目的性与重点性相结合原则

指标体系应严格体现目的性与重点性。一方面，评价指标体系要体现评价的根本目的，即要围绕目标设计评价指标体系，体现其目的性。这就要求指标体系在设计过程中应充分考虑指标的目标导向作用，使政府、行业以及企业能够根据指标的评价结果把握各因素对数字贸易竞争力的影响幅度，从而能够有针对性地制定发展对策，发挥指标体系的产业发展引导作用。另一方面，数字贸易竞争力涉及多个领域和国家，对其竞争力的评价涉及诸多因素，如果在评价过程中将所有反映竞争力的指标一一罗列，不仅无法突出综合指标的高度概括功能以及在评价中的主导作用，还会夸大某些指标对竞争力的影响程度，进而导致评价判断出现逻辑不清、主次不明等状况，难以全面准确地衡量数字贸易国际竞争力水平。因此，在指标的筛选过程中，要秉持重要性原则，要尽可能地选择与评价目标最密切的指标，在指标数量的设置上做到精简和概括。

（三）指标体系最终选取

本文依据“因－果”逻辑框架，利用层次分析法，把指标体系由高到低划分为目标层、系统层、要素层、指标层，并以上述理论框架为依据，选择科学合理的相关指标，同时积极咨询行业内专家对指标的意见，最终确定如表 1 所示的数字贸易国际竞争力评价指标体系。

表 1　数字贸易国际竞争力评价指标体系

一级指标（目标层）	二级指标（系统层）		三级指标（要素层）	四级指标（指标层）
数字贸易国际竞争力评价指标体系	反映数字贸易国际竞争力的原因	核心竞争力	产品实力	数字贸易产品原创性●
				数字贸易产品品牌知名度●
			企业战略	数字贸易企业经营管理水平●
				数字贸易企业国际化能力●
				数字贸易企业集中度★
			创新能力	数字科研指数★
				创新投入指数★
				创新产出指数★
		基础竞争力	要素禀赋	每百万人中研究人员数量（人）★
				非物质文化遗产数量（项）★
				风险资本可获得性●
				数字贸易从业人员素质●
				数字技术与传统产业的融合度●
			关联产业	公共教育经费支出占 GDP 比重（%）★
				研究与开发经费支出占 GDP 比重（%）★
				互联网普及率（%）★
			基础设施	数字基础设施指数★
				每千人宽带用户量★
				信息化发展指数★
		环境竞争力	市场需求	人均国民收入（美元）★
				国内生产总值（亿美元）★
				数字经济规模（亿美元）★
				居民教育、休闲与文化支出占总支出比重（%）★
			政府行为	数字贸易政策科学完备性●
				政府数字版权保护度●
				数字贸易规则完善度●
				数字贸易开放程度★
				跨境数据流动的便利性●

续表

一级指标（目标层）	二级指标（系统层）		三级指标（要素层）	四级指标（指标层）
	反映数字贸易国际竞争力的结果	现实竞争力	贸易绩效	贸易竞争优势指数（*TC*）★
				显示性比较优势指数（*RCA*）★
				Michaely 波动指数（*MI*）★
			贸易规模	国际市场占有率指数（*MS*）★
				数字贸易出口总额★
				数字贸易出口占国内总出口的比重（%）★

注：•表示定性指标；★表示定量指标。

如表 1 所示，本文最终构建了包含一个目标（数字贸易国际竞争力）、四大系统（核心竞争力、基础竞争力、环境竞争力、现实竞争力）、10 项要素（产品实力、企业战略、创新能力、生产要素、关联产业、基础设施、市场需求、政府行为、贸易绩效、贸易规模）、34 项指标的数字内容产业国际竞争力评价指标体系。

（四）评价指标体系指标分析

1. 产品实力

产品实力在本文主要是指数字贸易产品满足社会需要的某种特性，它直接决定了数字贸易在全球竞争格局中的地位，是核心竞争力构成要素中的重要部分，包含数字贸易产品原创性和数字贸易产品品牌知名度两个指标。

（1）数字贸易产品原创性。该指标是指利用数字技术，以传统产业为基础，进行数字贸易产品的创作及研发，形成具有民族和地方特色、健康向上以及技术先进的数字化产品和服务。数字贸易产品原创性越高，则表明该国数字贸易越具备较强的国际竞争力。该指标为定性指标，数据可以通过专家问卷调查的方式获取。

（2）数字贸易产品品牌知名度。该指标是指数字贸易产品被潜在消费者认识到或记起的程度，从侧面反映产品的国际化程度。品牌知名度越高，则表明贸易国际竞争力越强。该指标为定性指标，数据可以通过专家问卷调查的方式获取。

2. 企业战略

根据波特的“钻石模型”理论，数字贸易企业的组织和管理模式以及国内市场竞争程度与数字贸易国际竞争力密切相关，数字贸易企业的组织管理模式、竞争战略在很大程度上影响着甚至决定着数字贸易国际竞争力。该指标包含数字贸易企业经营管理水平、数字贸易企业国际化能力及数字贸易企业集中度三个指标。

（1）数字贸易企业经营管理水平。该指标是指一国数字贸易企业为实现自身的生存与发展，对企业经营活动进行计划、组织、指挥、协调以及控制，同时加强对内部员工的约束和激励，从而优化组织结构、提升管理效率。数字贸易企业经营管理水平越高，则企业的生产效率就会越高，经营效益就会越好，从而企业就会具备很强的可持续发展能力以及国际经营能力。该指标为定性指标，数据可以通过专家问卷调查的方式获取。

（2）数字贸易企业国际化能力。该指标是指一国数字贸易企业通过产品贸易和对外投资的方式向国际市场输出数字化产品和服务，并积极吸收和转化国际先进经验的能力，既包括数字贸易企业的扩张能力，也包括数字贸易企业的引进吸收能力。数字贸易企业的国际化能力越高，企业越能够在国际范围内促进生产要素的流动与合理配置，企业的国际形象也会越好，国际竞争力就会越强。该指标为定性指标，数据可以通过专家问卷调查的方式获取。

（3）数字贸易企业集中度。该指标是指市场上少数几家数字贸易企业在产量、销量、市场规模等方面对数字贸易的支配程度，用于反映一国数字贸易企业在市场上的地位高低、规模经济水平以及对市场支配能力的强弱。该指标为定量指标，本文用一国排名前四的数字贸易企业产值规模占整个产业产值规模总量的百分比来表示。

3. 创新能力

现代创新理论的开创者熊彼特认为，创新是指对生产要素以及生产条件的重新组合，它是推动经济增长的关键要素，其包括新的生产技术、新的产品、新的市场、新的材料、新的组织制度等多种形式。对于数字贸易来说，创新能力的提升将为其发展提供技术支持，并加速主导其创新与升级，从而建立和巩固贸易的竞争优势。该指标包括数字科研指数、创新投入指数、创新产出指数三个指标。

（1）数字科研指数。该指标是指通过考察一国的 ICT 专利数量以及数学计算机、科学高引用来判断该国的数字科研水平。该指标为定量指标，数据来源于阿里研究院和毕马威联合发布的《全球数字经济发展指数》。

（2）创新投入指数。该指标是指一国通过创新的人力、财力投入情况，企业创新主体中发挥关键作用的部门（即研发机构）建设情况以及创新主体的合作情况来反映国家创新体系中各主体的作用和关系。该指标为定量指标，数据来源于世界知识产权组织（WIPO）发布的历年《全球创新指数》。

（3）创新产出指数（定量指标）。该指标是指一国通过论文、专利、商标、技术成果成交额来反映创新中间产出结果的量化指标。该指标为定量指标，数据来源于世界知识产权组织（WIPO）发布的历年《全球创新指数》。

4. 要素禀赋

古典经济学理论提到，出口国出口的产品必须在生产要素条件上具备相对竞争优势。由此可见，生产要素禀赋对贸易国际竞争力的提升起着至关重要的作用。数字贸易生产要素禀赋是指一国所拥有的能够制作数字化产品和服务并在市场上自由流动的各种资源，主要包括文化资源、资金、非技术工人等初级生产要素以及为数字贸易发展提供长效动力支持的高级人力资源、研究机构等高级生产要素。该指标包含每百万人中研究人员数量（人）、非物质文化遗产数量（项）、风险资本可获得性、数字贸易从业人员素质、数字技术与传统产业的融合度等指标。

（1）每百万人中研究人员数量（人）。该指标是指一国每一百万人中所拥有的专业研究人员的数量，用于衡量一国数字内容产业高端研发人才方面的竞争优势。该指标为定量指标，数据来源于历年《国际统计年鉴》。

（2）非物质文化遗产数量（项）。该指标指一国所具有的被各群体、团体甚至是个人视为其文化遗产的各种实践、表演、表现形式、知识体系和技能及其有关的工具、实物、工艺品和文化场所的总数。该指标为定量指标，数据来源于联合国教科文组织发布的历年《世界遗产名录》。

（3）风险资本可获得性。该指标是指一国数字贸易发展过程中通过私募方式募集发展资本的能力，用于衡量一国数字贸易资本方面的竞争优势。该指标为定性指标，数据可以通过专家问卷调查的方式获取。

（4）数字贸易从业人员素质。该指标指一国数字贸易从业人员在从事生产经营活动中所具备的知识、技巧、品质以及工作的能力，用于衡量该国数字贸易发展中人力资源方面的竞争优劣势。该指标为定性指标，数据可以通过专家问卷调查的方式获取。

（5）数字技术与传统产业的融合度。该指标是指一国数字技术传统产业深度融合的能力和程度，用于衡量一国传统产业的数字化转化程度。该指标为定性指标，数据可以通过专家问卷调查的方式获取。

5. 关联产业

波特“钻石模型”中认为，相关上下游产业对国际竞争力有着至关重要的影响，提出要注意产业发展中的“集群”现象，任何优势产业均与其他相关强势产业有着休戚与共的关系。具体到数字贸易而言，基于其产业融合的特性，它与其上下游产业之间存在很高的产业关联度。本文通过公共教育经费支出占 GDP 比重、研究与开发经费支出占 GDP 比重和互联网普及率等指标来衡量关联产业情况。

（1）公共教育经费支出占 GDP 比重。该指标是指一国用于开展公共教育活动的全部实际支出占同期 GDP 的比重，用于衡量数字贸易的相关产业即教育产业发展状况。该指标为定量指标，数据来源于历年《国际统计年鉴》。

（2）研究与开发经费支出占 GDP 比重。该指标指一国用于开展研究与发展活动的全部实际支出占同期 GDP 的比重，用于从宏观上衡量数字贸易的关联产业即科技产业的发展水平。该指标为定量指标，数据来源于历年《国际统计年鉴》。

（3）互联网普及率。该指标指一国互联网用户占该国总人口的比重，是体现网络普及程度的国际通用指标，用于考察数字内容产业贸易的关联产业即网络产业的总体发展状况。该指标为定量指标，数据来源于历年《国际统计年鉴》。

6. 基础设施

基础设施落脚到数字贸易范畴，即为信息基础设施，它是“网络强国”的基石，已经成为新时代中国乃至全球发展的关键。传统的数字贸易基础设施主要是指信息网络，但是随着人工智能、大数据、云计算等新一代信息技术的迅速发展，数字内容产业基础设施的内涵在发生转变，已经演变成培育经济新动能、加快产业转型升级、提升公共服务供给能力以及创新社会治理模式的关键因子。本文通过数字基础设施指数、每千人宽带用户量、信息化发展指数来衡量基础设施状况。

（1）数字基础设施指数。该指标是指通过考察一国网络接入的覆盖度、速度以及网络使用的可负担水平，侧面衡量该国数字化基础设施的发展水平。该指标为定量指标，数据来源于阿里研究院和毕马威联合发布的《全球数字经济发展指数》。

（2）每千人宽带用户量。该指标是指一国每一千人中使用宽带的用户数量，用于衡量一国的宽带覆盖率。该指标为定量指标，数据来源于历年《国际统计年鉴》。

（3）信息化发展指数。该指标是指由国际电信联盟（IDI）发布的用于衡量和跟踪一国信息技术发展程度、测算和比较信息化发展水平、衡量各国数字鸿沟以及信息化发展潜力的定量指标。信息化发展指数越大，则表明一国信息化发展水平越高，数字贸易发展的基础就越强，竞争力就越大。该指标为定量指标，数据来源于历年《国际统计年鉴》。

7. 市场需求

波特在“钻石模型”中重点强调本国市场的需求对竞争力的影响，认为它是产业发展的动力。本文借鉴这一理念，选择人均国民收入、国内生产总值、数字经济规模以及居民教育、休闲与文化支出占总支出比重等指标来衡量经济实力。

（1）人均国民收入。该指标指一国在一年内按人口平均的国民收入占有量，用于从侧面考量该国国民的生活水平以及开展国内外数字贸易的物质基础与经济实力。该指标为定量指标，数据来源于历年《国际统计年鉴》。

（2）国内生产总值。该指标是一定时期内一个国家（或地区）内的经济活动所生产出之全部最终成果（产品和劳务）的市场价值，是衡量一个国家或地区经济状况和发展水平的重要数据。该指标为定量指标，数据来源于历年《国际统计年鉴》。

（3）数字经济规模。该指标是一定时期内一个国家（或地区）基础性信息经济和融合性信息经济所产出的最终成果的市场价值。该指标为定量指标，可以基于各国官方统计数据的整理获得相关数据。

（4）居民教育、休闲与文化支出占总支出比重。该指标指一国个人用于教育、休闲、文化的实际支出占所有消费支出的比重，主要用于衡量一国居民文化消费心理及消费构成。该指标为定量指标，数据来源于历年《国际统计年鉴》。

8. 政府行为

政府作为宏观政策的制定者和指导者，虽然无法直接创造拥有国际竞争力的贸易形式，但可以通过政治、经济和法律等方式为贸易发展获取竞争优势创造良好的宏观环境。本文通过数字贸易政策科学完备性、政府数字版权保护度、数字贸易规则完善度、数字贸易开放程度、跨境数据流动的便利性等指标来衡量政府行为。

（1）数字贸易政策科学完备性。该指标指一国所出台的各项数字贸易政策是否科学可行、健全完善以及为贸易发展营造良好政策环境的能力，用于考察数字贸易发展与管理的宏观政策环境。该指标为定性指标，数据可以通过专家问卷调查的方式获取。

（2）政府数字版权保护度。该指标是指政府对传播的数字贸易产品进行保护的力度，用于衡量该国在数字版权保护方面为数字贸易发展提供法律保障的能力。该指标为定性指标，数据可以通过专家问卷调查的方式获取。

（3）数字贸易规则完善度。该指标是指一国所出台的数字贸易规则是否完备、健全及合理，用于衡量政府在数字贸易方面为其发展所营造的良好国际环境。该指标为定性指标，数据可以通过专家问卷调查的方式获取。

（4）数字贸易开放程度。该指标指一国的数字贸易进出口总额占该国国民生产总值或国内生产总值的比重，用于考察该国数字贸易对国际市场的依赖程度与对外开放程度。该指标为定量指标，计算公式为数字贸易开放程度=数字贸易进出口总额/国内生产总值。

（5）跨境数据流动的便利性。该指标是指一国在确保数据安全的前提下，对于跨境数据流动抱持开放的发展理念，使得数据能够自由流动与共享。该指标为定性指标，数据可以通过专家问卷调查的方式获取。

9. 贸易绩效

贸易绩效指的是综合考虑数字贸易产品的进出口状况，定量分析数字贸易产品的贸易效果，一般用贸易竞争优势指数（*TC*）、显示性比较优势指数（*RCA*）、Michaely 波动指数（*MI*）等指标来衡量。

（1）贸易竞争优势指数（*TC*）。该指标是指一国进出口数字贸易的差额占其进出口数字贸易总额的比重，反映的是相对于全球其他国家所供应的某种产品而言，本国供应的产品是否具备竞争优势。数值越大，则表明本国产品竞争优势越强。该指标为定量指标，可按照公式［$TC = (X_{it} - M_{it}) / (X_{it} + M_{it})$，$X_{it}$、$M_{it}$分别指的是 i 国 t 类产品的出口额和进口额］计算获得。

（2）显示性比较优势指数（RCA）。该指标是指一个国家某种产品的出口值占该国所有出口产品总值的份额，与全球同类产品的出口值占世界所有产品出口总值的份额的比例，反映的是一个国家某一产业或贸易形式在全球同类产业或贸易形式中的竞争地位。数值越大，则表明竞争力越强。该指标为定量指标，可按照公式［$RCA = (X_{ij}/X_i) / (W_j/W)$，$X_{ij}$、$W_j$ 分别指的是 i 国和全球 j 类产品的出口额，X_i、W 分别指的是 i 国和全球的出口总额］计算获得。

（3）Michaely 波动指数（MI）。该指标是指经济变量每年变动平均程度的大小，其值代表的是经济稳定程度。数值为正，表明具备竞争优势；数值为负，表明具备竞争劣势。该指标为定量指标，可按照公式（$MI = X_{ij}/\sum X_i - M_{ij}/\sum M_i$，$X_{ij}$、$M_{ij}$ 分别指的是 i 国 j 商品的出口额及进口额，$\sum X_i$、$\sum M_i$分别指的是 i 国的出口及进口总额）计算获得。

10. 贸易规模

贸易规模指的是通过数字贸易出口额来定量分析其国际市场份额，一般用数字贸易出口总额、数字贸易出口占总出口的比重、国际市场占有率指数（MS）等指标来衡量。

（1）数字贸易出口总额。该指标是指一国一年内数字化产品和服务的出口总量，用于从量上衡量数字贸易的出口规模。该指标为定量指标，可根据 UNCTAD 数据库以及《国际统计年鉴》以及各国官方统计网站整理汇总获得。

（2）数字贸易出口占国内总出口的比重。该指标指一国数字贸易出口额占本国所有产品出口总额的比重，所占比值越高，则竞争力越强。该指标为定量指标，可按照公式（一国数字贸易出口总额/该国所有产品总出口总额）计算获得。

（3）国际市场占有率指数（MS）。该指标是指一国数字贸易出口额占全球数字贸易出口总额的比重，所占比值越高，则竞争力越强。该指标为定量指标，可按照公式（一国数字贸易出口额/全球数字贸易出口额）计算获得。

五　结语

竞争力是一个较为宽泛的概念，同时评价行为本身也呈现较强的主观性和繁杂性，再加上数字贸易本身所具备的复杂特性，通过构建评价指标体系对其国际竞争力进行评价是一项极其困难且复杂的工作。加之，指标体系必须与数据相结合才能发挥其测评价值，目前全球尚未对数字贸易形成统一规范的统计体系，所以在评价指标的选取上对指标的可获得性也要优先考虑。本文以“因－果”关系为逻辑框架构建的数字贸易国际竞争力评价指标体系，虽然具备较强的科学性以及可操作性，但是也存在一定的需要改进的地方。未来研究将随着数字贸易的发展，对评价指标体系进行进一步的修正和完善，以期最终构建一个标准化、科学性且可复制、可推广的数字贸易国际竞争力评价指标体系。

参考文献

[1] 何向莲：《上海数字内容产业贸易竞争力分析与思考》，《编辑学刊》2018 年第 4 期。

[2] 黄德俊：《我国数字音乐产业的竞争策略研究——以理论模式“钻石模型”为视角》，《南京艺术学院学报（音乐与表演版）》2011 年第 4 期。

[3] 黄先蓉、田常清：《我国新闻出版业国际竞争力与影响力提升策略研究》，《河南大学学报（社会科学版）》2014 年第 9 期。

[4] 金碚：《产业国际竞争力研究》，《经济研究》1996 年第 11 期。

[5] 金碚：《企业竞争力测评的理论与方法》，《中国工业经济》2003 年第 3 期。

[6] 蓝庆新、窦凯：《基于“钻石模型”的中国数字贸易国际竞争力实证研究》，《社会科学》2019 年第 3 期。

[7] 蓝庆新、窦凯：《美欧日数字贸易的内涵演变、发展趋势及中国策略》，《国际贸易》2019 年第 6 期。

[8] 蓝庆新、窦凯：《中国数字文化产业国际竞争力影响因素研究》，《广东社会科学》2019 年第 4 期。

[9] 冉景刚：《中国电影产业的国际竞争力提升与全球化战略路径研究》，《文化产

业研究》2015 年第 2 期。

[10] 夏杰长：《数字贸易的缘起、国际经验与发展策略》，《北京工商大学学报（社会科学版）》2018 年第 5 期。

[11] 谢小勇：《我国数字内容产业的发展及国际竞争优势分析》，复旦大学硕士论文，2006。

[12] 熊励、顾勤琴、陈朋：《数字内容产业竞争力指数评价体系研究——来自上海的实证》，《科技进步与对策》2014 年第 18 期。

[13] 赵彦云等：《中国产业竞争力研究》，经济科学出版社，2009。

[14] Ajami, R., "U. S. Industrial Competitiveness Resurgence or Decline?", in Ali, A. J., eds, *How to Manage for International Competitiveness* (New York: International Business Press, 1992).

[15] Chiu, W. H., Deng, R., Chang, C. T., et al., "Development of Digital Convergence Service Industry: An Analysis of Cross-country Comparisons", 10th International Conference on Service Systems and Service Management, IEEE, 2013.

[16] Shin, D. H., "A Web of Stakeholders an Strategies in the Digital TV Transition: The Switch Over to Digital Broad-casting in Korea", CPR Africa 2012/CPR South 7 Conference, 2012.

[17] Shin, S. H., Yoon, W. M., and Sung, W. K., "A Research Model for Evaluating the Success of the DCMS: A Digital Content Management System", in Park, J. J., Yang, L. T., and Lee, C., eds., *Future Information Technology* (Berlin: Springer, 2011).

[18] United States International Trade Commission (USITC), "Digital Trade in the U. S. and Global Economies, Part 2", 2014, https://www.usitc.gov/publications/332/pub4485.pdf.

[19] United States International Trade Commission (USITC), "Digital Trade in the U. S. and Global Economies, Part 1", 2013, https://www.usitc.gov/publications/332/pub4415.pdf.

[20] United States International Trade Commission (USITC), "Global Digital Trade 1: Market Opportunitiesand Key Foreign Trade Restrictions", USITC Publication, 2017.

[21] Weber, R. H., "Digital Trade in WTO-law-taking Stock and Looking Ahead", *Asian Journal of WTO and International Health Law and Policy*, (51), 2010: 10.

[22] Yong, G. J., "So Young Sohn. Structural Equation Model for Effective CRM of Digital Content Industry", *Expert Systems with Applications*, 34 (1), 2008: 63 - 71.

数字贸易发展的经济效应、制约因素与政策建议*

刘洪愧**

摘　要：作为数字化时代的新型贸易模式，数字贸易将对未来的贸易方式、贸易产品、贸易参与者、贸易规则产生深远影响，具有重要的经济学理论价值和现实价值。从微观市场主体、市场效率以及全球贸易发展新动力等角度来看，数字贸易都能衍生出积极的经济效应，有望进一步提高贸易参与者的福利。但也正因为其全新的生产和交换属性，数字贸易的发展面临诸多制约因素，特别是数字贸易国际规则体系还未有效构建，各国数字贸易监管规则和重点也不同。数字贸易的发展有望推动国际贸易规则的重构，新的双边和区域贸易协定中已经出现诸多数字贸易规则条款，其中部分条款符合现实需要，代表了未来发展方向。鉴于此，我国需要从国家层面提高数字贸易战略地位，探索形成数字贸易发展新理念，并着力推动在WTO框架中完善数字贸易规则体系，在双边和区域贸易协定中加强数字贸易规则谈判，同时加快完善数字基础设施建设，探索数字贸易背景下新的产品分类体系。

关键词：数字贸易；国际贸易规则；贸易壁垒；贸易协定；经济效应

---

* 本文主体内容原载于《改革》2020年第3期，原标题为《数字贸易发展的经济效应与推进方略》，收入本书时有增补。

** 刘洪愧，中国社会科学院经济研究所副研究员，主要研究方向为国际贸易、跨国投资、国际金融、数字贸易。

近年来，随着新一代信息通信技术和数字技术的发展，以数字经济为支撑的数字贸易迅速发展。根据联合国贸发组织（UNCTAD）有关报告，2017年全球电子商务规模已达到29万亿美元，大约13亿人曾有网上购物经历。世界贸易组19织（WTO）2018年的报告也预计到2030年，数字技术的使用有望使得全球贸易增加34%。此外，也有研究预计到2020年，全球跨境B2C销售额将达到1万亿美元，全球将有约500亿美元的设备连接到互联网。中国的数字经济和数字贸易同样发展迅速。根据相关报告整理的数据，中国的互联网用户从2000年的2150万人迅速增加到2019年的8.29亿人，而且中国目前的互联网使用人数仅占总人口的58%，未来有望继续增加，中国2018年的互联网零售额已经达到1.1万亿美元，居全球第一位，大约为美国的2倍。E-Marketer预计中国2019年的电子商务零售额将突破1.99万亿美元，约占中国零售总额的35.3%，占全球网上销售额的55.8%。

数字化是正在进行的第四次工业革命的主要特征，而数字技术的使用催生出数字贸易，它极大地减少了贸易成本和时间，不仅使得新的贸易产品不断涌现，而且将改变几乎所有行业的贸易方式和贸易规模，最终成为国际贸易新的发展动力。然而，数字贸易新的特征也使得已有国际贸易规则体系越发不再适用，从而面临诸多制约因素，特别是WTO框架下的多边贸易规则已经落后于数字贸易发展实践，无法支撑其发展需要。基于此，各国都在双边或区域贸易协定层面商谈和制定数字贸易规则，探讨未来的国际贸易新规则体系。

一　数字贸易的内涵界定及其与传统贸易的比较

数字贸易（Digital Trade）是脱胎于数字经济的一种新型贸易模式，是经济全球化、信息通信技术和数字技术发展到一定阶段的产物，具有诸多新的内涵。它摆脱了有形产品的交换所需要的运输、仓储等约束，极大地拓展了可贸易产品的边界，具有很大的发展潜力。而且，从人类社会交换经济或贸易经济的发展历史来看，数字贸易在交换媒介和方式上显著有别于传统贸易，代表着一种全新的生产、交换和消费模式，是未来贸易发展的方向，其具有重要的经济学理论价值。

（一）数字贸易的内涵界定

数字贸易作为一种新型的贸易模式，目前还很少有国家将其从传统贸易中分离出来单独加以统计和研究。虽然诸多国家、组织和学者从不同角度对数字贸易进行了界定，但是其在国内外学术界还尚未形成一个公认的标准定义。数字贸易最早起源于美国，因此相较于其他国家，美国学者和政府机构的相关研究最多，对数字贸易概念的阐述也相对全面。2013 年 7 月，美国国际贸易委员会（USITC）在《美国与全球经济中的数字贸易 Ⅰ》中总结认为，数字贸易是指通过网络传输而实现的产品和服务的交换活动，具体包括四方面内容：一是数字交付内容，如数字化的音乐、游戏、视频和书籍等；二是社交媒体，如社交网站、用户评价网站等；三是包括普通搜索引擎和专业搜索引擎在内的搜索引擎；四是其他数字化产品和服务，如应用软件、通过云计算提供的数据和计算服务以及通过互联网传递的通信服务等。但该定义主要强调数字贸易产品和服务必须通过互联网实现交付，排除了大部分借助互联网实现交易的实物产品。随后，2014 年 USITC 发布的报告《美国与全球经济中的数字贸易Ⅱ》对数字贸易的内涵进行了扩充和延伸。该报告指出，“数字贸易既包括服务也涉及货物，其中互联网和基于互联网的技术在产品订购、生产和交付中发挥重要作用”，更加强调基于互联网技术的数字贸易在金融和保险、制造业等其他行业中的支撑作用。美国贸易代表办公室（USTR）在 2017 年发布的《数字贸易的主要壁垒》中也指出，数字贸易是一个比较宽泛的概念，它既包括互联网上的产品销售和线上服务的提供，也包括能够实现全球价值链（Global Value Chain，GVC）的数据流、实现智能制造的服务等，当今社会几乎所有商业活动都或多或少是由数据驱动或依赖数据来保持国际竞争力的。之后，Deardorff（2017）在研究数字贸易中的比较优势问题时提出，国际数字贸易是一种涉及多国的贸易活动，其中所包含的某些贸易产品本身就是数字产品，或者贸易产品的订购、交付、支付或服务中的任何一个步骤或环节是通过互联网技术或数字技术来实现的。

当然，其他国际组织也从不同角度对数字贸易进行了研究和界定。OECD 发表了一系列研究报告，总体上也认为目前还不存在被普遍接受的关于数字贸易的标准定义，但学界和研究机构基本认为其既包括借助互联网及网上平台进行交易的货物和服务，也包括通过网络直接提供的数字产品和服务。国内方面，熊励等（2011）较早对数字贸易进行了研究，认为数字贸易是指依托互联网平台、以数字技术为主要手段、为供求双方提供交易所需的数字化电子信息的创新型商业模式。马述忠等（2018a，2018b）对数字贸易的内涵进行了系统梳理，将其定义为：通过信息通信技术（ICT）的有效使用以实现传统有形货物、新型数字产品与服务、数字化知识与信息的高效交换，进而推动消费互联网向产业互联网转型并最终实现制造业智能化的新型贸易活动，是传统贸易在数字经济时代的拓展与延伸。该定义将互联网、数字技术、产业转型以及贸易联系在一起，比较符合工业4.0时代全球贸易的发展趋势。伊万·沙拉法诺夫和白树强（2018）则从广义的角度出发，认为数字贸易包括信息通信技术产品和服务的交易、数字产品及服务、人员流动和数据传输四个核心因素。

从以上梳理中不难看出，数字贸易的概念和经济学内涵在其发展过程中不断完善。早期的数字贸易研究主要强调数字产品和服务，未将其他有形货物纳入，这种定义相对来说比较狭隘，有一定的局限性，与现实经济发展不相符。而最近的研究则将所有产品和服务纳入数字贸易的范畴，强调互联网、信息通信技术等数字技术在贸易中的应用，这极大地拓宽了数字贸易的边界，使其内涵变得更加完善且符合实际。但目前来看，国内外学界对数字贸易的理论研究仍处于初始阶段，随着数字贸易的发展，其概念还处于演进之中。但大多数学者认为，数字贸易是显著区别于传统贸易的新一代贸易模式。

（二）数字贸易与传统贸易的比较

从历史的角度看，本文认为国际贸易经历了三个大的发展阶段，分别是传统的最终产品贸易、全球价值链（GVC）贸易、数字贸易。每个阶段的贸易方式、贸易产品、发展动力和贸易政策的着重点都不一样。第一个阶段是20世纪70年代之前的最终产品贸易阶段，主要特征是国际运输技术的进步和运输成本的下降使国家之间的最终产品贸易得到空前发展。第二个阶段是20世纪70年代以来的GVC贸易阶段，主要特征是跨国生产分工成本的下降使得同一产品的生产可以在多个国家进行，相应的中间产品和零部件贸易占据主导地位，这使得全球贸易额和增速远高于全球GDP。而未来的第三个阶段将是数字贸易阶段，其主要特征是数字技术的进步使得数字产品和服务不断涌现，如云计算、3D 打印、在线支付、社交媒体、网络平台、数字音乐、电子书等。有形的产品贸易也越来越依赖电子商务，产品越来越小规模化、个性化、数字化，产品和服务的界限也越来越模糊。

更具体地，笔者通过对已有文献的查阅和整理，从多个经济学维度对数字贸易和传统贸易的异同进行了总结与比较（见表 1）。目前来看，数字贸易和传统贸易具有基本相似的贸易本质、贸易目的以及经济学理论支撑，但是两者在产生的时代背景、贸易参与者、贸易对象、贸易运输方式、贸易时效性以及贸易监管政策等方面，均具有显著的差异。例如，数字贸易不仅可以对其他产品和服务的贸易起到促进作用，而且许多数字产品自身也是可贸易品。再如，在数字贸易时代，关税可能不再是主要的贸易壁垒，而是出现了许多新形式的贸易壁垒，特别是数据和数据的自由流动将成为影响数字贸易的关键因素。相应地，贸易政策的着重点也发生了变化，除市场准入和非歧视待遇等传统贸易政策外，数据流动和存储政策、隐私保护、知识产权保护等受到越来越多的关注，也将成为各国谈判的重点。当然，随着数字贸易的发展以及经济学理论探索的深入，未来有望形成新的经济学理论以系统研究数字贸易。

表 1　数字贸易与传统贸易的比较

项目		传统贸易	数字贸易
不同点	产生的时代背景	• 以蒸汽机为代表的第一次工业革命、以电力技术为代表的第二次工业革命和以计算机及信息技术为代表的第三次工业革命	• 第三次工业革命和以人工智能、工业机器人、物联网、量子通信、虚拟现实以及生物技术为代表的第四次工业革命
	贸易参与者	• 以大型跨国企业为主，中小型企业通过代理商、零售商和批发商等中间机构间接交易，供给方和需求方通常并不直接进行交易磋商	• 互联网平台企业的作用越发凸显，中小微企业成为主力军，且平台企业的出现，以及互联网和数字技术的使用使得供给方和需求方直接交易成为可能
	贸易对象	• 主要是有形的货物和生产要素，服务贸易占比较少	• 既包括数字产品和服务，也包括借助平台企业实现交易的传统货物，服务贸易占比将不断上升

续表

项目		传统贸易	数字贸易
	贸易运输方式	• 主要采取陆运、海运等运输方式，通关需要更多的实物文件（如证明材料、纸质单据等）	• 有形商品主要采取邮政和快递等方式寄送，数字产品和服务则采用数字化传递方式，整个交易过程可实现无纸化和电子化
	贸易时效性	• 一个完整交易的时间周期长、不确定因素多、贸易成本高，易受空间因素的制约	• 平台企业的出现以及信息通信技术的应用缩短了贸易周期、减小了贸易不确定性，并降低交易成本，大幅弱化了地理等因素的制约
	贸易监管政策	• WTO 等国际组织是主要监管机构，各国的贸易政策、双边及区域层面的贸易协定等构成全球贸易监管的主要法律规范	• 不仅包括传统贸易下的监管机构和监管法律规范，还更加强调数字贸易中的数据监管、隐私保护等，但数字贸易国际监管政策还在形成中
相似点	贸易本质	• 两种贸易模式本质上都是货物、服务和生产要素在不同经济主体之间的流动和转移	
	贸易目的	• 都是为了追求贸易福利、发展本国经济、保护本国经济利益	
	经济理论支撑	• 经典古典国际贸易理论、比较优势理论、绝对优势理论等	

资料来源：根据 González 和 Jouanjean（2017）、《世界与中国数字贸易发展蓝皮书（2018 年）》等相关资料整理而成。

二　数字贸易发展的经济效应

互通有无的贸易可以增加所有参与者的福利，这早已被中国春秋时期的管子、亚当·斯密的绝对优势理论和李嘉图的相对优势理论所证明。数字贸易可以降低交易成本、增加贸易产品种类，自然有重要的经济学价值。具体而言，在经济学微观主体、市场效率以及全球贸易发展动力等方面，数字贸易都产生了直接的正外部效应（见表 2）。

（一）消费者视角：贸易品种类增加与消费者福利改善

1. 数字贸易可直接增加贸易品种类和数量，从而提升消费者福利

根据微观经济学理论，消费者偏好于产品的多样化消费；国际贸易理论也指出，贸易通过丰富一国产品种类进而提高消费者福利。数字贸易不

仅可以使消费者更便捷地了解更多产品和服务信息，而且直接增加了可贸易品的种类和数量，从而提高消费者福利。一是数字产品可进行贸易，增加了可贸易品种类。在传统贸易模式下，可贸易产品以有形实物产品和生产要素等为主。然而，数字贸易的产生和发展将催生出更多数字消费产品（如社交网络游戏、视频、移动应用、在线教育、电子书、在线医疗等），并将它们不断引入国际贸易，在原有传统可贸易产品的基础上，使原先不可贸易的产品变得可贸易，增加了可贸易产品的种类。而随着5G通信技术、虚拟现实、云计算和人工智能（AI）等数字经济的发展，未来有望进一步丰富数字产品和服务种类，给消费者带来新的福利。甚至在不久的将来，虚拟现实产品的贸易额将超过有形产品的贸易额。二是数字贸易推动传统贸易产品转型升级，更新并增加可贸易产品种类。随着互联网和数字技术不断与金融、保险、娱乐、教育、医疗、零售等众多行业深度融合发展，数字贸易事实上已渗入几乎所有行业的诸多部门，并推动大多数传统贸易产品转型升级，增加了贸易产品种类。例如，传统贸易中音频、视频、软件和书籍等产品需要以实物为载体进行传输和移动，而在数字贸易中，可将这些产品转变为虚拟产品，以数据包等形式进行在线交付。这种传统贸易产品的升级，给消费者提供了更多元化的选择余地，改善了消费者福利。

表2　数字贸易对消费者、生产者和市场所产生的直接效益

经济主体	数字贸易的好处	实例
消费者	• 更好地接近并了解产品； • 更多的产品选择； • 通过额外渠道实现服务交付	• 消费者偏爱多元化通道，采用传统方式、线上和移动渠道相结合的方法获取产品和服务信息； • 在线搜索和评论使消费者更加易于发现和了解产品、比较价格和交易采购
生产者	• 改善物流管理； • 更加高效的供应链管理； • 降低运营成本； • 更有效的商业管理； • 更多的市场准入	• 基于互联网的物流服务可提高全球供应链的效率，使电子商务增长； • 云计算可以使企业外包计算机硬件和软件服务，使企业聚焦于其核心业务运营； • 云计算可以使数据密集型行业和交易密集型行业降低成本； • 网络化企业可创造更加高效的服务交付； • 机器间（M2M）交流和数据分析能使资源管理更加高效

续表

经济主体	数字贸易的好处	实例
市场	• 增加市场信息和效率； • 市场将有更多更好的互动	• 生产者利用社交媒体收集消费者的反馈并进行市场调研； • 数据分析可帮助生产者根据客户偏好定制产品，进行更有效的产品定价

资料来源：根据美国国际贸易委员会（USITC）发布的《全球数字贸易 1：市场机遇与主要贸易限制》整理。

2. 数字贸易使得交易成本下降，间接增加贸易品种类，从而提升消费者福利

一是交易成本降低有利于丰富可贸易品种类。网上交易平台、大数据、云计算等新型数字技术的出现和广泛应用，使贸易参与者搜集和获取信息的成本大幅降低，需求和供给成功匹配的概率更高；也更加便于贸易参与主体进行议价，从而使交易决策和行为变得更加高效。另外，新技术的应用还会使整个交易过程的跟踪、监督、顾客评价和售后服务变得更加高效、快捷和透明，监督成本也大幅降低。一系列交易成本的降低，使一些原本因成本过高而无法参与贸易活动的不可贸易产品和服务变得可贸易。

二是交易成本降低有利于贸易企业的新产品研发。数字贸易交易成本的降低还有利于贸易企业新产品的研发。对于贸易参与的生产方来说，交易成本下降会产生两方面效应：一方面，低交易成本会加剧生产商之间的竞争，进而激励那些寻求区别于竞争对手的生产者不断创新，以缓解市场竞争所产生的压力；另一方面，交易成本的下降会使企业有机会将更多的人力、财力投入新产品研发。特别地，低交易成本将使得市场规模扩大，进而引发数字技术创新，促使数字产品种类不断增加。

三是交易成本降低会促使贸易品价格下降。交易成本减少将有效降低总的贸易成本，进而会促使贸易品价格降低，从而使消费者受益。一方面，从需求理论来看，交易成本的降低会减轻贸易中由生产者直接转嫁给消费者的一部分贸易成本负担，使得贸易产品价格下降。另一方面，从市场竞争角度来看，降低贸易成本会吸引更多的企业进入国际贸易市场并参与全球竞争，使国际贸易市场变得更加有效。对于同类可贸易品来说，参与贸易市场的企业数量越多，贸易竞争就越激烈，商品价格也会随之降低。

（二）生产者视角：提供全球价值链发展新动力

经过将近 40 年的发展，有形产品的全球生产分工已经非常深入，其 GVC 链条越来越长、协调成本越来越高，分工所需成本已经大于分工的收益，这也是近年来全球生产分工放缓的重要原因。而数字技术和数字贸易的广泛运用不仅可以降低已有产品 GVC 的组织和协调成本，而且提供了一系列新的可贸易产品及相应的新产品的 GVC。所以，从生产端视角看，数字贸易有望给全球价值链提供新的动力，并推动重构新型全球价值链体系。一是数字技术（如大数据、云计算、物联网）在国际生产分工各环节的使用将使 GVC 的组织和协调变得更加高效、成本更低，从而 GVC 分工的深度和广度进一步延伸，将推动已有 GVC 获得新的发展。二是从价值链发展路径来看，数字贸易将推动形成新的全球价值链及新的发展路径。新的数字产品和服务不断涌现，并从其产生开始就具有全球生产和消费的属性，无疑将推动形成一系列数字产品 GVC 分工模式的出现，这种分工和交换模式将不同于传统产品的 GVC 模式。三是从价值链发展形式来看，数字贸易将推动全球价值链向其高级形式转变。数字贸易将使全球价值链分工的交易成本更低，再加上数字产品种类和服务范围的不断扩大，将会进一步延伸全球价值链长度，而数字贸易本身去中心化、无界化发展将会吸引更多国家参与国际生产分工，助推 GVC 实现转型升级。四是从价值链治理角度来看，数字贸易规则体系的构建将为全球价值链转型发展提供保障。在全球范围内，尽管还没有出台一套完整意义上专门服务于数字贸易的法律规则体系，但全球价值链的主要贸易议题都被包含于数字贸易政策议题中，成为各国贸易谈判的问题之一。因此，全球数字贸易规则体系也将适用并服务于全球价值链发展。

（三）市场效率视角：降低贸易壁垒和信息不对称程度

从市场效率视角来看，数字贸易的发展以及数字技术的广泛应用所产生的直接效应是：增加市场信息，并使市场信息变得更加充分；促进市场主体间的互动，提高市场效率。数字贸易集约化、无界化和平台化发展趋势将促使贸易参与主体间的联系更加紧密，有效降低信息不对称，实现生产要素在全球范围内的高效配置。一是降低贸易生产端和消费端之间的信息不对称程度。在传统贸易模式下，受时间、空间、距离的约束，贸易产品供求双方获取信息的渠道有限，存在严重的信息不对称问题，从而造成市场效率低下。而在数字贸易背景下，消费和供给数据可查询、可追溯，网络平台企业也记录了消费者的购买和评价信息。所以，消费者可便捷地获取生产者所提供的产品价格、质量、数量、型号、性质和服务等多维度信息；生产者也可以利用社交媒体或交易平台所提供的消费品种类、数量、偏好以及评价等信息，更全面和精准地掌握消费者需求信息。二是降低贸易壁垒，使得更多中小微企业广泛参与全球贸易。在传统贸易中，受贸易成本、信息不对称等多种因素制约，中小微企业无法有效参与全球贸易活动，从而出现跨国企业垄断国际贸易市场的局面。然而，数字贸易的产生极大地减少了贸易参与的成本，降低了门槛，为中小微企业参与全球贸易活动搭建了新的平台。此外，借助数字交易平台，中小微企业不仅能够了解客户的需求偏好，而且还能够掌握竞争对手的产品信息、市场占有率及发展状况等，更好地做到产品差异化生产，以此来保持市场竞争力。三是降低贸易参与企业之间和整个贸易环节中的信息不对称程度。数字贸易背景下供应链实时跟踪系统以及产品追踪溯源系统的使用，将显著提高整个供应链过程的透明度，企业对上下游产品将具有更多信息，从而提高市场化生产的效率。

（四）贸易发展新动力视角：助推全球服务贸易快速发展

数字贸易的本质是服务的交换及其价值的实现，这不仅体现在直接的数字贸易产品中，也蕴含在电子商务和平台企业的服务中，从而决定它将成为服务贸易发展的新动力。数据显示，在全球范围内超过50%的服务贸易已实现数字化，超过12%的商品贸易通过互联网企业所提供的数字平台进行。5G通信、虚拟现实、云计算、大数据、人工智能（AI）、3D打印等新技术的出现及应用，以及数字经济、互联网经济和平台企业等新经济模式的出现，极大地丰富了服务贸易的种类，为服务贸易发展和变革提供了新动力。麦肯锡统计数据显示，受数字技术和数字贸易的推动，跨境服务增速比商品贸易增速高60个百分点，由此产生的经济价值远超过传统贸易统计所能涵盖的范围。如果纳入出口商品的附加值、企业输送给境外子公司的无形资产和面向全球用户的免费数字服务这三项指标所创造的经济价值，服务贸易占全球贸易的比重将由原来的23%上升至50%以上。未来，数字技术不仅将与金融、教育、医疗、设计、咨询等各类专业服务更加深入融合，且将催生更多新的数字消费产品，共同推动数字全球价值链（Digital Global Value Chains）的形成，从而使得服务贸易占国际贸易的比重不断上升。

三　数字贸易发展的制约因素

数字贸易的生产和交换属性也使其发展面临诸多规则约束：第一，数字贸易使得有形货物和无形服务的界限更加模糊，从而在传统国际贸易规则（如WTO的GATS协定）下，数字贸易产品的分类和界定尚不明确、不统一。第二，数字贸易严重依赖于数据的自由流动，而各国由于法律法规、文化习俗、历史传统的不同，对数据隐私保护的要求程度不同，在数据隐私保护上难以达成一致意见。第三，各国数字贸易发展程度差异较大，从而使得各国有关数字贸易的政策目标也不同，监管规则和重点自然也不同。在这种情况下，数字贸易产品的生产、交易、支付和使用等环节的法律规则体系缺失严重，国际社会还没有制定出一套完善的数字贸易国际规则体系来对其进行引导和监管。

虽然WTO框架包含涉及货物贸易、服务贸易、知识产权保护、信息技术协定等领域的一系列规则，但是对数字产品缺乏一揽子解决方案。最重要的是，关于数据流动等方面的数字贸易关键壁垒目前还没有纳入WTO相关协定。2017年，WTO的71个成员针对数字贸易产品进行谈判，内容涉及市场准入、数据流动、数据隐私保护、国民待遇、知识产权保护等，且在2019年共同发布了关于电子商务的倡议，但是由于美国、欧盟和中国等大型经济体在数字贸易政策上的分歧太大，短期内达成一致意见仍非常困难。

而且，为抵御数字贸易自由化对本国发展的冲击，许多国家以保护国家安全、信息和个人隐私等为由，纷纷采取一系列专门针对数字贸易的非关税贸易壁垒，包括数字贸易本地化措施、数据隐私保护、知识产权保护、网络审查和技术性壁垒等。这些措施的本质在于是否允许数据和信息跨境自由流动，而后者是数字贸易发展的关键。此外，与数字贸易相关的市场准入和外国投资措施也在一定程度上限制了数字贸易的发展，例如对电子支付的准入限制以及要求数字产品的硬软件达到本国的特定技术标准。数字贸易国际规则的不完善以及由此形成的各国的贸易壁垒在一定程度上限制了其发展。

（一）世界范围内的数字贸易本地化措施十分普遍

数字贸易本地化（Digital Trade Localization）措施主要包括：要求使用本地数字产品软硬件；要求特定的合伙方为本地企业；对技术转让的跨国限制；等等。总体来看，全球范围内的数字贸易本地化措施十分普遍，近年来许多国家仍在不断推出新的数字贸易本地化措施，2008 年金融危机以来数字贸易本地化措施数量增速明显加快（见图 1）。各国实施数字贸易本地化的方式也多种多样（见表 3）。一些国家要求所有数字贸易企业必须接受数据存储和数据服务器本地化的规定，如巴西、加拿大等国在进行贸易执法和监管时，要求企业使用一些指定的本地化数据内容。欧盟、韩国、俄罗斯、印度尼西亚、越南、巴西和印度等国则以保护信息安全和个人隐私为由，要求数据本地化。例如，巴西曾讨论是否将与本国公民有关的国内企业和外国企业的数据全部储存在国内；欧盟出台了新的法规，可以在更广泛的领域内实施数据本地化措施；德国的新商业准则（Commercial Code）要求国内企业将会计数据和文件储存在国内，2017 年出台了关于通信业数据本地存储的新要求；为了满足欧盟的要求，美国公司已经在欧盟建立云计算中心；印度通信部 2015 年出台相关政策，建议实施数据本地化措施，并要求通信业 M2M（Machine-to-Machine）服务商将印度顾客数据全部存储于印度。

究其原因在于，相对于有形的货物贸易，无形的数字贸易产品无法征收关税，也更难识别和监管，内含更多风险因素。然而，数字贸易本地化措施不仅会增大本国企业负担，也不利于外国投资者在本国投资，而且有可能引发国家间利益冲突，从而不利于跨境数字贸易的发展。特别地，数据本地化要求限制了许多依赖数据流动的服务贸易的发展（如云计算、大数据、金融服务），也增加了企业数据存储的成本，造成规模不经济，特别是对中小企业非常不利，当然也不利于 GVC 的发展。

短期来看，因为数据本地化措施涉及原因较多，不仅包括经济因素，还包括伦理、道德、文化、风俗等诸多方面，所以难以在短期内得到妥善解决。那么，如何在数据自由流动、隐私保护和国家安全之间寻求一个平衡点，找到合适的数据本地化程度，将对数字贸易的发展至关重要。

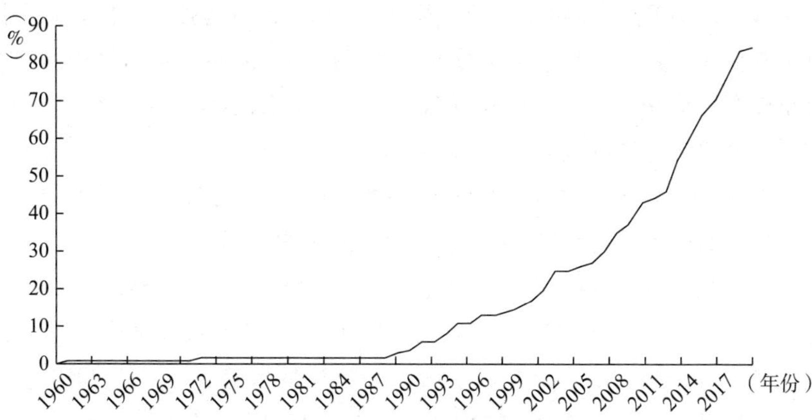

图 1　全球数字贸易本地化措施数量增速

注：该数据库中包含了全球 65 个国家的数据本地化措施。

资料来源：欧洲国际政治经济研究中心（ECIPE）数字贸易评估数据库。

表 3　数字贸易本地化措施的实例

分类	国家	来源
要求数据本地化储存	阿根廷、澳大利亚、加拿大、中国、希腊、印度尼西亚、委内瑞拉等	商业软件联盟（BSA）、企业圆桌会议（BRT）、花旗银行（Citi）
强制或鼓励数字内容本地化	澳大利亚、巴西、中国、印度和某些欧盟成员国	美国贸易代表（USTR）、商业软件联盟（BSA）、企业圆桌会议（BRT）、美国电影协会（MPAA）
提供政府采购偏好支持本地化公司	巴西、加拿大、中国、印度、尼日利亚、巴拉圭、委内瑞拉等	美国贸易代表（USTR）、企业圆桌会议（BRT）

资料来源：根据美国国际贸易委员会（USITC）相关报告整理而成。

（二）各国数据隐私保护的分歧仍然较大

各国以防止泄露个人和企业敏感数据、保护国家安全等为由，纷纷采取了一系列数据隐私保护措施。例如，欧盟 2018 年生效的《欧盟数据保护通用条例》（General Data Protection Regulation，GDPR）要求欧盟境内的企业按照规定保护个人数据隐私，俄罗斯和印度尼西亚等国也使用欧盟的监管标准。而美国等亚太国家则使用 APEC 的数据隐私标准（Cross-Border Privacy Rules，CBPR）。然而，各国对数据隐私相关信息的搜集、披露和保护等监管体制存在差异，不同国家对数据隐私保护的标准和文化不尽相同。国际社会也没有形成统一的标准，这导致各国在数据隐私保护中存在较大分歧，阻碍了全球数字贸易的发展。例如，欧盟到目前为止还没有接受其与美国的 TiSA 谈判中关于跨国数据流动的条款，欧盟也没有在与日本的 FTA 中加入跨境数据流动的条款，仅承诺 3 年以内可以重新考虑该问题。

美国依赖其在信息技术方面的优势地位，更多提倡跨境数据自由流动，对隐私保护关注较少，但以欧盟为代表的大多数国家则普遍认为跨境数据自由流动不利于数据隐私保护，会给个人隐私带来威胁。尽管 2000 年美国与欧盟达成了《安全港隐私保护原则》（Safe Harbor Privacy Principles），在安全港协议框架下实现了跨境数据的自由流动，但该协议最终因美国企业对欧洲客户数据的滥用而宣告流产。2016 年，为了实现数据传输和共享，美欧再次达成新的数据共享协议——《欧美隐私盾协议》（EU-U. S. Privacy Shield），该协议就美欧数据传输中个人隐私保护做出了新的规范。其中，就美国获取欧盟相关数据的前提做了明确界定，新协议强化了欧盟的数据主权，美国承担了更多义务，欧盟则拥有更多权利。虽然美欧在跨境数据自由流动和数据隐私保护的某些方面谈判顺利，并取得了一些共识，但从根本上来说，美国与欧盟之间的分歧仍然存在，并未完全消除。

过度的数据隐私保护既不利于企业成长，也阻碍了数字贸易发展。对于企业来说，数字贸易壁垒的存在给企业带来了较重的成本负担；对于数字贸易本身来说，由数据隐私保护问题而引发的贸易壁垒，严重阻碍了数字贸易向透明化和效率化方向发展。《美国与全球经济中的数字贸易 I》指出，欧盟不同成员国对《欧盟数据保护指导》（EU Data Protection Directive）不同的实施方式将会对美国和欧盟企业造成不确定性影响并增加成本，欧盟委员会估计，监管方式的不同给欧盟企业所带来的成本每年大约为 30 亿美元。另外，一些研究估计，美国与欧盟之间的数据隐私保护机制的差异使得每年双边贸易流减少了 6500 亿美元。所以，全球各国应该加强谈判和合作，在数据隐私和保护机制中寻找共同点，对原有的监管措施进行改革，形成有利于数字贸易发展的新型隐私保护措施和框架。

（三）各国关于数字产品的知识产权保护仍有较大争议

数字贸易是知识密集型产品，且容易被复制和盗版，所以相对有形货物来说，更需要知识产权的保护。欧盟2019年出台了新的版权法以适应数字经济和数字贸易的新需要，未来更多国家可能会跟进。但是，各国关于数字贸易相关的知识产权保护制度仍不够健全，不同国家对数字产品知识产权的保护标准存在较大差异，还没有达成共识，这些问题都已成为阻碍数字贸易发展的重要壁垒之一。例如，数字内容的盗版是数字贸易发展中较大的不利因素。相关报告指出，2008年假冒和盗版商品的贸易额为3600亿美元，到2015年这一数额增长至9600亿美元，其中，各国盗版数字音乐、电影和软件的贸易价值从2008年的300亿~750亿美元增长到2015年的800亿~2400亿美元。

此外，随着数字贸易发展导致的线上产品种类不断增加，与之相关的知识产权纠纷也日渐增多，而传统的知识产权保护法律无法解决数字产品的知识产权保护问题。为此，在WTO框架下，美国、欧盟等成员国纷纷以"知识产权保护"为中心议题展开讨论，虽然在某些议题上达成了一致意见，但是在很多议题上仍存在较大争议。不同国家的议案都代表本国的利益诉求，这很有可能在两国之间形成数字贸易壁垒。对此，国际谈判应将数字贸易知识产权保护纳入其中。同时，各国应该健全知识产权保护法律法规，统一标准，加强合作。

（四）各国出于网络安全考虑普遍存在网络审查

出于秩序稳定、公众利益和国家安全等因素的考虑，各国都对互联网内容和网站平台制定有各类审查措施。例如，日本对信息和网络服务有国家安全审查要求；印度也有相关法案阻止有可能威胁其国家主权、国防，扰乱公共秩序等方面的国外网络信息进入公众视野；印度尼西亚的电子传输法案授权政府筛选和过滤网络信息；泰国则设有网络数据过滤委员会（Computer Data Filtering Committee），以筛除一些违反公共利益和秩序的信息；俄罗斯则人为过滤掉了上千个国外网站。

影响更大的是，对于相同的内容，不同国家可能有不同的审查措施和审查标准，这种差异化的网络审查标准极易形成无形的市场准入壁垒，限制企业参与全球数字贸易活动。因为要完成一次数字贸易活动，必须借助互联网来实现数字产品和服务的传输，网络审查标准直接决定了数字产品和服务能否进入一国市场。目前，在全球范围内，巴西、印度、印度尼西亚以及俄罗斯等国的内容审查要求相对较多。另外，为保护和支持本国数字贸易产业和企业的发展，各国政府都以网络安全为由，采用网络审查和网络执法等手段，有偏地对国外数字贸易企业进行审查，限制了跨境数字贸易的发展。

四 数字贸易国际规则进展及存在的问题

鉴于现有的国际贸易规则体系已无法有效服务于当前数字贸易的发展需要，近年来世界各国、国际经济组织都旨在从多边、双边、区域协定等不同层面入手，通过相互磋商来不断制定和完善数字贸易规则体系。其中，世界贸易组织（WTO）相关协定和谈判、《跨太平洋伙伴关系协定》（TPP）、《跨大西洋贸易与投资伙伴协议》（TTIP）、《服务贸易协定》（TiSA）、《美－墨－加协定》（USMCA）中的数字贸易条款代表了数字贸易规则的最新发展和可能方向。

但是，数字贸易政策需要权衡经济增长与国家安全、数据自由流动与隐私保护、贸易自由与本国产业发展，所以各国难以达成一致意见。到目前为止，WTO 框架下的多边贸易谈判还远没有就数字贸易规则达成一致意见，双边或区域贸易协定关于数字贸易的规则较多，也更深入，但差异也较大。

（一）数字贸易国际规则的总体情况

第一，在多边层面，尽管 WTO 规则框架下数字贸易规则谈判进展缓慢，但有关谈判从未停止过。《服务贸易总协定》（GATS）、《技术性贸易壁垒协议》（TBT）和《与贸易有关的知识产权协定》（TRIPs）都在不断增加关于数字贸易发展的条款，并出台了许多免征电子传输关税的宣言，代表了未来的方向。2015 年 12 月，在 WTO 第 10 次部处长级会议上，对旨在取消互联网产品和服务关税的《信息技术协定》（ITA）进行了扩围，取消了 201 项信息技术产品的关税，所涉及产品的年价值超过 1.3 万亿美元。2017 年底，WTO 成员在第 11 次部长级会议上发布了《电子商务联合声明》，明确认识到电子商务能为贸易发展创造机会，提供更加广阔的发展平台。

第二，为适应数字贸易发展的需要，双边和区域谈判加快发展。其中，最具代表性的协定当属《跨太平洋伙伴关系协定》(TPP)、《跨大西洋贸易与投资伙伴协议》(TTIP)、《服务贸易协定》(TiSA)、《美-墨-加协定》(USMCA),这些协定从多个方面制定了较为完整的数字贸易规则。虽然TPP最终夭折,但是其有关数字贸易的规则仍具有一定的前瞻性和参考价值,且部分条款已经体现在USMCA中。

第三,各国为抢抓数字贸易发展先机,纷纷完善本国数字贸易法律法规,出台有利于本国的规则体系。2017年1月13日,美国国会研究服务局发布的《数字贸易与美国的贸易政策》指出,数字贸易在全球贸易和经济发展中的地位和作用更加突出,多边贸易协定未能或不能解决数字经济发展中的复杂性争议,强调美国应在塑造全球数字贸易政策方面有所担当。中国也在积极响应数字贸易发展趋势,2018年4月22日,国内业界人士呼吁将目前的《电子商务法》升级为《数字经济法》,以保证数字贸易的合法化、合规化发展。数字贸易大国的国内法律法规有望上升为国际惯例。

(二)WTO框架下的数字贸易规则及其不足

虽然WTO框架包含涉及货物贸易、服务贸易、知识产权保护、信息技术协定等领域的一系列规则,但是对数字产品缺乏一揽子解决方案。到目前为止,WTO仅仅是临时免除关于数字贸易电子传输的关税,信息技术协定(ITA)则只免除了部分与数字贸易密切相关的ICT产品的关税。但是,关于是否永远免除电子传输关税仍没有达成一致意见,ITA也无法处理相关的非关税贸易壁垒。

最重要的是,关于数据流动等方面的数字贸易关键壁垒目前还没有被纳入WTO相关协定。此外,WTO将贸易产品分为货物和服务的方法在数字贸易时代已经不适用,贸易产品需要新的分类。例如,对于3D打印,一方面,它可作为一种设计服务被视为服务贸易;但另一方面,又可以被采购方打印成有形货物从而被视为货物贸易。而且,GATS的准入规则以“正面清单”为主,无法解决新出现的数字贸易准入问题,因为许多新出现的数字产品没有在已有的“正面清单”中。TRIPs则没有针对数字贸易的专门知识产权保护条款。

究其原因在于,数字贸易对WTO规则本身的挑战以及WTO成员关于数字贸易规则制定存在分歧。一方面,数字贸易产品和服务具有极强的虚拟性、开放性、自由性和可复制性等特点，这极易与 WTO 框架下原有贸易规则体系发生冲突，由此而引发一系列市场准入、贸易监管等问题。另一方面，WTO 成员中一些发展比较落后的国家由于本身数字基础设施建设不完善，无法为数字贸易提供发展平台，以致这些国家排斥将数字贸易问题纳入 WTO 谈判。这也给 WTO 框架下数字贸易规则构建增加了困难。从 WTO 成员发布的《电子商务联合声明》看，发达国家之间，特别是发达国家与发展中国家之间关于数字贸易的分歧仍然较大。虽然 WTO 的 71 个成员早在 2017 年就针对数字贸易产品进行了谈判，内容涉及市场准入、数据流动、数据隐私保护、国民待遇、知识产权保护等，且在 2019 年共同发布了关于电子商务的倡议，但是由于美国、欧盟和中国等大型经济体在数字贸易政策上的分歧太大，达成一致意见仍非常困难。

（三）TPP 中的数字贸易规则

《跨太平洋伙伴关系协定》（Trans-Pacific Partnership，TPP）一度被称为“21 世纪自由贸易协定范本”，然而美国退出 TPP 导致其宣告夭折，但其关于国际贸易规则体系完善和重构的总体方向仍具有重要参考意义。该协定中所涉及的一些经贸规则也逐渐获得全球各国的认可，其关于数字贸易规则的构建也代表了未来的发展方向，值得深入研究。TPP 相对 WTO 规则有诸多创新，旨在制定全面的“跨境数据和信息流动”规则。相关报告也指出 TPP 关于电子商务、金融服务、远程通信、技术贸易壁垒、知识产权保护等多个章节涉及数字贸易条款。例如，除了金融服务和政府采购外，禁止跨境数据流动的限制，承诺解决数据本地化要求；禁止将源代码公布和交付作为市场准入前提的强制要求；要求成员制定网络隐私保护法；鼓励成员加强合作以帮助中小企业；加强消费者隐私保护；加强成员之间在网络安全方面的合作；促进移动服务提供商的国际合作；等等。此外，TPP 在市场准入方面采取“负面清单”管理方法，从而使得不断出现的新的数字贸易产品可以被纳入该协议。

（四）TTIP 中的数字贸易规则

《跨大西洋贸易与投资伙伴协议》（Transatlantic Trade and Investment Partnership，TTIP）是美欧在跨境数字贸易规则方面的最大合作平台，旨在解决诸多领域的数字贸易壁垒问题。许多数字贸易议题取得了不错的进展，包括网络的开放性、承认电子认证服务、线上消费者保护、监管合作等。TTIP 也试图在跨境数据流动、数字本地化、知识产权保护等关键问题上有所突破，但分歧仍然很大，尤其在隐私保护和数据跨境流动的基本理念上，分歧特别突出。一方面，美国和欧盟有不同的法律传统、监管机制、政策制定理念，这使得两大经济体之间的数字贸易规则一体化困难重重。特别地，美国和欧盟关于隐私保护的法律标准不一样，虽然美国和欧盟关于隐私盾的协议（EU-U. S. Privacy Shield）早已经在 2016 年生效，可为两大经济体提供一个协调数据保护和数据流动的方案，但是在实际操作中，仍存在诸多问题。另一方面，美国和欧盟数字贸易发展程度不一样。美国利用其在信息技术和数字贸易领域中的绝对领导地位，为了实现其数字贸易快速发展，明确提出了数据跨境自由流动中数据不受本地化约束的要求。然而，欧盟的数字贸易发展与美国相比还存在一定差距。2016 年 2 月，美国与欧盟就个人信息和隐私保护达成了新的协议，“美国承诺要通过安全机构与司法体系对数据传输进行监管，每年美国与欧盟一起审议协议执行情况”。同时，在争端解决办法和流程方面，双方都做出了新的规定，这为解决隐私保护方面的分歧迈出了实质性的一步。

（五）TiSA 中的数字贸易规则

《服务贸易协定》（Trade in Services Agreement，TiSA）起源于 GATS，但旨在脱离 GATS 重新制定国际服务贸易规则。2013 年，美国和澳大利亚共同率先发起 TiSA 谈判，围绕数字贸易规则的谈判是其重点。TiSA 目前有 23 个成员，包括美国、欧盟、澳大利亚等主要发达国家，占世界服务贸易的大约 70%，具有一定的代表性，但是不包含中国等主要发展中国家。

TiSA 有关数字贸易规则的谈判已进行了 21 次（见表 4），就各类数字贸易议题展开了深入讨论和谈判，其中的议题是未来跨境数字贸易的焦点。就国家间合作、数字产品零关税等数字贸易的基本议题，TiSA 成员之间达成了共识，但在数据本地化、源代码的开放性和跨境数据自由流动等核心议题上仍然存在分歧。TiSA 在市场准入方面使用混合方法（hybrid approach），某些领域使用“正面清单”，而 TPP 采取“负面清单”方法，这说明 TiSA 在数字贸易方面更加谨慎。但是，在很多领域的条款上，TiSA

与 TPP 都较为类似。TiSA 所反映的新发展趋势包括：一是协议具有广泛性和综合性，包括金融、快递、电子商务物联网、互联网等所有服务业领域；二是加入了 GATS 的附加规则；三是在新兴领域建立管制规则，如电信服务、跨境数据转移、电子商务和快递等。然而，在 TiSA 框架下，美欧之间的分歧依然存在，欧盟既不愿意在数据自由流动方面做出保证，也不愿意承诺将“新服务”（其中许多可能是数字服务）纳入 TiSA 的非歧视条款中。美欧之间的这一分歧也是导致 TiSA 谈判迟迟不能推进的重要原因之一。从短期来看，由于各方利益协调困难，TiSA 谈判可能进展缓慢，而从长期来看，TiSA 可能重塑国际服务贸易规则，当然也包括数字贸易。

表 4 《服务贸易协定》（TiSA）谈判中数字贸易相关内容

阶段	轮次	数字贸易相关内容
第一阶段（谈判起始阶段）	1	首轮谈判主要议题包括跨境人员流动和金融服务
	2	此轮谈判主要讨论议题：电子商务、金融服务、国内管制相关议题和海上运输服务
	3	就初步达成市场准入清单提交共识
	4	在前议题谈判的基础上进一步探讨能源、补贴、空运等议题
	5	该轮谈判主要讨论市场准入这一关键性议题，并前几轮的议题继续讨论
第二阶段（全面讨论阶段）	6	特邀专家参会，在电子商务、金融服务、通信服务等领域进展比较顺利
	7	此次谈判的焦点在陆上运输和邮政服务两个议题上，但对市场准入作为重要议题继续讨论
	8	第八轮谈判引入了三个新的议题：销售服务、政府采购和环境服务
	9	邀请特定专家参会，并继续商讨前面的议题
	10	第十轮谈判引入出口补贴议题；两轮谈判主要就金融服务、通信服务、国内管制等议题继续讨论
	11	
	12	对金融服务、通信服务和国内管制等传统议题继续谈判，并开始对市场准入清单展开讨论
	13	此轮谈判主要评估最新的谈判进展。此外，还讨论海洋与货物运输、透明度和电子商务议题
	14	该轮谈判的议题在于在数据流动方面减少不必要的壁垒，并就能源服务议题展开了讨论，且在电子传输免关税议题上取得进展。结束后，乌拉圭总统宣布退出 TiSA 谈判

续表

阶段	轮次	数字贸易相关内容
第三阶段（初现成果阶段）	15	此轮谈判在国内管制方面取得进展，初次引入国有企业议题
	16	此轮谈判在人员出入境、消费者保护、网络中立等议题上取得部分成果，继续重申市场准入议题
	17	此轮谈判就金融服务议题深入讨论，并引入专业服务、采矿服务等议题。通信服务和电子商务领域的谈判收获不少
	18	本轮主要就源代码开放性等议题展开讨论
	19	此轮谈判讨论与互联网平台责任（不包括知识产权）相关的新议题
	20	本轮谈判主要聚焦在小范围、双边、全体成员层面进一步推进文本的讨论。讨论的主要议题涉及通信、电子商务、本地化、金融服务、透明度和服务贸易提供的模式 4 即自然人移动等。横向议题主要讨论了市场准入和核心文本两个方面的内容
	21	讨论的主要议题包括透明度、国内监管、电信、金融、本地化、电子商务和模式 4 等相关议题。除此之外，还讨论了允许在 TiSA 委员会中设立观察员的可能性。总体上来看，在敲定协议文本和最有争议的突出问题寻找解决路径方面都取得了良好的进展

资料来源：根据欧盟公布的关于 TiSA 谈判进展和相关资料整理，http://ec.europa.eu/trade/policy/in-focus/tisa/；http://www.docin.com/p-1711534494.html。

（六）《美-墨-加协定》中的数字贸易规则

2018 年 10 月 1 日，美国宣布与墨西哥、加拿大达成《美-墨-加协定》（USMCA），内容涉及原产地规则、投资、数字贸易、市场准入、知识产权和贸易争端解决等诸多方面。在数字贸易方面，TPP 中的若干条款都在 USMCA 中有所体现。例如，USMCA 禁止数字贸易关税，禁止跨境数据流动的限制措施，禁止数字本地化要求，禁止强制性源代码公布要求，禁止技术转让，等等。USMCA 也涉及电子签名、身份验证、电子支付、知识产权保护等方面，并且要求成员制定和出台符合国际标准的关于网络犯罪、消费者保护、隐私保护的相关法律。从某种意义上来说，USMCA 是对数字贸易规则“美式模板”的深化与拓展。美国强加在该协定中的数字贸易条款代表了其对数字贸易规则的要求。USMCA 是第一个包含完善的数字贸易新规则的正式协定，其有可能成为未来 FTA 谈判中数字贸易规则的标准。

五　我国数字贸易发展的政策建议

从上文不难看出，数字贸易具有不同于传统贸易的诸多特征，甚至有望使得国际贸易进入新的发展阶段。数字贸易的发展也将给微观市场主体创造新的机遇，并提高市场效率，创造国际贸易发展新动力，从而产生显著的经济效应。鉴于此，我国需要从国家层面提高数字贸易的战略定位，学术界、政策制定者和相关部门要加快研究形成数字贸易发展的新理念、新规则和新政策。

（一）国家层面要提高数字贸易的战略定位

随着5G通信技术、3D打印、云计算、物联网、虚拟现实等数字技术的不断完善，数字贸易在不久的将来有望取得突破性发展，并对未来的贸易方式、贸易规则、贸易产品、贸易参与者产生深远影响。而且，货物贸易已经发展到瓶颈，未来国际贸易发展的重点是服务贸易，部分货物贸易也将服务化，而这些也都依托于数字贸易的发展。鉴于数字贸易可能产生的重大影响，许多国家已将数字贸易纳入本国的发展战略，出台了相应的法律法规和政策来促进数字贸易发展，同时积极参与全球数字贸易规则谈判。事实上，早在1998年，美国商务部关于《浮现中的数字经济》报告的出台就正式拉开了全球发展数字经济的序幕。进入21世纪，法国在2008年率先提出数字贸易发展战略，随后，日本、英国等国家或地区也相继出台有关数字经济和数字贸易的战略报告。例如，美国国会研究服务局2017年发布了《数字贸易与美国的贸易政策》，强调数字贸易在全球贸易和经济发展中的地位和作用将更加突出，美国应在塑造全球数字贸易政策方面起到引领作用。欧盟2017年也出台了《数字贸易战略》报告。

近年来，我国也积极响应数字贸易发展趋势，出台了若干政策文件，如在2018年出台了《电子商务法》，但是总体来看对数字贸易的重视程度还不够，相关政策有待强化。第一，要在国家层面提高数字贸易的战略定位，明确提出数字贸易在经济发展和国际贸易中具有重要地位和颠覆性影响。甚至有必要将数字贸易提升到国家发展战略的高度，制定完善的数字贸易发展规划，明确未来发展的重点方向、目标和路径。第二，我国学术界和政策制定者要学习借鉴美国国际贸易委员会（USITC）和美国贸易代表办公室（USTR）的做法，对数字贸易进行更加系统的研究。具体来看，可以由相关部委牵头，组建包括学术界和政策制定者的联合研究团队，避免相互游离，从而将理论和实际结合，更加系统地研究我国数字贸易发展现状和特征、全球范围数字贸易的未来发展方向、可能的系统重要性影响等，从而为制定国家层面的数字贸易发展战略提供理论指导。第三，鼓励各省市根据国家层面的数字贸易发展战略并结合本地区比较优势，制定更加具体的发展方向和重点领域，形成各有侧重、既竞争又互补的区域发展格局。

（二）探索形成数字贸易发展理念和监管思路

从上文可知，数字贸易具有不同于传统贸易的新经济效应，也面临新的贸易壁垒，所以需要探索形成新的发展理念和监管思路。第一，总体而言，数字贸易对几乎所有行业都有重要影响，其也将使贸易产品融数据、货物、服务三位于一体，从而使仅仅着眼于某一行业或贸易产品某一维度的政策不再有效。因此，数字贸易发展理念和监管思路要更加强调全局视野、树立整体思维并综合施策。第二，在数字贸易背景下，平台企业的作用更加凸显，所以政策制定需要考虑如何鼓励各类平台企业发展，但同时也要出台相关法律法规防止平台企业垄断而造成效率损失。第三，数字贸易政策制定要突出普惠性，确保广泛的信息进入权，防止出现数字鸿沟而造成新的不平等，特别地，要确保广大中小微企业和普通消费者能够享受到数字贸易的红利。第四，数字贸易国际规则正在形成之中，我国要加快吸收和学习数字贸易国际通行规则和标准，特别是《跨大西洋贸易与投资伙伴关系协定》（TTIP）、《服务贸易协定》（TiSA）、《美－墨－加协定》（USMCA）等区域贸易协定中的新规则，并结合我国情况大胆试点和复制推行，从而在未来的规则制定中占得先机。例如，可以在各自贸试验区、海南自贸港率先试点和推行国际通行的数字贸易规则，从而积累相关监管经验。第五，在 WTO《贸易便利化协定》背景下，我国要进一步提高与数字贸易相关的货物和服务的贸易便利化程度，从而提高数字贸易国际竞争力。第六，数字贸易监管政策要在跨境数据自由流动、国家安全、本国经济发展、隐私保护之间寻找一个平衡点。总体上，既要确保跨境数据高效流动，从而保证我国数字贸易国际竞争力，也要确保不发生较大的威胁国家安全的数据泄露、窃取、丢失等安全事件，还要有利于本国数字产业发展，确保个人隐私得到恰当保护。

（三）推动在WTO框架下完善数字贸易国际规则

数字贸易的不断发展势必将改变现有的国际贸易规则，而有效的多边国际贸易规则对全球及我国的数字贸易健康发展都具有重要意义。历史经验也表明，我国加入WTO后受益良多，所以推动在WTO框架下完善数字贸易规则对我国经济和贸易发展具有积极作用。但是目前来看，WTO缺乏关于数字贸易的规则体系，相关谈判也停滞不前。到目前为止，WTO仅仅是临时性免除电子传输关税，《信息技术协定》（ITA）则只免除部分与数字贸易密切相关的ICT产品关税。而且，关于是否永久免除电子传输关税仍没有达成一致意见，ITA也无法处理相关的非关税贸易壁垒。最重要的是，数据跨境流动等关键的数字贸易壁垒还未被纳入WTO相关协定，《服务贸易总协定》（GATS）准入规则也以“正面清单”为主，无法解决新出现的数字产品准入问题，因为许多新出现的数字产品不在已有的“正面清单”中，《与贸易有关的知识产权协定》（TRIPs）则没有专门针对数字贸易的知识产权保护条款。

在此情况下，我国要积极推动在WTO框架下完善数字贸易国际规则的制定，力求使其有利于我国数字贸易发展。第一，可推动在WTO现有协定下增加若干数字贸易规则。例如，可在GATS、ITA、TRIPs、《贸易便利化协定》等协定中改革贸易产品分类体系，并纳入跨境数据流动、隐私保护、技术转让、知识产权保护等与数字贸易相关的条款。第二，推动形成WTO多边框架下商讨数字贸易国际规则的常设工作小组。该工作小组可参考目前各类FTA和RTA，特别是上文提及的几大区域贸易协定中被普遍使用和接受的数字贸易规则和条款，形成WTO框架下为各国所接受的条款草案，并提交WTO进行讨论。第三，也可尝试推动在WTO框架下形成一个解决数字贸易问题的专门协定。

（四）在双边和区域贸易协定中加强数字贸易规则谈判

虽然在WTO框架下达成数字贸易协定对我国来说是最理想的目标，但是短期来看困难重重，可能是一个比较漫长曲折的过程。也正因如此，各国都试图在双边和区域贸易协定中纳入数字贸易条款，逐步消除数字贸易发展壁垒。事实上，目前双边或区域贸易协定关于数字贸易的规则较多、也更深入。其中，《跨太平洋伙伴关系协定》（TPP）、TTIP、TiSA、USMCA中的数字贸易条款代表了数字贸易规则的最新发展和可能方向。其中，TPP因为美国的退出而夭折，但是其关于数字贸易的若干规则仍具有参考价值。例如，TPP中禁止数字贸易关税、禁止跨境数据流动的限制措施、禁止数字本地化要求、禁止强制性源代码公布要求、禁止技术转让等条款都在USMCA中有所体现。而USMCA则是第一个包含完善的数字贸易新规则的正式协定，其有可能成为未来RTA谈判中数字贸易规则的标准。TTIP则是美欧在跨境数字贸易规则方面的最大合作平台，TiSA目前有23个成员，包括美国、欧盟、澳大利亚等主要发达国家，占世界服务贸易比重大约为70%，具有一定的代表性。TTIP和TiSA都旨在解决跨境数据流动、数字本地化、知识产权保护等诸多领域的数字贸易壁垒问题。其中，TTIP在网络的开放性、承认电子认证服务、线上消费者保护、监管合作等数字贸易议题上都取得了不错的进展。

在此背景下，我国也要在双边和区域贸易协定中加强数字贸易规则的谈判。事实上，我国已经与世界各国签订了数十个双边和区域协定，还有更多协定正在谈判中。所以，我国可以考虑先在这些双边和区域贸易协定中进行数字贸易谈判和规则构建，不断积累经验。第一，深入研究USMCA、TPP、TIPP、TiSA等贸易协定文本中关于数字贸易的先进和合理做法，并研究其在我国实行的可能性，可考虑将合适的措施纳入我国未来将要签订的双边和区域贸易协定。第二，在未来的双边和区域贸易谈判中，可就数字贸易产品分类、跨境数据流动、监管合作等进行更加大胆的承诺。第三，结合我国数字贸易发展特征，也可提出一些具有引领性的数字贸易规则。

（五）加快完善数字基础设施建设

正如货物贸易依赖于交通运输技术的进步，数字贸易则高度依赖数字基础设施的完善程度。所以，世界各国正在加快完善数字基础设施建设，力求在未来的数字贸易竞争力上占据优势地位，我国也不例外。第一，数字基础设施是一个比较新的概念，在数字经济时代其重要性将越来越突出。所以，需要更加科学界定数字基础设施的范围和边界，并对我国数字基础设施进行摸底，找出其短板并妥善解决。第二，加快新一代 ICT 硬件基础设施建设，特别是要加快 5G 通信网络建设，同时要重视中西部地区的数字基础设施建设，防止出现新的基础设施鸿沟。第三，推动完善我国的网络平台企业建设，建立一批具有国际竞争力的世界一流平台企业。平台企业虽然以盈利为目标，但同时具有准公共物品的性质，也可纳入数字基础设施的范畴，前提是要促使它们更具普惠性和公共性，从而帮助中国中小微企业开展数字贸易。当然，也可适当建立一批非营利性的平台企业。第四，利用我国数字基础设施领域的竞争优势，积极参与海外数字基础设施建设，并适当推动我国信息技术相关标准成为国际通用标准，从而在数字贸易竞争中占据一定优势。

（六）探索构建数字贸易下新的产品分类体系

在数字贸易背景下，有形货物和无形服务的界限越来越模糊，传统的“二分法”产品分类体系越来越不适用，甚至有阻碍作用。特别是，WTO 将贸易产品分为货物和服务的方法在数字贸易时代已经不适用。例如，对于 3D 打印，一方面，它可作为一种设计服务被视为服务贸易；但另一方面，这种服务贸易又可以被购买方打印成有形货物从而被视为货物贸易。事实上，许多货物贸易越来越服务化，货物与服务变得你中有我、我中有你。所以，需要探索构建数字贸易背景下新的产品分类体系。第一，要全面总结数字贸易产品的新特征，进而对现有的货物和服务分类体系进行改革，探索形成新的产品分类方法。新的分类方法可不拘泥于是货物还是服务，而更加关注产品的使用功能。第二，要对未来数字贸易背景下可能出现的新产品、新业态、新模式进行前瞻性研究，并探讨新的产品分类体系将如何嵌入不断出现的新产品。总体而言要使新的产品分类体系更加具有柔性和包容性。第三，要使得在新的产品分类体系下，可以更为合理地对数字贸易进行监管，并有助于确定未来的关税标准及其影响，进而评估数字贸易对经济发展的正面和负面作用。

参考文献

[1] 敦煌网：《把握数字贸易机遇 助力中小企业出海——敦煌网梦想合伙人项目大力推动中小企业跨境电商拓展海外市场》，2017 年 2 月 23 日，https://seller.dhgate.com/news/media/i258602.html#cms_把握数字贸易机遇助力中小企业出海 - list - 1。

[2] 李晓华：《数字经济新特征与数字经济新动能的形成机制》，《改革》2019 年第 11 期。

[3] 马述忠、房超、郭继文：《世界与中国数字贸易发展蓝皮书（2018)》,2018。

[4] 马述忠、房超、梁银峰：《数字贸易及其时代价值与研究展望》，《国际贸易问题》2018 年第 10 期。

[5] 夏杰长、肖宇：《数字娱乐消费发展趋势及其未来取向》，《改革》2019 年第 12 期。

[6] 熊励、刘慧、刘华玲：《数字与商务：2010 年全球数字贸易与移动商务研讨会论文集》，上海社会科学院出版社，2011。

[7] 徐苑琳、孟繁芸：《全球数字贸易规则制定面临的问题与发展趋势》，《价格月刊》2018 年第 4 期。

[8] 伊万·沙拉法诺夫、白树强：《WTO 视角下数字产品贸易合作机制研究——基于数字贸易发展现状及壁垒研究》，《国际贸易问题》2018 年第 2 期。

[9] CISCO, "The Internet of Things", At-A-Glance, https://www.cisco.com/c/dam/en_us/solutions/trends/iot/docs/iot-aag.pdf.

[10] Congressional Research Service, "Digital Trade and U.S. Trade Policy", 2019 - 5 - 21, https://crsreports.congress.gov.

[11] Congressional Research Service, "Digital Trade and U.S. Trade Policy", 2017 - 5, https://crsreports.congress.gov.

[12] Deardorff, A. V., "Comparative Advantage in Digital Trade", Research Seminar Working Papers in International Economics in University of Michigan, 2017, No. 664.

[13] E-Marketer, "2019: China to Surpass US in Total Retail Sales", 2019 - 1 - 23, https://www. emarketer. com/newsroom/index. php/2019 - china-to-surpass-us-in-total-retail-sales/.

[14] Gonzúlez, J. L., and Jouanjean, M. A., "Digital Trade: Developing a Framework for Analysis", OECD Trade Policy Papers, 2017, No. 205.

[15] Gonzúlez, J. L., and Ferencz, J., "Digital Trade and Market Openness", OECD Trade Policy Papers, 2018, No. 217.

[16] McKinsey Global Institute (MGI), "Globalizationin Transition: The Future of Trade and Value Chains", 2019.

[17] Meltzer, J. P., "Cyber Security and Digital Trade: What Role for International Trade Rules?", Global Economy and Development Brookings Institution, Working Paper, 2019, No. 132.

[18] The Office of the U. S. Trade Representative, "Key Barriers to Digital Trade", March, 2017, https://ustr. gov/about-us/policy-offices/press-office/fact-sheets/2017/march/key-barriers-digital-trade.

[19] UNCTAD, "Global E-commerce Sales Surged to $29 Trillion", 2019 - 3 - 29, https://unctad. org/en/pages/newsdetails. aspx? OriginalVersionID = 2034.

[20] United States International Trade Commission (USITC), "Digital Trade in the U. S. and Global Economies, Part 2", 2014, https://www. usitc. gov/publications/332/pub4485. pdf.

[21] United States International Trade Commission (USITC), "Digital Trade in the U. S. and Global Economies, Part 1", 2013, https://www. usitc. gov/publications/332/pub4415. pdf.

[22] United States International Trade Commission (USITC), "Global Digital Trade 1—Market Opportunities and Key Foreign Trade Restrictions", 2017 - 08, Publication Number: 4716.

[23] WTO, "Joint Statement on Electronic Commerce", 2019 - 1 - 25, https://trade. ec. europa. eu/doclib/docs/2019/january/tradoc_157643. pdf.

[24] WTO, "Work Programme on Electronic Commerce", 2017 - 12 - 13, https://www. wto. org/english/tratop_e/ecom_e/wkprog_e. htm.

[25] WTO, "World Trade Report 2018: The Futureof World Trade: How Digital Technologies Are Transforming Global Commerce", World Trade Organization publication, 2018.

数字贸易及其时代价值与研究展望*

马述忠　房　超　梁银锋**

摘　要：在制造业智能化转型的全球背景下，本文基于中国数字贸易的率先实践，借鉴多方解读，提出数字贸易是以现代信息网络为载体，通过信息通信技术有效使用实现传统实体货物、数字产品与服务、数字化知识与信息的高效交换，进而推动消费互联网向产业互联网转型并最终实现制造业智能化的新型贸易活动，是传统贸易在数字经济时代的拓展与延伸。该文还进一步辨析了数字贸易与传统贸易的异同，分析了数字贸易与跨境电子商务之间的关系，并提炼了数字贸易的内外部属性。当下，数字贸易呈现贸易成本普遍降低、中间环节大幅减少，生态系统智能互联等趋势，这对于我国全面开放新格局的形成具有重要意义。数字贸易背景下，新新贸易理论等国际经济理论中的诸多命题受到挑战，全新经济事实值得重点关注，对于我国国际经济理论研究是一次重大机遇。

关键词：数字贸易；跨境电子商务；制造业智能化；国际经济理论

纵观人类文明史，每一次技术革命，都颠覆了原有的生产生活方式。第三、四次工业革命自然也不例外，正在广泛而深刻地影响着社会经济各

---

* 本文原载于《国际贸易问题》2018 年第 10 期，收入本书时有增补。

** 马述忠，浙江大学经济学院教授，博士生导师，主要研究方向为全球数字贸易、国际贸易与跨国投资；房超，浙江大学经济学院博士研究生，主要研究方向为全球数字贸易、国际贸易与跨国投资；梁银锋，浙江大学经济学院硕士研究生，主要研究方向为全球数字贸易、国际贸易与跨国投资。

领域。[①] 信息技术的突飞猛进与全面应用，使得数字经济高速增长、快速创新，并逐渐发展成为世界经济增长的新引擎。中国社会科学院数量经济与技术经济研究所发布的《中国数字经济规模测算与“十四五”展望研究报告》显示，2019 年中国数字经济增加值规模为 170293.4 亿元，在同期 GDP 中的占比达 17.2%。贸易作为经济活动中配置资源的关键环节，受第三、四次工业革命的影响，正经历“数字化”的深刻变革。以跨境电子商务为代表，数字贸易已经开始展现其蓬勃的生命力与巨大的发展潜力。据海关统计，2019 年通过跨境电商管理平台进出口达到 1862.1 亿元，增长了 38.3%；市场采购方式进出口 5629.5 亿元，增长了 19.7%，两者合计对整体外贸增长贡献率近 14%。可以预见，未来数字贸易将成为国际贸易与国内商务的主流，而制造业以及其他相关产业也将深深受益于此，逐步实现数字化、智能化升级。

但与数字贸易蓬勃发展不相称的是，就目前来看学界与业界尚未对“数字贸易”这一概念达成共识。原有对数字贸易的理解已经无法满足新形势的需要，而建立在全新实践基础之上的“数字贸易”概念又迟迟得不到确立。这导致学界针对这一相关领域的研究与讨论无法得到有效开展，业界同样无法对行业未来的发展趋势进行科学的预判。我们有必要对数字贸易进行一次全面的梳理，在原有理解与全新实践的基础之上明确数字贸易的内涵与外延，形成一个被有关各方所普遍接受的“数字贸易”定义。唯有如此，才能更好地推动数字贸易的发展以及相关领域学术研究的顺利进行，从而进一步助力全面开放新格局的形成。

基于上述原因，本文将对“数字贸易”的概念及其时代价值与理论研究进行深入探讨与分析，以期弥补相关研究的不足，为后续的研究与实践提供参考。具体而言，本文的大致框架如下：第一部分，梳理“数字贸易”概念的演进历程并结合数字贸易的全新实践，更准确、更科学地理解“数字贸易”概念；第二部分，从现实层面探讨数字贸易的发展趋势及其对全面开放新格局形成的重要意义；第三部分，从理论层面剖析数字贸易对国际经济理论研究的重大影响；第四部分，本文小结。

---

① 一般认为，第一次工业革命以蒸汽技术为代表，第二次工业革命以电力技术为代表，第三次工业革命以计算机技术为代表，而第四次工业革命是以 3D 打印、互联网产业化、工业智能化、工业一体化为代表，以人工智能、清洁能源、无人控制技术、量子信息技术、虚拟现实、生物技术为主的全新技术革命。

一　如何理解数字贸易

（一）数字经济的内涵与特征

20 世纪 40 年代以来，第三次工业革命席卷全球，计算机、大规模集成电路的发明与应用使数字技术与其他经济部门渐趋融合，“信息经济”的概念由此诞生，而“数字经济”这一概念则与互联网的快速发展密不可分。20 世纪 90 年代，互联网技术快速从信息产业外溢，在加快传统部门数字化的同时，不断颠覆原有的商业模式，创造出新的商业模式，电子商务是其中的典型代表。在这一技术与经济背景下，Tapscott（1996）在《数字经济：网络智能时代的机遇和挑战》一书中，首次详细论述了互联网会如何改变我们的商务模式，他被认为是最早提出“数字经济”概念的学者。Negroponte 等（1997）在《数字化生存》一书中将数字化比喻为原子向比特的转变，这是因为数字经济时代信息储存于虚拟化的比特而非实体化的原子之中，原有工业经济时代的运输、出版等方式将发生颠覆性的变化。Mesenbourg（2001）对数字经济进行了范围的界定，他将数字经济划分为三个部分：数字化的软硬件基础设施，数字化的商务网络与组织，电子商务中交易的产品。在数字化概念广泛传播的同时，各国政府也把发展数字经济作为推动经济增长的重要手段。欧盟和美国分别于 2010 年和 2015 年公布了数字经济议程，英国、德国、法国、俄罗斯等国均发布了数字化战略，以推动本国、本区域经济的数字化转型。

为了应对全球经济增速放缓、复苏乏力的困境，我国作为 2016 年二十国集团（G20）领导人峰会主席国，首次将“数字经济”列为 G20 创新增长蓝图中的一项重要议程。在 2016 年 9 月举行的 G20 杭州峰会上，多国领导人共同签署通过了《二十国集团数字经济发展与合作倡议》。该倡议指出，数字经济是以使用数字化的知识和信息作为关键生产要素、以现代信息网络作为重要载体、以信息通信技术的有效使用作为效率提升和经济结构优化的重要推动力的一系列经济活动。① 这一定义十分准确、科学地阐释

① 二十国集团杭州峰会：《二十国集团数字经济发展与合作倡议》，2016 年 9 月 20 日，http://www.g20chn.org/hywj/dncgwj/201609/t20160920_3474.html。

了数字经济的核心与本质。此后，"数字经济"这一提法也被我国各类官方文件与重大会议所采用，例如 2017 年政府工作报告、党的十九大报告、"一带一路"国际合作高峰论坛主旨演讲、《金砖国家领导人厦门宣言》等。

中国信息通信研究院发布了《中国数字经济发展白皮书（2017 年）》，其在"数字经济"定义的基础上进一步总结归纳了数字经济的七个特征，具体包括：第一，数据成为新的关键生产要素；第二，数字技术创新提供源源不断的动力；第三，信息产业的基础性先导作用突出；第四，产业融合是推动数字经济的主引擎；第五，平台化生态化成为产业组织的显著特征；第六，线上线下一体化成为产业发展的新方向；第七，多元共治成为数字经济的核心治理方式。

（二）数字贸易的提出与演进

通过梳理美国多个机构发布的"数字贸易"定义（简称"美版定义"）以及相关研究文献，我们根据交易标的的不同，将"数字贸易"概念的演进历程划分为以下两个主要阶段。

第一阶段（2010～2013 年）：将其视为数字产品与服务贸易的阶段。在这一阶段，数字贸易的标的仅包括数字产品与服务。① Weber（2010）在其研究数字经济时代国际贸易规则的文章中提出，一般意义上，数字贸易是指通过互联网等电子化手段传输有价值产品或服务的商业活动，数字产品或服务的内容是数字贸易的核心。熊励等（2011）将全球范围内的数字贸易概括为以互联网为基础，以数字交换技术为手段，为供求双方提供互动所需的数字化电子信息，实现以数字化信息为贸易标的的商业模式。这是截至目前我们发现的国内外最早的有关"数字贸易"概念的论述。美国商务部经济分析局（USBEA）在 2012 年的《数字化服务贸易的趋势》中提出"数字化服务贸易"概念，即因信息通信技术进步而实现的服务的跨境贸易，具体分类如下：版权和许可费；金融和保险产品；长途通信；商业、

---

① 1999 年，WTO 在《电子商务工作方案》中将"数字产品"定义为通过网络进行传输和交付的内容产品。这些产品是由传统或核心版权产业创造，通过数字编码并在互联网上进行电子传输，且独立于物理载体，分类如下：电影和图片，声音和音乐，软件，视频、电脑和娱乐游戏。2014 年 6 月，欧盟委员会发布的《什么是数字服务》报告认为数字服务包括：信号、文字、图像等信息的传输服务，视听内容的广播服务，电子化网络实现的服务。

专业和技术服务；等等。① 这一概念主要用于衡量美国的国际数字服务贸易。2013 年 7 月，美国国际贸易委员会（USITC）在《美国与全球经济中的数字贸易Ⅰ》中正式提出了“数字贸易”定义，即通过互联网传输产品和服务的国内商务和国际贸易活动，具体的交易标的为：音乐、游戏、视频、书籍等数字内容；社交媒体、用户评论网站等数字媒介；搜索引擎；其他产品与服务。② 李忠民等（2014）在研究我国数字贸易的发展态势与影响时就采纳了这一定义。无论是 Weber（2010）、熊励等（2011），还是美版的两个定义，都将数字贸易的标的限定在数字产品与服务范围内。这一阶段的数字贸易标的范围相当狭隘，与经济现实脱节较为严重，因而很快被全新的概念所替代。

第二阶段（2014～2017 年）：将其视为实体货物、数字产品与服务贸易的阶段。在这一阶段，实体货物被纳入数字贸易的交易标的中，强调数字贸易是由数字技术实现的贸易。2014 年 8 月，美国国际贸易委员会在《美国与全球经济中的数字贸易Ⅱ》中对“数字贸易”这一概念进行了修改，将其解释为互联网和互联网技术在订购、生产以及递送产品和服务中发挥关键作用的国内商务或国际贸易活动。③ 数字贸易的标的具体包括：使用数字技术订购的产品与服务，如电子商务平台上购买的实体货物；利用数字技术生产的产品与服务，如存储软件、音乐、电影的 CD 和 DVD 等；基于数字技术递送的产品与服务，即该机构发布的前一版定义中所包含的内容。2017 年，美国贸易代表办公室（USTR）发布的《数字贸易的主要壁垒》报告认为“数字贸易”应当是一个广泛的概念，不仅包括个人消费品在互联网上的销售以及在线服务的提供，还包括实现全球价值链的数据流、实现智能制造的服务以及无数其他平台和应用。④ 该报告列举了诸多事实：物联

---

① US Bureau of Economic Analysis，“Trends in Digitally-enabled Trade in Services”，2012，https://www.bea.gov/international/pdf/trends_in_digitally_enabled_services.pdf.

② United States International Trade Commission（USITC），“Digital Trade in the U. S. and Global Economies，Part 1”，2013，https://www.usitc.gov/publications/332/pub4415.pdf.

③ United States International Trade Commission（USITC），“Digital Trade in the U. S. and Global Economies，Part 2”，2014，https://www.usitc.gov/publications/332/pub4485.pdf.

④ The Office of the U. S. Trade Representative，“Key Barriers to Digital Trade”，2017 - 3 - 31，https://ustr.gov/about-us/policy-offices/press-office/fact-sheets/2017/march/key-barriers-digital-trade#.

网已经将超过50亿台设备连接起来，汽车、冰箱、飞机甚至整幢建筑物都在不断地生成数据并将其发送到国内外的处理中心。制造业产生的大量数据被广泛应用于研发、生产、运营、服务等价值链各环节，从而降低生产成本并提高生产效率。

（三）数字贸易的内涵与特征

1. 数字贸易的内涵

随着跨境电子商务在我国的蓬勃发展，业界对数字贸易形成了更具中国实践特色的见解。2017年12月4日，敦煌网创始人兼CEO王树彤在第四届乌镇世界互联网大会中提出："随着中国从消费互联网向产业互联网迈进，以敦煌网为代表的中国互联网企业开创了全新的'数字贸易中国样板'，中国样板具备三大特点，即独创的商业模式，可推广的行业标准，以及可复制的创新实践，为更多的国家带来新的发展机会，赋能更多的中小企业通过数字贸易走向全球市场。"①

在制造业智能化转型的全球背景下，基于我国电子商务特别是跨境电子商务在世界范围内率先实践的有益尝试，从G20杭州峰会关于"数字经济"的权威解读出发，借鉴美版定义的合理内核，我们认为，数字贸易是以数字化平台为载体，通过人工智能、大数据和云计算等数字技术的有效使用，实现实体货物、数字产品与服务、数字化知识与信息的精准交换，进而推动消费互联网向产业互联网转型并最终实现制造业智能化的新型贸易活动，是传统贸易在数字经济时代的拓展、延伸和迭代。

与美版定义相比，本定义有如下突出贡献：美版定义在其发展过程中内涵与外延不断被拓宽，但仍然有很大的局限性。美国贸易代表办公室2017版的定义虽然也有提及智能制造，但仍将其视为一种服务纳入数字贸易的标的范围。而本定义则进一步提出数字贸易的发展将推动消费互联网向产业互联网转型，并将实现制造业智能化作为数字贸易发展的最终目标。这是结合我国数字贸易特别是跨境电子商务实践的全新提炼，在平台化、生态化趋势日趋明显的当下，数字贸易成为重塑的传统价值链，促进产业

① 王静、杜燕飞：《王树彤乌镇发布"数字贸易中国样板"》，2017年12月4日，http://ydyl.people.com.cn/n1/2017/1204/c412093-29684677.html。

转型升级的重要驱动力。本定义进一步深化了对数字贸易的理解与认知，为数字贸易的未来发展指明了方向。

2. 数字贸易的特征

上文梳理了“数字贸易”概念的演进历程，并阐释了我们对数字贸易内涵的理解。为了更加全面地了解数字贸易，我们有必要进一步辨析数字贸易与传统贸易的异同，分析数字贸易与跨境电子商务之间的关系，并提炼数字贸易的本质属性。

（1）与传统贸易的相同之处

第一，贸易的行为本质相同。贸易最初始于史前社会，除了自给自足的生活方式之外，史前人类也通过彼此之间货物和服务的自愿交换，满足各自的需求。数万年后的今天，贸易的本质仍然没有发生变化，无论是传统贸易，还是数字贸易，本质上都是商品、服务、生产要素在不同主体之间的转移，通常是一方以金钱为代价获取另一方的商品、服务、生产要素。传统贸易以金钱交换货物、服务以及生产资料，数字贸易以金钱交换传统实体货物、数字产品与服务、数字化知识与信息，但这都没有改变贸易作为交换活动的本质。

第二，贸易的内在动因相同。无论是国内区域间贸易还是国际贸易，贸易活动的内在动因都是一致的。以绝对优势理论、比较优势理论为代表的古典国际贸易理论是研究贸易动因的经典理论，国内区域间贸易的研究同样使用了这一分析逻辑。国家间技术水平的绝对（相对）差异产生了绝对（相对）成本的差异，一国应当生产自己具有绝对（相对）优势的产品，而用其中一部分交换其具有绝对（相对）劣势的产品，这样贸易双方都将获得更高的福利水平。专业化生产和劳动分工以及由此产生的规模经济，是传统贸易和数字贸易的内在动因。

第三，贸易的经济意义相同。数字贸易与传统贸易一样，具有如下的经济意义：克服各类资源在各主体间流动的障碍，调整各个区域内资源的供求关系与价格；密切各主体之间的经济联系，弱化信息不对称；促进资源在更合理的结构上得到利用，使得各主体均可发挥其资源、技术的比较优势；激发各主体的创新活力，提高生产效率与经济效益。

（2）与传统贸易的不同之处

第一，贸易的时代背景不同。第一、二、三次工业革命带来了交通通信工具、生产方式的巨大变革，轮船、火车、汽车、飞机等运输工具的出现，使得长距离贸易成为可能；信息技术的进步使得实时通信成为可能；蒸汽机、内燃机广泛应用于生产中，机器生产代替手工劳动，生产效率快速提高，贸易商品大幅增加。正是在这样的背景下，传统贸易大发展、大繁荣，加速推动经济全球化格局的形成。而数字贸易则是在第三、四次工业革命背景下诞生的一种新型贸易活动。数字技术使得原有的通信、传输方式发生重大变革，数据成为关键性的生产资料，生产组织网络加速重构，传统产业正经历数字化、智能化的升级。数字贸易在数字经济时代将逐渐成为贸易活动的主流。

第二，贸易的时空属性不同。传统贸易从交易开始到交易完成的周期长，受商品价格变化、货币汇率波动等因素的影响大，期货、期权等金融衍生品被广泛应用于减少贸易活动的时间风险。而数字贸易的交易过程中，信息通信技术大幅提高了交易效率，贸易的时间不确定性大大降低。传统贸易受地理距离的制约较大，贸易成本是贸易活动的一个重要影响因素。而数字贸易中，处于现代信息网络的贸易双方不再具有严格的空间属性，地理距离的限制作用大幅弱化。因而，数字贸易依托现代信息网络与信息通信技术在很大程度上突破了时间与空间的限制。

第三，贸易的行为主体不同。传统贸易的交易过程存在代理商、批发商、零售商等诸多中间机构，供给方和需求方并不直接进行交易磋商，而是委托给各自的代理人决策。但在数字贸易中，现代信息网络与信息通信技术使得供求双方之间的直接交易成为可能，中间环节大幅压缩。此外，电子商务 B2C、C2C 等商业模式的普及使得个人消费者在贸易活动中扮演着越来越重要的角色。在未来的智能制造时代，C2B、C2M 等商业模式将进一步强化个人消费者的作用。

第四，贸易的交易标的不同。传统贸易的交易标的主要是货物、服务以及生产要素，数字贸易的交易标的相对复杂。数字贸易强调数字技术在订购、生产或递送等环节发挥关键性的作用，因而其交易标的包括：在电子商务平台上交易的传统实体货物；通过互联网等数字化手段传输的数字产品与服务；作为重要生产要素的数字化知识与信息。数字贸易的交易标的范围与传统贸易的交易标的范围存在较大差异，两者互不包含，但有部分重合。

第五，贸易的运作方式不同。传统贸易需要固定的交易场所，证明材料、纸质单据等实体文件，而数字贸易的交易则往往是在互联网平台上达成，不需要任何实体材料，全部交易过程实现电子化。传统贸易中，货物规模大、价值高，主要采取海运、火车等运输方式。而数字贸易则存在诸多的不同：个人在电子商务平台上订购的商品主要通过邮政、快递等方式寄送；部分跨境电商企业采取海外仓模式，先通过海运、空运等方式将大批货物运输到目的国海外仓，再通过邮政、快递等方式寄送给消费者；数字产品与服务的贸易则采取数字化的递送方式，无须实体货物的交付。

第六，贸易的监管体系不同。传统贸易中，各国商务、海关、税务等监管部门，WTO 等国际组织是贸易的主要监管机构；各国国内的贸易制度，双边、多边的国际贸易协定是约束贸易行为的主要法律规范。而数字贸易的监管体系，不仅涉及前述的监管机构与法律规范，还强调对数字贸易中的关键要素——数据进行监管。李海英（2016）认为数据本地化是数字贸易国际规则的重要焦点，包括服务本地化、设施本地化和存储本地化三重含义。2018 年 2 月，苹果公司将中国的 iCloud 服务转由云上贵州公司负责运营，用户的 iCloud 数据也将会转移到位于中国境内的服务器上，这很好地践行了数据本地化的数字贸易准则。①

（3）与跨境电子商务的关系

第一，作为有机组成部分，跨境电子商务会助推数字贸易阶段的全面到来。电子商务特别是跨境电子商务作为数字贸易的重要组成部分，已经逐渐展现其旺盛的生命力与广阔的发展前景。未来，随着云计算、大数据、人工智能等新型数字技术的广泛应用，跨境电子商务的分析、预测、运营管理能力将得到大幅提升。原来以货物交易活动为主的跨境电子商务，将不断拓展其商务活动半径，整合传统产业链，推动生产、贸易活动的数字化、智能化转型。

第二，作为新型贸易活动，全球数字贸易是跨境电子商务发展的高级形态。需要注意的是，现阶段的跨境电子商务仍然处于数字贸易的初级阶段，产业的垂直整合力度不够，对传统产业的影响十分有限。而数字贸

---

① 陈宝亮：《苹果投 10 亿美元建 iCloud 数据中心：贵州大数据产业转向生态型》，《21 世纪经济报道》2018 年 1 月 11 日。

易并非只是简单的货物交易活动，它突出强调数字技术与传统产业的融合发展，以推动消费互联网向产业互联网转变，并将实现制造业的智能化升级作为最终目标。因而，数字贸易是跨境电子商务未来发展的更高目标。

（4）数字贸易的内在属性

第一，虚拟化。数字贸易的虚拟化属性具体表现在三个方面：生产过程中使用数字化知识与信息，即要素虚拟化；交易在虚拟化的互联网平台上进行，使用虚拟化的电子支付方式，即交易虚拟化；数字产品与服务的传输通过虚拟化的方式，即传输虚拟化。交易虚拟化在我国已经非常普遍，2017 年全国网上零售额达到 7. 18 万亿元，同比增长 32. 2%，其中实物商品的网上零售额达到 5. 48 万亿元，同比增长 28%，占社会消费品零售总额的比重为 15%，比上一年提升 2. 4 个百分点。网上零售对社会消费品零售总额增长的贡献率为 37. 9%，比上年提升 7. 6 个百分点，对消费的拉动作用进一步增强。①

第二，平台化。在数字贸易中，互联网平台成为协调和配置资源的基本经济组织，不仅是汇聚各方数据信息的中枢，更是实现价值创造的核心。平台化运营已经成为互联网企业的主要商业模式，淘宝、亚马逊等电子商务平台是其中的典型代表。此外，传统企业也致力于通过平台化的转型提升竞争力。著名建筑机械企业三一重工花重金打造工业互联网平台——根云，这一平台接入能源设备、纺织设备、专用车辆、港口机械、农业机械及工程机械等各类高价值设备近 30 万台，实时采集近万个参数，服务工业领域的各个行业。根云平台给制造企业提供了低门槛、即插即用的工业互联网，打通了企业与工业互联网应用之间的“最后一公里”。②

第三，集约化。数字贸易能够依托数字技术实现劳动力、资本、技术、管理等生产要素的集约化投入，促进研发设计、材料采购、产品生产、市场营销、物流运输等产业链各环节的集约化管理。美邦服饰、七匹狼、九牧王等服装企业纷纷将智能化、信息化作为重点发力对象，建立“互联

① 高峰：《商务部召开例行新闻发布会（2018 年 1 月 25 日）》，2018 年 1 月 25 日，http://www.mofcom.gov.cn/xwfbh/20180125.shtml。

② 何珺：《树根互联：“机器专家”与“互联网专家”的跨界融合》，《机电商报》2017 年 2 月 27 日。

网+”平台，以准确反映市场需求变化、避免高库存的形成、降低生产成本，实现按需生产的集约化生产模式。① 数字贸易背景下，企业越来越多地采用线上销售的方式，直接将产品与服务提供给最终消费者，绕过了经销商、零售商等中间环节。与此同时，信息搜寻成本、合同成本、沟通成本等传统的贸易成本大大降低，贸易效率大幅提高。Lewis（2011）针对 eBay 二手车拍卖市场的研究发现，卖家在线上交易中更愿意将照片、文字等私人信息发布在网站上，这有效地减少了交易中的信息不对称，使合同的订立更加准确，交易效率得到提升。

第四，普惠化。在传统贸易中处于弱势地位的群体，在数字贸易中能够积极、有效地参与贸易并且从中获利。数字技术的广泛应用大大降低了贸易门槛，中小微企业、个体工商户和自然人都可以通过互联网平台面向全国乃至全世界的消费者。从 2013 年到 2016 年，在阿里零售平台上，国家级贫困县的网络销售额在 2014 年、2015 年先后突破 100 亿元、200 亿元大关，2016 年接近 300 亿元，是 2013 年的 3.4 倍。贫困县的创业者、小企业，通过电子商务将特色产品销往全国各地甚至海外，比如贵州湄潭的茶叶、江西寻乌的脐橙、新疆和田的玉器、河南光山的羽绒服、吉林靖宇的人参等。②

第五，个性化。随着个人消费者越来越多地参与数字贸易，他们的个性化需求也越来越受到重视。商家很难再靠标准化的产品与服务获利，根据消费者的个性化需求提供定制化产品与服务成为提升竞争力的关键。亚马逊海外购的分析报告显示，面对海量选品，消费者的选择非常多样化，长尾选品（原来不受到重视的销量小但种类多的产品或服务）的销量增长明显。2017 年，亚马逊海外购中园艺类商品的销量增长近 3 倍。与单一色系的商品相比，色彩丰富的商品更受消费者的青睐，拥有七种色彩的 Lodge 珐琅铸铁锅成为消费者的新宠。③

第六，生态化。数字贸易背景下，平台、商家、支付、物流、政府部门等有关各方遵循共同的契约精神，在产品开发、市场推广、客户服务等事务中平等协商、沟通合作，共享数据资源，共同实现价值的创造，形成

① 温文清：《企业借助互联网按需生产》，《泉州晚报》2016 年 1 月 29 日。

② 阿里研究院：《数字经济：普惠 2.0 时代的新引擎》，2018 年 1 月 18 日，http://i.aliresearch.com/img/20180118/20180118092556.pdf。

③ 《2017 年中国跨境网购呈现三大特征》，《中国服饰报》2018 年 2 月 16 日。

了一个互利共赢的生态体系。中国（杭州）跨境电子商务综合试验区注重创建整合货物流、信息流、资金流的综合性信息化管理服务平台即“单一窗口”，为各类商品提供海关、出入境检验检疫、物流、金融、咨询等“一站式”信息资源和服务，探索形成以“单一窗口”为核心的“六体系两平台”顶层设计，先后出台了两批86条制度创新清单，使贸易活动融入以跨境一体为特征的电子商务数据服务合作新生态。①

（5）数字贸易的外部属性

一方面，数字贸易以信息通信技术作为技术支撑。20世纪40年代以来，信息通信领域取得重大突破，电子计算机、大规模集成电路以及互联网的发明和普及为数字贸易提供了必要的技术支撑。近几年来，云计算、大数据、移动互联网等新型信息通信技术的发展又进一步推动了数字贸易的发展，不仅拓展了数字贸易的标的范围，而且提升了数字贸易的交易效率。

另一方面，数字贸易将制造业智能化作为历史使命。传统产业数字化转型的背景下，数字贸易的目标不再仅仅是实现货物、服务与生产要素的高效交换，数字贸易更应当承担起推动实现制造业智能化的历史责任。通过数字贸易的联结，来自世界各地各多样化、个性化需求被反映到产品研发、设计与生产过程中。制造业企业在努力满足消费者需求的过程中，将不断推动生产过程的柔性化改造，最终实现数字化、智能化的升级。

二　数字贸易的发展趋势及其对全面开放新格局形成的重要意义

（一）数字贸易的发展趋势

数字贸易已经展现出旺盛的生命力，未来将朝着健康稳定的方向运行，具有广阔的发展前景（李忠民等，2014；王晶，2016）。埃森哲2016年报告显示，数字经济贡献了22.5%的全球GDP，其中超过12%的跨境实物贸

① 刘伟：《拥抱“网上丝路”新经济》，《杭州日报》2016年7月25日。

易通过数字化平台实现。[①] 数字贸易的发展无疑为全球经济带来了强劲的推动力，本小节对数字贸易未来发展趋势做合理展望。

1. 贸易成本普遍降低的趋势日益凸显

数字贸易充分利用互联网与数字技术优势，能有效降低各个贸易环节的成本支出。第一，数字贸易信息汇集能帮助贸易参与主体充分了解交易信息，大大降低贸易各方合作沟通的信息成本和交易成本；第二，数字贸易的洽谈、合同签订、资金支付和海关申报等过程均可通过数字化方式完成，这种无纸化和虚拟化的作业模式在很大程度上节约了谈判成本、合同成本、支付成本和通关成本；第三，数字贸易采用数字化物流作业，高效率和高精度的物流作业将有助于减少国际贸易的物流成本支出。随着数字贸易的不断发展和普及，贸易成本普遍降低这一趋势将愈发凸显。

2. 中间环节大幅减少的趋势日益凸显

庞春（2008）从贸易的不同获利方式，将中间商分为佣金中间商和加价销售中间商。佣金中间商只出售服务，如提供专业化运输服务和金融支付及借贷服务等。数字贸易能有效减少因佣金中间商对贸易参与主体资质审查所需的征信、审查、复核等中间环节，提高贸易效率。而加价销售中间商具有货物的交易所有权，可通过分销转卖而赚取利润。数字贸易能有效促使企业和消费者直接进行沟通，交换信息，达成交易，从而弱化加价销售中间商在贸易中所起的贸易中介作用，缩减了相应的中间环节。在未来，数字贸易的中间环节会大幅减少，并呈现出两头活跃、中间萎缩的发展态势。

3. 生态系统智能互联的趋势日益凸显

随着数字贸易的广泛应用，数字贸易平台将成为协调和配置资源的基本经济组织，是价值创造和价值汇聚的核心。在数字贸易平台上，价值创造不再强调竞争，而是充分利用互联网技术和信息集成，通过整合各供应链上的相关环节，促成包括产品提供者、服务商和消费者等在内的相关贸易参与主体的交易协作和适度竞争，共同创造价值。以数字贸易平台为核心，实现各贸易参与主体和环节之间的智能联动，不断强化各贸易参与主

① Accenture，“Digital Disruption：The Growth Multiplier”，2016，https://www. accenture. com/t00010101T000000Z_w_/de-de/_acnmedia/PDF-4/Accenture-Strategy-Digital-Disruption-Growth-Multiplier. pdf.

体的共赢性以及整体发展的持续性，从而打造出一个更为互联、更加智能的数字贸易有机生态系统。

4. 弱势群体广泛参与的趋势日益凸显

国际贸易弱势群体是相对于规模庞大的企业而言，在传统国际贸易中容易被忽视的贸易群体，如中小微企业、个体工商户等。目前，尽管各国部分贸易弱势群体的产品和服务质量很高，但其却因渠道垄断、信息不对称和贸易成本过高等问题难以进入国际市场而为境外消费者所知。数字贸易的发展则为贸易弱势群体建立国际竞争优势提供了新的机遇。数字贸易能有效地打破渠道垄断，促进贸易流程便利化、透明化，降低贸易弱势群体进入国际市场的门槛，进而促使各国贸易弱势群体能够广泛地参与国际贸易并从中获利，推动普惠贸易的进一步发展与繁荣。

5. 个性偏好充分体现的趋势日益凸显

随着网络信息技术的迅猛发展，消费者对产品和服务的个性化需求被进一步激发。数字贸易在消费与生产流通环节之间搭建起了一条高效的交流渠道，使消费者的个性化需求能够得到反映与满足。在数字贸易中，大量虚拟企业、中小企业乃至个人都可以通过网络共享信息、资源，进行生产经营合作，分散的贸易流量和消费者偏好等信息通过平台汇聚成一个整体，这为数字贸易中的产品差异化生产和个性化服务定制提供了更多可能性，也为实现智能制造提供了更充分的消费者信息集成，消费者个性偏好和需求将因此得到充分体现。

（二）数字贸易对全面开放新格局形成的重要意义

“推动形成全面开放新格局”是社会主义新时代国家对外贸易的重要倡议。习近平总书记在党的十九大报告中指出，“开放带来进步，封闭必然落后”“中国开放的大门不会关闭，只会越开越大”。实现对外开放新目标，关键在“全面”，重点在“新格局”，核心是统筹协调、推动形成。我国虽然已经成为货物贸易大国，但是仍处于全球价值链的中低端，要完成从贸易大国到贸易强国的转变，实现产业向全球价值链的中高端移动，就需要“拓展对外贸易，培育贸易新业态新模式，推进贸易强国建设”“实行高水平的贸易和投资自由化便利化政策”，营造稳定、公平、透明的贸易环境，“形成面向全球的贸易、投融资、生产、服务网络，加快培育国际经济合作和竞争新优势”。数字贸易适应开放型世界经济，与国家经济战略相吻合，对于全面开放新格局的形成具有重要意义。

1. 有利于拓展对外贸易的组织形态

数字贸易能够适应多元化、个性化的市场需求，不断促进线上线下融合发展，借助这一契机，有利于拓展我国对外贸易的组织形态。目前，数字贸易已培育出多种贸易新业态和新模式：第一，数字贸易下订单的碎片化、需求的个性化及国家的差异化能让跨境电商的优势得到充分的发挥，一种全新的贸易业态即跨境电子商务蓬勃发展；第二，数字贸易构建的开放、多维、立体的多边经贸合作模式，极大地拓宽了进入国际市场的路径，大大促进了多边资源的优化配置与企业间的互利共赢；第三，数字贸易促进了多种产业深度融合，催生了包括采购、仓储、加工包装、分销、配送和信息服务在内的一体化供应链管理模式。数字贸易对培育贸易新业态、新模式具有重要意义，未来对外贸易的业态和模式将朝着更开放、更高端、更融合的方向不断发展。

2. 有利于实现贸易强国的宏伟目标

近几年，我国对外贸易发展的外部环境和内在条件均发生了深刻变化，对外贸易发展的动力减弱，贸易增速有所放缓。我国虽是贸易大国，但与世界贸易强国还相距甚远，庆幸的是，数字贸易为我国早日实现贸易强国的宏伟目标带来了新契机。数字贸易利用互联网的开放性将传统链条式交换的贸易转至统一聚合的全球市场，大幅减少了中间环节，降低了贸易成本，给予了我国中小微企业及个体工商户迈入国际市场并从中获利的有利条件，有效地提高了资源配置效率和贸易效率。发展数字贸易，以信息化、标准化、集约化为导向，加快信息技术在流通领域的创新应用，促进线上线下融合，这对推动我国贸易经济的增长具有重要意义，有利于我国早日实现从贸易大国到贸易强国的伟大转变。

3. 有利于增大贸易政策的制定弹性

传统国际贸易政策出于保护本国市场、扩大本国出口市场、促进本国产业结构改善、积累资本或资金以及维护和发展本国的对外政治经济关系等目的，会对进出口数量、种类、关税和贸易保护对象等做出严格的限制，国际贸易政策能够发挥的余地相对较少。为有效减少限制数字贸易发展的壁垒和障碍，推动数字贸易市场开放，促进数字贸易持续健康发展，迫切需要进行数字贸易规则谈判，构建出一个全面、统一、规范、透明的全球数字贸易规则体系（李忠民等，2014）。我国在数字贸易的发展上积累了大量的经验，在国际市场上具有先发优势。我国应充分借鉴自身和其他国家在构建数字贸易规则方面的经验教训，通过中美、中欧等经贸谈判平台率先开展全球数字贸易规则的讨论，掌握数字贸易规则制定的话语权，这有利于增大贸易政策的制定弹性、增大贸易政策的回旋余地以充分保护我国贸易参与主体的诉求。此外，数字贸易所营造的更加和谐、平等、自由、便利、开放的国际贸易氛围和数字贸易中流量和信息沉淀，有助于我国制定和实行高水平的贸易自由化与便利化政策。

4. 有利于增强全球网络的辐射能力

我国是世界贸易大国，国际贸易网络已经形成并且正在深入发展；生产网络也在近百个境外工业园区（含国家确认的境外经贸合作区）的建设中逐渐形成；至于服务网络，无论是消费品出口所需的售后服务网络，还是为全球生产基地提供的服务网络体系，都在逐步完善。数字贸易将进一步推动我国贸易、生产和服务网络的纵深发展，有效增强其对全球网络的辐射能力。数字贸易促使买卖双方借助互联网和信息技术迅速完成贸易活动，加强贸易双方的直接联系，降低贸易成本，提高贸易效率，有助于提升我国贸易、生产与服务网络的附加值和竞争力。加强贸易网络、生产网络和服务网络的联动性，形成以我国企业引领的集高端制造和现代服务于一体的面向全球的国际产业体系，数字贸易对推动形成全面开放新格局具有重要的战略意义。

5. 有利于探求竞争优势的创新源泉

在传统国际贸易下，国际竞争优势主要由市场结构、市场行为等外生性因素以及异质性资源和企业核心能力等内生性因素决定。全球数字贸易则强调信息集成、消费者个性偏好、智能制造和贸易生态系统的关键性作用。数字贸易下的信息资源是无限的、可再生的、可共享的，确保贸易信息的质量、时效和共享将成为塑造国际贸易新竞争优势的关键条件。充分利用数字贸易平台汇集的贸易流量和消费者信息，并以此来指导企业的决策与智能化生产，创造出能够满足境外消费者个性需求的产品和服务，有助于提高企业在国际市场上的竞争力。此外，数字贸易创造了更加公平的贸易机会，我国大量的中小微企业将在国际舞台上发挥越来越重要的作用。

发展数字贸易有助于我国培育国际竞争新优势，打造出一个以数字贸易平台为核心，集普惠、集约、个性为一体的有机国际贸易生态系统，不断推动形成全面开放新格局。

三　数字贸易对国际经济理论研究的影响

（一）数字贸易对国际经济理论研究的挑战

1776 年，亚当·斯密在《国富论》中最早提出了绝对优势理论，拉开了国际贸易理论研究的序幕。经过 240 多年的发展，国际贸易理论的发展主要经历了古典贸易理论、新古典贸易理论、新贸易理论和新新贸易理论四大阶段。

古典贸易理论从生产技术差异的角度来解释国际贸易的起因。该理论的一个重要假设是生产要素只有劳动，因此，生产技术差异具体化为劳动生产率差异。与古典贸易理论相比，新古典贸易理论扩大了生产要素的范围，认为在生产过程中不只有劳动一种要素投入，还包括资本、人力、自然资源等其他要素投入。与新古典贸易理论相比，新贸易理论将市场是完全竞争的、产品是无差异的及不存在规模报酬等假设前提分别修订为市场是不完全竞争的、异质性产品及规模报酬是递增的。与新贸易理论相比，新新贸易理论开始关注微观企业层面而非局限于宏观国家层面贸易，使得国际贸易理论获得了新的微观基础。新新贸易理论主要包含异质性企业贸易理论和跨国公司内生边界理论。异质性企业贸易理论从微观层面上衡量了贸易自由化状态下生产率差异所导致的资源重新配置进而引起的福利变化；而跨国公司内生边界理论解释了为什么海外生产主要发生在跨国公司内部，而不是采取外包或者许可的方式。

可以看出，国际贸易理论是在其前提假设不断被修订的过程中得以发展的。现有国际贸易理论的前提假设若无法适应现实的经济基础，客观事实就会倒逼理论的变革。从古典贸易理论、新古典贸易理论、新贸易理论到新新贸易理论，理论的前提假设逐步放松。新新贸易理论因其前提假设和分析框架最接近现实基础，而被认为是目前最贴近现实贸易的理论。

1. 数字贸易对新新贸易理论的挑战

随着数字贸易的日渐兴起，新新贸易理论前提假设的现实基础逐渐发生改变，数字贸易将给新新贸易理论带来重大挑战。

第一，挑战了“国际贸易的固定成本显著高于国内贸易”这一命题。异质性企业贸易理论认为，由于企业进入国际市场比国内市场的难度要大，当企业选择出口时，就要付出更大的进入成本，因此，该理论包含一个重要假设即国际贸易的固定成本显著高于国内贸易。而在数字贸易中，企业利用互联网和数字技术能快速完成原先很难完成的以及完成不了的贸易环节，企业进入国际市场的门槛将大大降低。也正因如此，越来越多的中小微企业和个体工商户将加入国际贸易并建立品牌优势并从中获利。显然，在数字贸易背景下，上述命题难以成立，企业进入国际市场所需的固定成本会越来越低，不断趋近于国内贸易的固定成本。

第二，挑战了“异质性主要体现为生产率差异”这一命题。异质性企业贸易理论认为，企业生产率的高低决定了企业是否有能力出口或去国外市场开展经营活动。而在数字贸易中，企业生产率的差异变得不再重要，企业智能化水平才是异质性的主要来源。企业的关键性生产资料是数据，通过分析自身信息和经数字贸易平台汇聚而来的贸易流量和信息，企业判断并规划自身行为以实现智能制造的目标。此外，制造业也不再只是单纯的第二产业，而将成为融合第二产业与第三产业的新型智能化制造业。企业在实现智能制造的过程中，不断推动消费互联网转向产业互联网，进而通过重新分配社会资源提高社会福利。

第三，挑战了“只有生产率高的企业才能从事出口活动”这一命题。异质性企业贸易理论认为，只有生产率高的企业才能从事出口活动，而在数字贸易中，生产率低的企业也能够从事出口贸易。数字贸易中，企业能够通过全球互联网平台直接面对海外消费者，进入国际市场的门槛大幅降低，较低生产率的企业能够更容易地参与国际贸易活动。此外，借助数据分析，低生产率企业通过“自我选择效应”、“学习效应”和“再分配效应”，可以寻找从事出口活动的新驱动因素。

第四，挑战了“跨国公司最基本的生产要素是资本和劳动”这一命题。跨国公司内生边界理论假定只有资本和劳动两种基本生产要素。而在数字贸易中，数据是相对于资本和劳动而言更重要的生产要素，是企业的关键性生产资料。企业通过搜集数据、分析数据和应用数据，最大限度地降低生产成本和交易成本，满足消费者日益增长的个性化需求，不断增强企业的核心竞争力。在数字贸易中，数据正逐渐成为一种稀有的生产要素。为了获取数据、信息等稀缺的无形资产，数字贸易时代的企业会更多地选择内部化以增强企业核心竞争力。

第五，挑战了“跨国公司基本生产要素可以在部门间自由流动”这一命题。跨国公司内生边界理论假定，生产要素可以在部门间自由流动。而在数字贸易中，企业掌握数据就掌握了主动权。数据能帮助企业科学决策，是未来企业竞争的核心。为了建立和维持竞争优势，核心数据成为企业的商业机密，不能为公众和其他商业组织所知悉。除此之外，数字贸易下跨国公司强调的是母公司而并非子公司对核心数据的控制、整合和配置能力。因此，部分数据要素无法实现在各部门间甚至部门内的自由流动，这与跨国公司内生边界理论的假设前提不符。

第六，挑战了“跨国公司只有垂直一体化和外包两种生产组织形式”这一命题。跨国公司内生边界理论假定，跨国公司只有垂直一体化和外包两种生产组织形式。在数字贸易中，竞争不再是企业与企业、供应链与供应链的竞争，而是生态圈与生态圈的竞争。数字贸易平台作为整个贸易生态系统的核心，正重塑着全球价值链中的商业模式、运营模式和合作方式。显然，数字贸易背景下，企业不再简单地选择垂直一体化战略或外包业务方式，更多的企业会选择平台战略，利用数字贸易平台的张力和资源整合能力，不断提升其核心竞争力。

2. 数字产品与服务对新新贸易理论的挑战

除此之外，数字贸易下数字产品与服务、数字化知识与信息这些特殊贸易标的的大量涌现，也改变了模型前提假设的现实基础，挑战了新新贸易理论。

第一，挑战了“国际贸易存在冰山运输成本”这一命题。异质性企业贸易理论假定国际贸易均存在冰山运输成本，显然这一假定不符合现实情况。首先，在服务贸易中，冰山运输成本就不存在。除此之外，数字贸易中的数字产品与服务、数字化信息与知识等也不会因为在区域间进行运输和传送而“融化”，因而这些产品的贸易也不存在冰山运输成本。正是由于冰山运输成本的存在，商品越集中于接近国际市场以及交通运输便利的地方生产就越能节约成本，从而企业会越有利可图，这也是异质性企业空间集聚的一个重要驱动因素。而在数字贸易中，由于数字产品的交易不存在冰山运输成本，从事数字贸易的异质性企业不会出于运输成本考虑而围绕国际目标市场做高度空间集聚。

第二，挑战了“企业边际成本服从帕累托分布”这一命题。在异质性企业贸易理论中，一个重要假设是企业边际成本服从帕累托分布。然而，数字贸易下的许多产品如数字产品和服务以及数字化知识与信息产品等，由于其具有虚拟性、可复制性和无排他性等特点，边际成本几乎为零。显然，企业边际成本服从帕累托分布这一假定不符合数字贸易下的经济事实。因此，由该假设推导出的结论很有可能是错误的。

3. 数字贸易背景下的典型经济事实

通过分析可以看到，数字贸易使新新贸易理论的现实基础发生了重大改变，进而给该理论带来重大挑战。此外，为了进一步拓宽和完善国际贸易理论以适应新时代下的社会经济发展，我们还必须关注如下经济事实。

第一，必须关注“贸易的交易成本大幅下降”这一事实。在传统国际贸易中，由于信息是不对称的，信息搜寻成本、合同成本、沟通成本等交易成本高昂，对生产者和消费者的决策行为产生重要影响。但是在数字贸易下，现代信息网络和信息通信技术的应用使得数字贸易中的搜寻成本、合同成本、沟通成本等交易成本大幅降低，贸易便利化程度大大提高。此外，在互联网平台上完成的交易，用户的各项行为数据被完整记录，这为更准确地衡量搜寻时间、搜寻成本提供了可能。“贸易的交易成本大幅下降”这一事实值得密切关注。

第二，必须关注“产品的替代弹性越来越小”这一事实。在传统国际贸易理论中，产品的替代弹性是贸易理论模型中的重要参数，对国际贸易行为有着重要影响。而在数字贸易中，为了获取市场份额并创造更大的竞争优势，生产厂商基于大数据技术实现柔性生产和智能制造，从而生产出差异性更强的产品以满足消费者日益增长的个性化、多样化需求。数字贸易的交易标的差异化程度越大，产品之间的替代弹性就越小，企业就越有可能从贸易中获取超额利润。但与此同时，企业必须处理好产品差异化与大规模生产之间的关系，在兼顾规模经济的同时，提升生产柔性化水平，满足消费者个性化需求。因而，我们必须关注“产品的替代弹性越来越小”这一经济事实。

第三，必须关注“贸易的响应时间可被记录”这一事实。贸易响应时间指的是价值链各个环节从开始到结束所需的时间，包括了搜寻时间、文件准备时间、谈判时间、备货时间、运输时间、装卸时间和清关时间等。在传统贸易理论中，由于实际贸易时间的波动和不确定性非常大、实际贸易时间难以测度，其对贸易的影响也就很难判断，出于简化的目的，贸易时间这一变量往往被忽略。而在数字贸易中，多数贸易环节依托互联网和数字技术完成，响应时间可以被完整记录，克服了传统贸易理论的技术难关。响应时间直接关乎贸易各环节的效率，是未来企业竞争优势的重要来源，对于数字贸易而言具有重要意义。因而，我们必须关注“贸易的响应时间可被记录”这一事实。

（二）数字贸易给中国国际经济理论研究带来的机遇

第一，学术自信日趋增强的社会氛围。改革开放以来，我国经济社会发展取得了长足的进步，对外贸易已经成为国民经济的重要组成部分，国际地位得到了空前提升，国际经济理论的“中国经验”已作为一种客观存在进入我国学者的视野。我国是哲学社会科学大国，研究队伍、论文数量、政府投入等在世界上都位居世界前列。我国学术自信和底气日趋增强，而这些学术自信和底气正如习近平总书记在党的十九大报告中指出的，“来自中国特色社会主义实践的伟大成就，来自放眼世界风景这边独好的优势”。数字贸易的蓬勃发展极大地激励了我国学者国际经济理论研究的信心。从研究数字贸易的“中国经验”到解决“中国问题”，不断提升我国国际经济学科研究的“中国自信”，有利于推动我国国际经济理论的发展与创新。

第二，数字贸易蓬勃发展的先行优势。我国数字贸易蓬勃发展的先行优势为国际经济理论研究提供了难得的发展机遇。目前，我国在跨境电子商务、跨境移动支付等很多方面处于世界领先的水平，这为我国数字贸易及相关学科理论的未来发展提供了良好的环境土壤。我国企业特别是跨境电商和平台运营商已逐渐成为全球数字贸易新担当，肩负着促进全球数字贸易实现“买全球、卖全球”的重大使命。此外，2016 年我国数字经济规模首次超过 20 万亿元人民币，达 22.6 万亿元，增速高达 18.9%，占 GDP 的比重达到 30.3%，[①] 牢牢占据全球第二大数字经济体地位，这也在极大程

① 中国信息通信研究院：《中国数字经济发展白皮书（2017 年）》，2017 年 7 月 13 日，http://www.caict.ac.cn/kxyj/qwfb/bps/201707/t20170713_2197395.htm。

度上树立了我国对未来数字贸易及国际经济理论研究发展的信心。

第三，对接能力不断提升的科研队伍。现阶段，虽然相对于欧美等发达国家而言，我国国际经济理论研究水平仍比较薄弱，但是，在我国科研队伍始终坚持向前看、向强者看齐、与前沿比肩的研究信念驱动下，我国国际经济理论研究水平与世界领先水平的差距越来越小。在这个伟大变革的时代，数字贸易为我国国际经济理论提供了一个难得的发展机遇，有助于进一步缩减这一差距。把数字贸易作为我国国际经济理论研究的重点对象，能帮助我国科研队伍摆脱“追随者”的命运，激发我国学术科研队伍的研究灵感和创新，不断提升其对接国际经济理论前沿的能力，促进我国国际经济理论创新发展，从而实现真正意义上的世界一流科研队伍建设，让世界知道一个发展中的中国、开放中的中国和为人类社会发展进步做出贡献的中国。

四 小结

近年来，我国以跨境电子商务为代表的数字贸易高速发展，已经展现其蓬勃的生命力与巨大的发展潜力。但与这一经济现实不相称的是，目前学界与业界尚未对“数字贸易”这一概念达成共识。原有对数字贸易的理解已经无法满足新形势的需要，而建立在全新实践基础之上的“数字贸易”概念又迟迟得不到确立。

在制造业智能化转型的全球背景下，基于我国电子商务特别是跨境电子商务在世界范围内率先实践的有益尝试，从 G20 杭州峰会关于“数字经济”的权威解读出发，借鉴美版定义的合理内核，提出数字贸易是以现代信息网络为载体，通过信息通信技术的有效使用实现传统实体货物、数字产品与服务、数字化知识与信息的高效交换，进而推动消费互联网向产业互联网转型并最终实现制造业智能化的新型贸易活动，是传统贸易在数字经济时代的拓展与延伸。在充分理解数字贸易内涵的基础上，进一步辨析数字贸易与传统贸易的异同，分析了数字贸易与跨境电子商务之间的关系，并提炼了数字贸易的内外部属性。

作为贸易新业态、新模式，数字贸易的成本普遍降低，贸易的中间环节大幅减少，逐步形成了智能互联的生态系统，中小微企业等弱势群体能够广泛参与其中，消费者的个性化偏好得到了充分体现。数字贸易的发展对于推动形成全面开放新格局具有重要意义，不仅能够拓展我国对外贸易的组织形态，增强全球网络的辐射能力，而且有利于形成国际竞争新优势，最终实现贸易强国的宏伟目标。

数字贸易对传统国际经济理论形成了巨大挑战。在数字贸易中，企业出口的固定成本大大降低，越来越多的中小微企业加入进来，企业的智能化水平成为衡量企业竞争力的重要指标，新新贸易理论中的"国际贸易的固定成本显著高于国内贸易""只有生产率高的企业才能从事出口活动""异质性主要体现为生产率差异"等诸多命题受到挑战。此外，在数字贸易中很多崭新事实同样值得研究人员重点关注，比如贸易的交易成本大幅下降，产品的替代弹性越来越小、贸易的响应时间可以被记录等。

数字贸易对我国国际经济理论研究而言，更是一个重大的历史机遇。改革开放 40 多年来，国内的学术自信、理论自信日益增强，形成了良好的科研氛围，我国国内科研人才队伍对接世界学术前沿的能力也在不断提升。我国数字贸易特别是跨境电子商务在世界范围内居于领先地位，为学术研究提供了坚实的现实基础。基于此，我们希望更多的学者能够加入数字贸易的研究，为我国以及世界范围内数字贸易的发展问诊把脉、献计献策，共同推动形成国际经济理论研究的中国新范式。

参考文献

［1］李海英：《数据本地化立法与数字贸易的国际规则》，《信息安全研究》2016 年第 9 期。

［2］李忠民、周维颖、田仲他：《数字贸易：发展态势、影响及对策》，《国际经济评论》2014 年第 6 期。

［3］凌祯蔚：《全球数字贸易的发展趋势、面临问题及应对策略》，《现代商业》2017 年第 18 期。

［4］庞春：《专业中间商的出现：基于西方经济史与超边际经济学的解释》，《制度经济学研究》2008 年第 4 期。

［5］王晶：《发达国家数字贸易治理经验及启示》，《开放导报》2016 年第 2 期。

［6］熊励、刘慧、刘华玲：《数字与商务——2010 年全球数字贸易与移动商务研讨

会论文集》，上海社会科学院出版社，2011。

[7] Lewis, G., "Asymmetric Information, Adverse Selection and Online Disclosure: The Case of eBay Motors", *The American Economic Review*, 101 (4), 2011: 1535–1546.

[8] Mesenbourg, T. L., "Measuring the Digital Economy", United States Bureau of the Census, 2001.

[9] Negroponte, N., R. Harrington, S. R. Mckay, et al., "Being Digital", *Computers in Physics*, 11 (3), 1997: 261–262.

[10] Smith, A., "An Inquiry into the Nature and Causes of the Wealth of Nations", Methuen, 1950.

[11] Tapscott, D., *The Digital Economy: Promise and Peril in the Age of Networked Intelligence* (New York: McGraw-Hill, 1996).

[12] Weber, R. H., "Digital Trade in WTO-law – Taking Stock and Looking Ahead", *Asian Journal of WTO and International Health Law and Policy*, 51, 2010: 10.

数字投资篇

数字经济与国际投资新模式和新路径*

詹晓宁　欧阳永福**

摘　要：数字经济跨国企业的崛起是当前跨国企业发展的重要现象。数字经济的兴起创造了大量的新业态和新型商业模式，对传统产业以及传统商业模式产生了深刻的影响。跨国企业全球价值链出现了数字化、服务化、去中介化以及定制化（"四化"）新趋势。跨国企业国际投资模式及路径因此深刻演变，呈现轻海外资产、低就业、区位决定因素变化、服务业投资比重上升、非股权投资增多、跨国公司全球布局更加灵活六大特征。跨国企业国际化因此进入了一个新的阶段，全球 FDI 呈现"低增长"并伴随着大幅波动的新常态。在新的形势下，数字及新兴制造技术成为国际投资流动日益重要的区位决定因素，发达国家在吸引外资以及对外投资方面的优势重新提升，数字经济领域的国际竞争激化，同时新形式的市场垄断问题隐现，国际协调亟待加强。面对数字经济的兴起以及全球跨国公司战略的转型，中国利用外资战略的着眼点应从招商引资转变为"招商引智"和"招商引能"，投资促进及便利化的重点、方式及业绩评估体系需要做出新的调整。同时，在全球数字经济及相关投资规制中发挥引领作用，并帮助发展中国家应对数字经济带来的挑战，促进可持续发展。

---

* 本文原载于《管理世界》2018 年第 3 期，原标题为《数字经济下全球投资的新趋势与中国利用外资的新战略》，收入本书时有增补。

** 詹晓宁，联合国贸易和发展组织投资和企业司司长，主要研究方向为跨国公司与国际直接投资；欧阳永福，联合国贸易和发展组织投资促进处处长，主要研究方向为跨国公司与国际直接投资。

关键词：数字经济；国际投资；全球价值链；投资政策；外资战略

数字经济跨国企业的崛起是当前跨国企业发展的重要现象。数字经济的兴起创造了大量的新业态和新型商业模式，对传统产业以及传统商业模式产生了深刻的影响。跨国企业全球价值链出现了数字化、服务化、去中介化以及定制化（“四化”）新趋势。跨国企业国际投资模式及路径因此深刻演变，呈现轻海外资产、低就业、区位决定因素变化、服务业投资比重上升、非股权投资增多、跨国公司全球布局更加灵活六大特征。全球价值链的治理结构和国际生产格局进入大变革时期。跨国企业国际化进入了一个新的阶段，全球FDI呈现“轻资产”“低增长”趋势，并伴随着大幅波动的新常态。在新的形势下，数字及新兴制造技术成为国际投资流动日益重要的区位决定因素，发达国家在吸引外资以及对外投资方面的优势及地位重新提升，数字经济领域的国际竞争激化，着眼于新一代技术的投资贸易保护主义盛行，国际投资面临新的挑战但也有机遇。

一　数字经济与数字化跨国企业

（一）数字经济的体系结构

数字经济——将互联网数字技术应用于商品和服务的生产和交易——日益成为全球经济中越来越重要的一部分。数字经济企业为数字经济提供基础设施、平台以及数字化的工具（包括软件等），是全球数字经济的主要推动者。[①] 数字经济跨国企业的崛起是当前跨国企业发展的重要现象。数字经济的兴起创造了大量的新业态和新型商业模式，对传统产业以及传统商业模式产生了深刻的影响。

联合国贸发组织（UNCTAD）将数字经济跨国企业分为数字化跨国企业和信息通信技术（ICT）跨国企业（见图1）。

1. 数字化跨国企业

其特点是互联网在运营中处于核心地位，包括在完全数字化环境中运

---

① 联合国贸发组织《世界投资报告2017》。

营的纯数字化企业（互联网平台和数字解决方案的提供商），以及既有高度数字化业务又有实体业务的混合型企业（如电子商务和数字内容）。数字化跨国企业如下。

• 互联网平台：通过互联网进行运营和提供产品与服务的初始数字化企业，例如搜索引擎、社交网络和其他共享平台。

• 数字化解决方案：其他互联网参与者与数字化推动者，例如电子或数字支付企业、云服务和其他服务提供商。

• 电子商务：支持商业交易的网络平台，包括网络零售商和线上旅行社。产品或服务的提供既可以是数字化过程（如果交易内容是数字化信息），也可以是实体过程（如果交易内容是有形商品）。

• 数字内容：数字形态的商品与服务的生产商和分销商，包括数字媒体（例如视频和电视、音乐、电子书）和游戏，以及数据和数据分析。数字内容能够通过网络和其他渠道（有线电视）进行交付。

2. ICT 跨国公司

其为个人或商业活动提供互联网基础设施，具体如下。

• IT：设备与部件（硬件）制造商、软件开发商和 IT 服务提供商。

• 电信：电信基础设施与互联网连通性提供商。

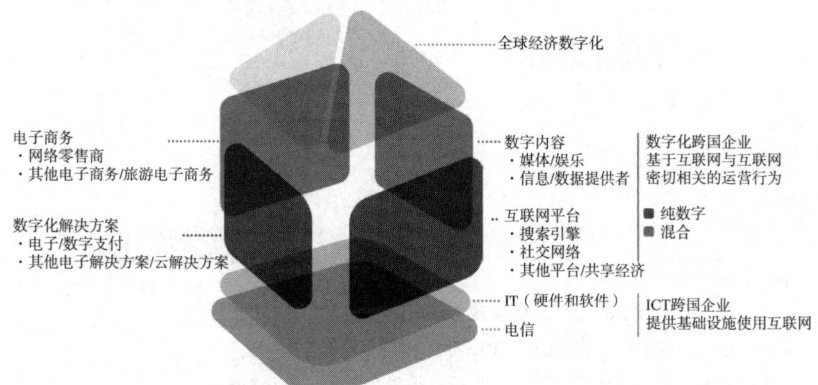

图 1　数字经济的体系结构

资料来源：联合国贸发组织《世界投资报告 2017》，第 167 页。

数字经济跨国企业的上述分类基于企业的主要活动或主要收入的来源。事实上，对企业进行明确的划分比较困难。很多数字与 ICT 跨国公司在数字经济相关的多个领域拥有业务。包括顶尖数字企业在内的众多数字企业，例如苹果、微软、Facebook、谷歌和亚马逊，已成为数字化产品与服务的领军企业。

不同类型的数字经济跨国公司“互联网强度”也存在差异。在以产品（运营）和商业化（销售）来衡量的“互联网强度”矩阵（见图2）中，处于顶端的是纯数字化跨国公司，即互联网平台与数字解决方案的提供商，它们的运营与销售均是数字化的。矩阵底端是非ICT、非数字化的混合企业，它们正逐步将数字化引入运营与销售，例如电子商务在传统商务的重要性逐渐提升。

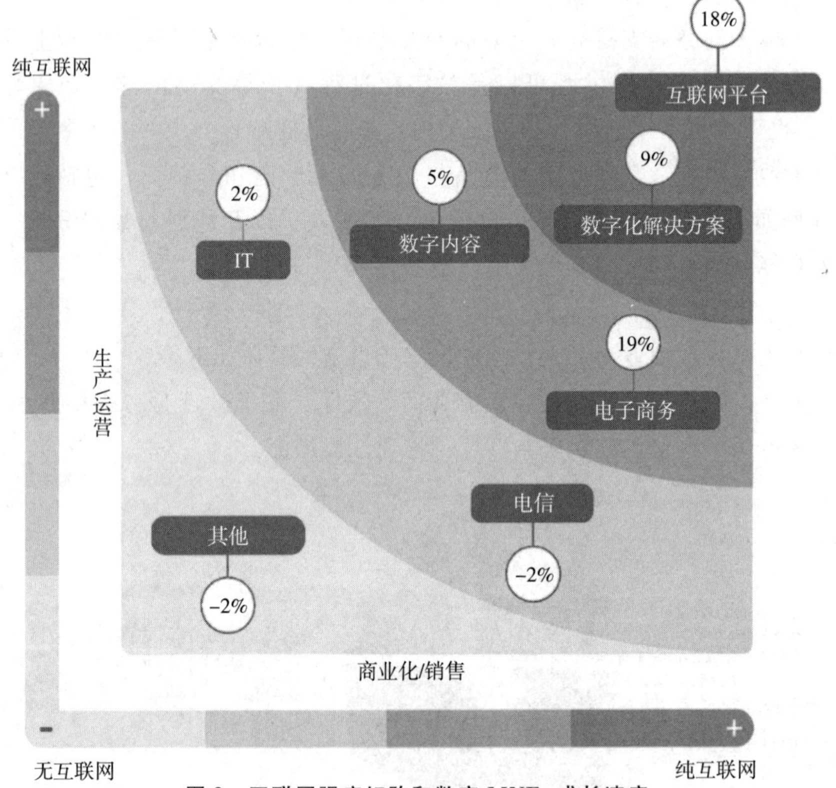

图2　互联网强度矩阵和数字MNEs成长速度

注：○内为营业收入在2010～2015年的年复合增长率。

资料来源：联合国贸发组织《世界投资报告2017》，第169页。

（二）数字经济跨国企业的兴起

近年来，借助移动互联网、大数据、人工智能、云计算等新兴技术，数字经济企业体现出超强的市场拓展能力，数字经济业务呈几何级数增长。2003年阿里巴巴成立淘宝时基本上没有什么交易，2006年零售额达到200

亿元人民币，2008 年突破 1000 亿元人民币，2016 年首次突破 3 万亿元人民币，与全球最大的传统零售企业沃尔玛不相上下。再看出行行业，中国现有出租车司机约200 万，而滴滴的注册司机已经超过1500 万。[①] 这些都体现了数字技术在更大范围内组织、动员市场资源，创造大规模协作体系的巨大能量。数字经济的兴起深刻改变了传统经济模式与经济体系，新零售、新娱乐、新金融、新制造等新经济业态不断涌现。[②]

在国际经济领域，数字经济跨国企业的快速增长成为全球跨国企业发展的一个重要动向。在全球 FDI 持续低迷的情况下，数字经济跨国企业的国际投资保持了强劲增长。2006 ~ 2015 年，在联合国贸发组织全球跨国企业 100 强排名中，数字经济科技企业与 ICT 跨国企业数量占比从 13% 增长到 19% ，其资产及营业收入占 100 强的比重也分别从 10% 左右增加到 20% 左右（见图 3)，市值更占到 100 强的 26% 。数字科技跨国企业的资产以每年

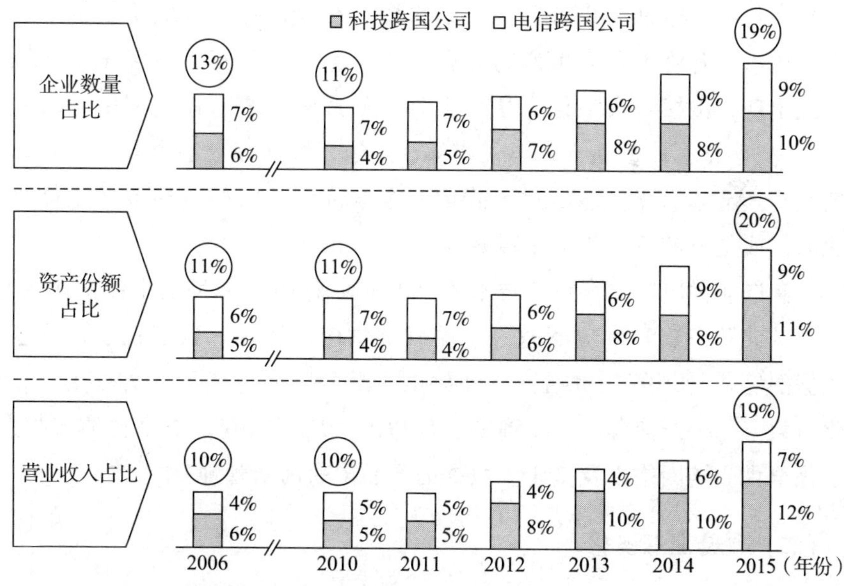

图 3　联合国贸发组织全球跨国企业 100 强中的数字经济跨国企业

资料来源：联合国贸发组织全球跨国公司数据库。

① 阿里研究院：《〈数字经济 2.0 报告〉演讲实录》，2017 年 1 月，http://www. aliresearch. com/blog/article/detail/id/21213. html。

② 波士顿咨询集团：《迈向 2035：4 亿数字经济就业的未来》，2017 年 1 月，http://i. aliresearch. com/file/20170111/20170111181339. pdf。

10%的速度增长，而传统跨国企业资产增长近乎停滞。数字科技企业的营收和雇员的增长低于资产的增速，但仍高于传统跨国企业的水平。[①] 数字经济领域的国际并购也在加速。2017 年，全球人工智能领域的并购已达 213 亿美元，约为 2016 年的 2 倍、2015 年的 26 倍。[②]

二　数字经济下全球跨国企业价值链的四大新趋势

数字经济的兴起创造了大量的新业态、新型商业模式，推动了全球价值链的数字化、智能化，并对传统产业及传统商业模式产生了深刻的影响。跨国公司全球价值链演变出现了“四化”的趋势。

（一）价值链数字化

数字化不仅通过在线市场（在线采购、在线销售）影响价值链上下游功能，还影响着跨国企业生产与经营过程。生产与运营的数字化正在以多种形式出现，包括：数字化产品与服务（如搜索引擎、社交网站等互联网平台）、数字化实体产品（如电子媒体、娱乐、数据等数字内容产品）以及传统生产环节数字化。在上述形式中，全球价值链的部分环节或整体是数字化的，或是由实体向数字化转变。

在制造业供应链中，数字技术的引入正在使 10 个领域发生数字化转型。这些领域涉及采购和供应商管理、端到端供应链管理、数字化生产、基于大数据的客户管理等，包括：自动化电子采购、数字工厂、实时生产、自动化、数字化生产流程、电子商务、延伸的供应链监控、数字化质量控制、数字化全供应链网络以及基于大数据的产品生命周期管理。[③]

（二）制造业服务化

随着跨国企业生产经营活动进一步数字化，其全球价值链可以被分为

---

① 联合国贸发组织《世界投资报告 2017》。

② Economist, “Google Leads in the Race to Dominate Artificial Intelligence”, 2017, https://www.economist.com/news/business/21732125-tech-giants-are-investing-billions-transformative-technology-google-leads-race.

③ 详见联合国贸发组织《世界投资报告 2017》第 4 章“投资与数字经济”。

更多的环节，并将非核心的环节通过协议生产、协议研发等方式外包出去，从而使企业的部分生产活动成为基于佣金的生产服务。数字技术不仅提高了企业供应链管理的能力，还确保了产品设计和规范的提高。因此，外包越来越有竞争力，企业重点关注核心竞争力，而将辅助活动外包出去。

此外，随着信息技术的发展，越来越多制造企业的商业模式从出售产品和设备转向出售服务，即按照产品或设备的使用收费。例如，通过飞机引擎“按时收费”模式，引擎制造商的大多数收入来自维护而不是直接的产品销售。数字化是这个服务过程的核心。制造商通过使用传感器和无线通信来监测使用数据，实现对航空里程以及发动机状况的监控，以实时评估维护和维修要求。从销售产品到销售服务的这一转变，对客户来说，原来对资本品的投资变成了购买服务，即营运支出。这样，买方省去了设备的维护和维修，卖方加强对知识产权的掌控，并拓展了增值服务。这导致跨国企业价值链服务环节的比重不断提升，海外资本投资的强度下降。

数字技术还可以增加制造的服务内容。一方面，物联网和大数据技术可以增加最终产品制造中使用的服务内容（一体化服务）。另一方面，一些服务被附加到最终产品中，这些服务通常都含有大量的数字化成分（嵌入式服务）。这两种影响都大大增加了服务业在全球价值链和贸易中的份额。

（三）价值链去中介化

在上游，跨国企业电子采购及供应商电子实时监测、管理系统日益普及。企业可以更高效地购买产品和服务，包括小型供应商的产品和服务。在下游，跨国企业也越来越多地利用数字化、信息化、现代 IT 技术及网络平台，可以绕过批发商和分销商，直接将产品和服务销售给最终用户。对于实体产品，这通常意味着缩短供应链。而对于服务，如金融服务等，这意味着绕过了很多传统的中间环节。而数字支付和高科技金融产品可以实现更便捷的跨境交易。在去中介化的作用下，跨国企业全球价值链、供应链缩短，更贴近市场，反应速度、灵活性及效率提高，同时更易于调整和转移。

（四）生产定制化

随着跨国公司全球价值链大量利用数字技术以及 3D 打印等新兴制造技

术，生产活动更易于复制，大量定制化生产成为可能。生产活动更贴近用户，并与用户互动（如在设计或生产环节邀请客户参与）。基于 C2B 的柔性、定制化生产增多，传统经济与数字经济和智能生产加速融合。例如，在制药行业，随着新兴技术的发展，针对性更强的新产品不断涌现，产品周期不断缩短。制药行业传统的大批量生产、高库存的商业模式正在改变，小批量、低库存、更贴近市场的生产模式不断增加。

三　数字经济下跨国企业国际投资的新特征

依托 ICT 提供的有利基础设施，数字化跨国企业的运营以互联网为基础，其国际化路径与其他跨国企业存在本质区别：它们能以更少的资产和海外员工进军国外市场，直接影响对东道国的实物投资与就业创造。它们的国际业务与其他跨国企业在很多方面存在差异：它们倾向于持有更多流动资产和无形资产，更多地采用非股权投资模式，全球价值链更加灵活。跨国企业的国际投资呈现以下六大新特征。

（一）轻（海外）资产化

理论上，数字化可以从两方面降低跨国企业海外投资强度。

一方面，全球价值链不断数字化，并将全球价值链更多的非核心环节外包出去，减少了对外投资的需要。数字化不仅影响下游功能，还影响着生产过程。价值链整体或部分环节数字化之后，其业务主要依托于互联网，因此本质上是无形的、跨国的（不考虑政策因素）。在此背景下，传统 FDI 的动因被削弱，并可能不足以补偿与 FDI 有关的区位成本或协调治理问题。这些动力主要影响效率寻求型 FDI，例如受低劳动力成本或低贸易成本驱动的 FDI。

另一方面，随着在线市场加速发展，数字化跨国公司可以直接在线上销售给消费者，而不用像传统跨国企业那样需要通过市场寻求型 FDI（例如建立自己的海外销售网络）出售产品及服务。这些企业不再需要大量大型的海外分支机构。特别是在规模较小的市场中，它们通常仅设立代表处即可满足业务需要，能减少资本支出、减轻税负、节省费用。也就是说，数字化企业能以更少的资产和海外员工进军国外市场，海外资产占比下降。

在一定程度上，跨国企业全球价值链的数字化削弱了海外生产经营活动（销售额）与海外资产的联系。① 在联合国贸发组织全球跨国企业100强中，数字经济科技企业的海外资产与总资产、海外资产份额与海外销售份额的比值都大大低于传统跨国企业（见图4）。其中，数字经济跨国企业海外资产份额/海外销售份额的比值为1∶1.8，而传统跨国企业海外资产份额/海外销售份额的比值约为1∶1。

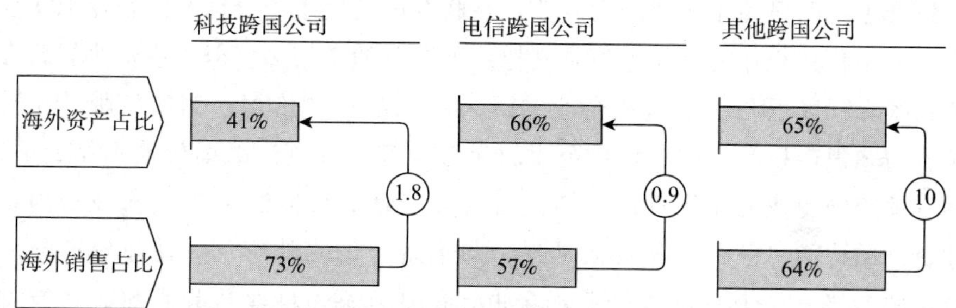

图4　2015年联合国贸发组织全球跨国企业100强的国外资产和国外销售份额

注：○内为比值，即国外销售份额/国外资产份额。

资料来源：联合国贸发组织全球跨国公司数据库。

跨国企业的生产经营越依赖于互联网，它们就越能利用较少的海外资产获得较高的销售份额。这不仅适用于大型跨国企业，也普遍适用于中型甚至小型跨国企业。例如，在数字经济领域的跨国企业中，互联网平台企业数字化程度最高，其海外资产份额与海外销售份额的比值都不高于40%，大多数不超过20%，海外资产与海外销售的关系基本上被完全打破。汽车、飞机制造以及其他数字化程度较高的高端制造业，上述比值也小于1，而且呈下降趋势。这些都表明，价值链的数字化导致跨国企业更多的资产集中于母国，总部协调功能加强，海外投资强度下降。

（二）轻就业、高技能化

数字化及智能化对就业的影响备受关注。一方面，数字化、智能化以及生产率的提高将导致劳动力减少；另一方面，数字经济的兴起也会创造更多的就业机会。实际情况往往比较复杂。联合国贸发组织的数据显示，2010～2015年，电信企业与传统的跨国企业就业量保持平稳，总体上与资

① McKinsey Global Institute，“Digital Globalization：The New Era of Global Flows”，2016.

产及营收增长保持一致。这表明数字化并未对上述两类企业的就业造成大的影响。[①] 数字经济科技企业的就业人数年均增长5个百分点，与营业收入增长基本同步，但显著低于资产的增长（年均11%）。这表明，尽管科技企业创造了更多的就业机会，但就业的增长明显落后于资本的增长。

同时，科技跨国企业的资本结构也发生了重要的变化，无形资产及流动资产占比明显高于传统跨国企业。在联合国贸发组织全球跨国企业100强中，大型科技企业的平均市值是其他跨国企业的3倍多。但这些企业的高市值在很大程度上归因于这些企业的巨大的无形资产价值，例如品牌、先进技术与知识产权等。这些科技企业的无形资产与其资产账面价值不相上下，而其他跨国企业的无形资产平均仅占其资产账面价值的40%。科技跨国企业资产结构的另一个显著特征是现金与准现金的占比很高，达总资产账面价值的28%，是其他跨国企业现金占比的3倍多。综上可以看出，科技型跨国企业资产构成的重心越来越转向无形资产和流动资产，而这些资产创造的就业机会较少，且主要集中在高技能岗位。

数字经济领域FDI创造就业的强度相对下降，并不表明这些投资对东道国已经不是那么重要。正好相反，数字经济领域的FDI（包括数字化、智能化、自动化方面的投资及相关技术）对传统产业的升级改造以及国际竞争力的提升至关重要，因此对带动、保有传统产业的就业具有不可或缺的作用。否则，在跨国企业全球价值链日益灵活的情况下，东道国的传统产业会失去竞争力或转移到其他国家。

（三）区位决定因素变化

数字化跨国企业的资产配置的上述转变——资产重心由固定、有形资产转向无形、流动资产——标志着企业价值来源发生了结构性转变。专利等知识产权及其他无形资产在新一轮产业革命中日益成为企业创造价值增值的重要来源，劳动力、土地（包括自然资源）等传统生产资料的重要性相对降低。

在此背景下，传统FDI的动因被削弱。在一些情况下，企业国际化带来的好处可能不足以补偿对外投资增加的成本（包括区位成本、协调治理成

① 波士顿咨询集团的研究也表明，尽管受到电商冲击，中国线下零售店导购及营业员的需要仍在增长。详见波士顿咨询集团《迈向2035：4亿数字经济就业的未来》，2017年1月，http://i.aliresearch.com/file/20170111/20170111181339.pdf。

本等）。这主要影响效率寻求型 FDI，例如受劳动力成本或贸易成本降低而驱动的 FDI，市场寻求型 FDI 也受到一定影响。知识寻求型 FDI 以及金融与税收驱动的 FDI 则更加重要。①

与传统类型的 FDI 相比，数字化跨国企业国际投资的路径也发生了明显的变化。传统跨国企业的投资模式以高资本支出、高固定成本、高负债、低流动性与低利润为特征，而数字经济跨国企业的国际投资模式正好相反，其主要特征是低海外资本支出、高流动成本、低负债、高流动性与高利润。

在数字化跨国企业对外投资中，构成数字经济底层基础构架的数字技术（信息、通信、互联网、物联网、人工智能等）、数据（数据资产、数据安全、数据产权等）以及相关战略性资产（如人才、创新、研发能力）和基础设施的质量，对国际投资流动的方向发挥着日益重要的作用。在数字经济中，数据成为新的生产要素，数字技术及基础设施的重要性凸显，土地、人力和资金等传统生产要素的投资区位决定性作用相对下降。各国在全球价值链的竞争力日益取决于其新兴技术的实力。

（四）服务业投资比重上升

与跨国企业价值链不断服务化相关联的一个趋势是，服务业在全球 FDI 中的比重不断上升。在联合国贸发组织全球跨国企业 100 强中，服务业企业的数量稳步增长，已占 100 强近 1/3；而制造业企业数量明显减少。此外，100 强中服务业跨国企业的国际化指数（TNI）的提升也明显高于制造业及第一产业跨国企业（见图 5）。② 服务业地位显著提升，既有服务业放松管制的原因，数字、信息通信技术的兴起以及传统产业全球价值链不断服务化也是重要的因素。目前，服务业约占全球外国直接投资存量的2/3。随着全球价值链数字化加速，服务业在全球 FDI 中的比重将进

① 数字化跨国企业资产配置（特别是海外资产配置）中无形资产以及流动资产占比显著提高，更便于这些企业通过资产运作、转移定价等方式转移利润从而达到避税的目的，因此以融资或避税为目的进行对外投资的动因比传统跨国企业更强。详见联合国贸发组织《世界投资报告 2015》第 5 章“国际税收与投资政策的协调”。

② TNI 即联合国贸发组织跨国企业国际化指数，是以下三个比率的平均值：海外资产占总资产、海外销售占总销售以及海外雇员占总雇员。

一步上升。

值得注意的是，由于全球外资统计的产业分类是基于海外子公司的经济活动，而不是母公司所属行业，因此服务业外资流量及存量数据可能被大大高估，即一些制造业跨国企业在服务领域的对外投资也被计入了服务业对外投资。随着制造业服务化加速，这一问题将更加突出。

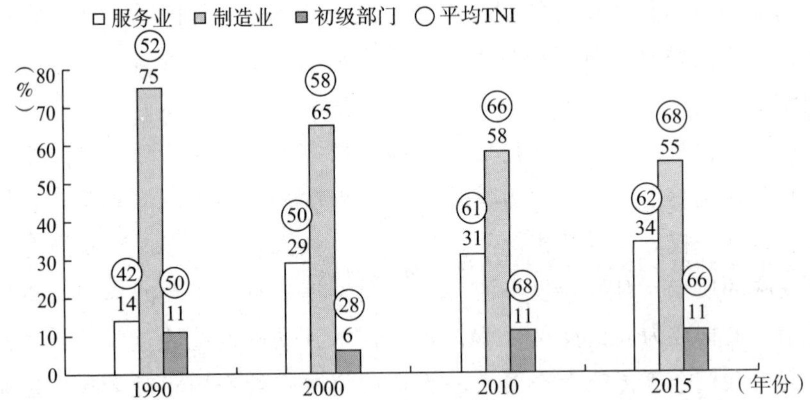

图 5　联合国贸发组织全球跨国企业 100 强的部门分布（企业数量及百分比）

注：TNI 为联合国贸发组织跨国企业国际化指数，无单位；不带圈数字为百强企业数量（因为分母是 100 家企业，所以该数字也是在百强企业中的占比）。

资料来源：联合国贸发组织全球 FDI 数据库、全球跨国公司数据库。

（五）非股权投资日益重要

数字化全球价值链日益服务化，还意味着跨国企业在生产经营活动中更多地利用非股权投资方式，如协议生产、服务外包、订单农业、特许经营等。股权投资需要减少，非股权投资需求增加。目前，每年全球非股权投资方式涉及的跨境交易已经超过 2 万亿美元，相当于全球跨国公司海外分支机构年销售额的 1/3。非股权经营方式已经成为西方跨国企业进入全球市场的重要方式。特别是在一些较为敏感的行业，如农业生产、高科技产业研发等，非股权投资方式更为普遍。此外，非股权投资方式也成为跨国企业规避日益增长的地缘政治风险和投资保护主义的重要途径。① 数字经济的发展将推动非股权投资进一步加速。

① 联合国贸发组织《世界投资报告 2011》。

（六）全球布局更加灵活，全球价值链出现“分解”（disintegration）或“区域化”倾向

跨国公司全球价值链的数字化、智能化、服务化以及供应链的缩短，其价值链全球布局变得更加灵活，生产经营更贴近最终市场，市场反应更加灵敏。与此同时，产出及投入都容易出现更大的波动，产业链的复制以及在各国之间的转移也将更加容易。这些新的趋势，加上全球保护主义抬头以及政策、地缘政治风险不断上升，导致跨国企业全球价值链出现“分解”或“区域化”倾向，以更贴近目标市场，同时降低风险（详见下一部分有关国际生产格局的论述）。

总之，全球价值链数字化不仅影响下游的销售等功能，还影响着研发、采购和生产过程。全球价值链的部分环节或整体是数字化的，或正在由实体向数字化转变。在此背景下，传统的外国直接投资的动因被削弱。其中，受影响最大的是效率寻求型外国投资，如受低劳动力成本或低贸易成本驱动的外国投资。而其他类型的外国投资更加重要，包括知识技术导向型外国投资。但相对于传统的外国投资，这些投资涉及的实体性、生产性投资相对减少。数字化跨国企业海外生产经营出现低海外资产、低海外就业、高海外销售的倾向。

四　数字技术与国际生产格局的重塑

数字技术使跨国公司价值链及国际化模式和路径出现了新的趋势的同时，也改变着国际生产的格局。这具体体现为，以数字技术为核心的三大关键技术——数字化、自动化和人工智能以及 3D 打印——将改变全球产业链的长度、地理分布以及治理结构，同时改变增加值在价值链不同环节的分布（即“微笑曲线”的形状）。新兴技术，加上全球经济治理的碎片化和贸易投资保护主义的兴起，以及对可持续发展的更高的要求，已经成为推动国际生产格局出现深刻演变的三大力量。[①] 在它们的共同作用下，国际生产格局将在未来十年进入大变革时期。

① 关于三大趋势对国际生产格局影响的详细论述，参见联合国贸发组织《世界投资报告 2020》第 4 章“国际生产：未来十年的转型”。

（一）数字化与国际生产

大量基于前沿互联网的技术成果均属于数字化范畴，比如物联网（IoT）、云技术，增强现实（AR）和虚拟现实（VR）以及基于平台发展的技术，包括电子商务、金融技术和区块链等。尽管上述技术广泛应用于各行各业，但它们均与服务业有着内在联系；实际上它们为社会提供了无形的服务。在制造业使用上述技术，则壮大了制造业的服务成分，即制造业服务化。这些数字技术都是新产业革命中的核心和重要组成部分。然而，各项技术仍处于不同的开发和业务渗透阶段。例如，尽管物联网（IoT）技术已经得到了广泛应用，其在汽车行业中的贡献有望在2025年达到7500亿美元，但区块链的应用仍然有限。[①]

应用数字技术使生产过程更加一体化，降低了治理和交易成本，能更有效地协调复杂的价值链。比如，把机器设备联通起来的物联网技术能够对产品的使用和功能提供更好的监控和评估，并通过提供大量来自智能产品的实时数据（大数据）来掌握和优化生产过程。利用云存储与云计算手段的大数据分析，可以充分利用外部的信息来源。由于人工智能技术的发展，预测技术可以进行更好的规划与分散管理工作，以减少不确定性带来的风险。

先进的信息通信技术，如先进的远程会议、虚拟现实（VR）和增强现实（AR）技术的发展，则使远程办公逐渐成为一种可行的选择，这加速了劳动力和生产活动之间的实体化分离。此外，电子商务、数字支付和高科技金融产品使跨境交易与融资更加便捷。数字化导致的去中介化的不断延伸也减少了交易成本和价值链上的价值流失。

在上述趋势的作用下，价值链数字化给国际生产带来了深刻的影响，主要体现为，生产销售各环节进一步分离化（unbundling）、离岸化（offshoring）和外包化（outsourcing）。无论是在独立公司之间，还是在非股权经营的模式下运作，生产销售的分离、交易成本的降低以及制造业的服务化，都使得外包在跨国公司“是制造还是购买”的决策中更具竞争力。[②]

① 联合国贸发组织《世界投资报告2020》。

② Elia, S., Massini, S., and Narula, R., “Disintegration, Modularity and Entry Mode Choice: Mirroringtechnical and Organizational Architectures in Business Functions Offshoring”, *Journal of Business Research*, 103, 2019: 417 – 431.

与此同时，经过数字化改进的全球价值链大大提升了大型数字化跨国公司在提供关键的基础设施（包括市场平台等软性基础设施）以及市场解决方案等方面的能力，增强了它们的市场地位。增强型数字化国际生产网络往往将更多的价值集中在少数经济体，特别是美国等发达经济体，并有着明显的“轻资产”国际化足迹。①

数字化进程不仅会影响价值链的长度、地理分布和治理行为，并且还会重塑价值链的增值结构。物联网和大数据等数字技术突出了无形资产在价值链中的重要性，特别是上游的研发和创新以及下游的市场数据和智能化程度，这使得附加值主要集中在微笑曲线的两端。而低附加值服务的商品化以及制造业服务化，则使微笑曲线的中间部分变得扁平。

由此导致的国际生产模式在知识和数据密集型的高附加值服务（通常由价值链领头企业内部化并保留在岸）和许多分散、离岸和外包的低附加值活动之间形成了高度分化。这样的格局给全球发展带来了重要的影响。尽管数字化可以成为实现包容性发展的一种手段，例如允许发展中国家供应商更广泛地参与全球价值链，但它也往往会扩大处于全球价值链不同发展阶段国家之间的附加值差距，使价值链升级和追赶变得更具挑战性。

（二）自动化与国际生产

自动化依靠使用先进的机器人，即新一代的工业机器。制造业中使用的先进工业机器人需要具备相当的计算能力，并需要通过数字技术加以增强。先进工业机器人已经在一些行业中（比如汽车制造业和电子元件产业）得到了广泛使用，而且预计还会进一步快速增长。在中高端服务业中应用的机器人技术包括人工智能与智能机器人。虽然用智能机器人代替人类劳动在服务业中仍处于初级阶段，但其发展迅速。预计专业服务机器人（主要是物流和医疗机器人）的存量将从 2018 年的 27 万台增长到 2022 年的 100 万台。在未来 10 年里，“白领”机器人的使用数量将有进一步的增长。② 但总的来说，自动化对服务业的影响将低于制造业。

自动化与人工智能对国际生产的影响主要体现为产业回流（reshoring），

① Casella, B., and Formenti, L., “FDI in the Digital Economy: A Shift to Asset-light International Footprints”, *Transnational Corporations*, 25 (1), 2018: 101 - 130.

② International Federation of Robotics, “World Robotics 2019: Service Robots”, 2019.

特别是向少数发达经济体回流，同时伴随着生产工序的重新合并（rebundling）和内部化（insourcing）。

过去30年来，主要来自发达经济体的跨国公司将许多生产线转移至海外，一个重要原因就是利用不同国家劳动力成本差异获利。先进工业机器人成本不断降低及日益普及，可能会改变这一成本套利模式，并可能削弱发展中国家低成本制造业中心的竞争优势。这种影响，再加上新兴市场劳动力成本的上升及地缘政治风险，可能会引发制造业活动的回流。

同时应看到，自动化对于各行业的影响并不完全相同。机器人的普及取决于技术可行性和经济可行性。尽管汽车和电子等少数行业已经大量使用工业机器人，但在纺织和服装等行业，人工劳动仍更加经济和便捷，特别是机器人处理软质材料的技术可行性才刚刚出现。但总的来看，到2030年，预计将有更多先进、高效、高产能的机器人出现，并全面提高机械化生产的技术和经济可行性。

鉴于主要发达经济体在技术和资本上的优势，产业回流预计将主要流向这些发达经济体。但上述情况并非绝对，例如除中国之外，印度、巴西和墨西哥等发展中国家制造业中心也拥有大量工业机器人。在这些国家，在当地生产的跨国公司可能会留下来，继续利用当地的技能和必要的基础设施，同时避免转移生产线增加的投入和对生产活动造成的干扰。这也是技术驱动的产业回流到目前为止并不普遍的一个原因。[①] 但在未来10年，随着自动化、人工智能技术和经济可行性的不断提高，产业回流的趋势可能会加剧，但不同行业和国家受到的影响可能不同。

尽管产业回流可能是自动化对国际生产和全球价值链产生的最重要的影响，但产业自动化因素也将对全球价值链的长度和治理产生影响。例如，先进的工业机器人技术使得执行复杂的任务序列成为可能，通常会导致不同生产工序的合并重组（rebundling）。在治理方面，尽管机器人成本不断降低，但其仍然需要大量的资本投资。规模较小的第三方供应商的作用可能降低，转而由跨国公司进行更直接的治理。

此外，产业自动化还会影响到整个价值链的附加值分配情况。机器人

① De Backer, K., Menon, C., Desnoyers-James, I., and Moussiegt, L., "Reshoring: Myth or Reality?", OECD Science, Technology and Industry Policy Papers, 2016, No. 27, http://dx.doi.org/10.1787/5jm56frbm38s-en.

逐步取代低技能制造业劳动力，将导致制造阶段的附加值增加，微笑曲线将变得更平坦。此外，使用机器人引致的生产率提高，将使整个曲线向上移动。

（三）3D 打印与国际生产

3D 打印是一项利用数字设计手段进行实体化制造的技术。它通过逐层增加用料来制造产品，也被称作增材制造技术。3D 打印是重塑全球价值链的最重要的技术之一，[①] 但技术和经济可行性仍不十分成熟。与数字化和自动化在一定程度上影响所有行业不同，3D 打印技术在今后 10 年可能仍会局限于在特定的产业或细分行业投入生产。在这些行业，该技术具有重塑全球价值链并改变其地理范围与分布的潜力。[②] 由垂直分散型的长价值链组成的价值链密集型行业（如制鞋业），增材制造技术意味着许多工序可能发生重新合并重组（rebundling），从而使行业产业链发生巨大的变化。其他行业，如制药行业，它们已经依赖于更短、更分散的生产网络，可能不需要剧烈的转型，但 3D 打印技术仍然有着重要的影响。

总体而言，3D 打印技术将使一些行业的国际生产格局呈现小规模、本地化生产的特征。这样的格局将通过价值链合并重组（rebundling）和离岸外包（offshoring）实现。而传统上，离岸外包一般伴随生产工序的分割（unbundling）而不是价值链的合并重组（rebundling），产业回流（insourcing）则通常伴随着生产工序或产业链的合并重组（rebundling）而不是分割（unbundling）。3D 打印技术在一定程度上打破了上述国际生产范式。

3D 打印使得大规模定制生产或分布式制造成为可能。在 3D 打印中，附加值源于设计及编程阶段以及满足客户的特定需求。这样，生产制造的流程变成了一种可以在许多国家复制的、高度商品化、低附加值化的生产活动，从而更适合外包（outsourcing）。

另外，3D 打印技术也可能通过生产工序的合并重组（rebundling）导致

① Laplume, A. O., Petersen, B., and Pearce, J. M., "Global Value Chains from a 3D Printing Perspective", *Journal of International Business Studies*, 47（5）, 2016: 595 - 609.

② Rehnberg, M., and Ponte, S., "3D Printing and Global Value Chains: How a technology May RestructureGlobal Production", National University of Singapore, GPN Working Paper Series GPN 2016 - 010, 2016.

工业回流的现象。例如，助听器的生产普遍使用3D打印技术后，出现了主要集中于一些高收入国家（如瑞士和新加坡）以及一些新兴的制造中心（中国和墨西哥）的趋势（Freund 等，2018）。主要原因是这些市场可以提供大量的高技术劳动力，以及其贸易成本在不断降低。

3D打印技术总体上使价值链变得更短，同时使分布式、本地化生产成为可能。生产制造流程可复制化、商品化，劳动力成本和规模经济的重要性降低，价值增值主要集中于微笑曲线的两端（即设计、编程和销售）。

从以上分析可以看出，数字化、自动化和3D打印三大技术趋势对全球价值链和国际生产的不同维度造成不同的影响（见表1）。根据不同行业自身的特点，增加值在全球价值链中的分布也将出现深刻变化，从而以各自的方式平滑、挤压或弯曲国际生产的"微笑曲线"。但总的来看，以数字化为核心的新一代先进制造技术将使全球价值链变得更短，不同环节在全球的分布更具灵活性、更贴近市场，知识技术密集型的环节可能出现向发达经济体回流的趋势。同时应该看到，除新技术革命外，未来国际生产格局还受到地缘政治、全球经济治理以及不断提高的可持续发展要求的影响。未来10年国际生产格局的重塑在不同的地区、不同的行业可能呈现出不同的特点，可能的轨迹包括全球产业链的回流、多样化、区域化以及通过复制进行精细的分布式生产。①

表1　新兴制造技术对国际生产格局的影响

三大技术	分割 ←→ 合并（unbundling）（rebundling）	离岸 ←→ 回流（offshoring）（reshoring）	外包 ←→ 内部化（outsourcihg）（insourcing）
数字化	←	←	←
自动化	→	→	→
3D打印	→	←　→	←

五　数字化对全球外国直接投资流动的影响

数字经济的兴起以及跨国企业的全球价值链数字化，对跨国企业的国

① 关于未来十年国际生产格局演变轨迹的系统论述，详见联合国贸发组织《世界投资报告2020》第4章"国际生产：未来十年的转型"。

际投资路径及国际化模式产生了深刻的影响。在数字经济加速发展的形势下，全球外国直接投资流动出现了以下新的趋势。

（一）跨国公司国际化进入一个新的阶段，全球FDI呈现低增长的“新常态”

20世纪90年代以来，外国直接投资先是经历了20年的快速增长，随后出现了10年的增长停滞。

前20年，全球FDI存量增长了10倍，全球贸易总量增长了5倍，其中大部分是跨国公司的子公司之间进行的内部贸易和跨国公司彼此的供应链贸易。20世纪90年代，技术的进步使生产过程得以进一步细分，各跨国公司协调复杂的跨境供应链的能力不断增强；贸易和投资政策的自由化与出口导向型产业政策的推广，使得经济体之间为了吸引投资而彼此竞争。这些因素都推动全球FDI加速发展。以寻找自然资源和国际市场为主要动机的相对简单的跨境投资演变为更多的以寻求劳动力成本和生产率差异为目的的相对复杂的国际投资。2000～2010年，国际投资进一步转变。FDI的模式发生了变化，新兴市场不仅越来越成为FDI的重要接受者，而且还逐渐成为重要的对外投资者。随着服务业的国际化与制造业活动的服务化，服务业的构成发生了转变，其扮演的角色开始越来越重要。跨国公司在海外扩张的方式也发生了变化，并购（M&A）扮演了主要的角色，公司结构开始变得高度复杂。全球FDI流动保持高速增长。

全球金融危机后，国际投资的增长势头趋于停滞。如果扣除对中转国和离岸金融中心的投资，消除金融性投资的影响并平滑超大型跨境并购造成的一次性扰动，国际投资的潜在趋势更清楚地表明了国际投资在2008年以后即陷于停滞。国际投资特别是生产性投资的低迷直接导致全球贸易放缓。过去几十年来，全球商品和服务出口的增长率一直保持在全球GDP增长率的2倍多，但现在相对经济增长呈现出显著放缓的趋势。与此相关的是，价值链增加值在全球贸易中所占比重也明显下降（见图6）。

上述趋势在跨国企业国际化水平上也得到体现。20世纪90年代初以来全球化以及资本市场的加速整合，跨国企业国际化水平不断提高。但这一进程是不平衡的，并且数次被全球或地区经济危机所打断。联合国贸发组织跨国公司国际化指数（TNI）显示，90年代以来，全球跨国公司100强的国际化主要经历了两个快速提升的阶段：1993～1997年以及2003～

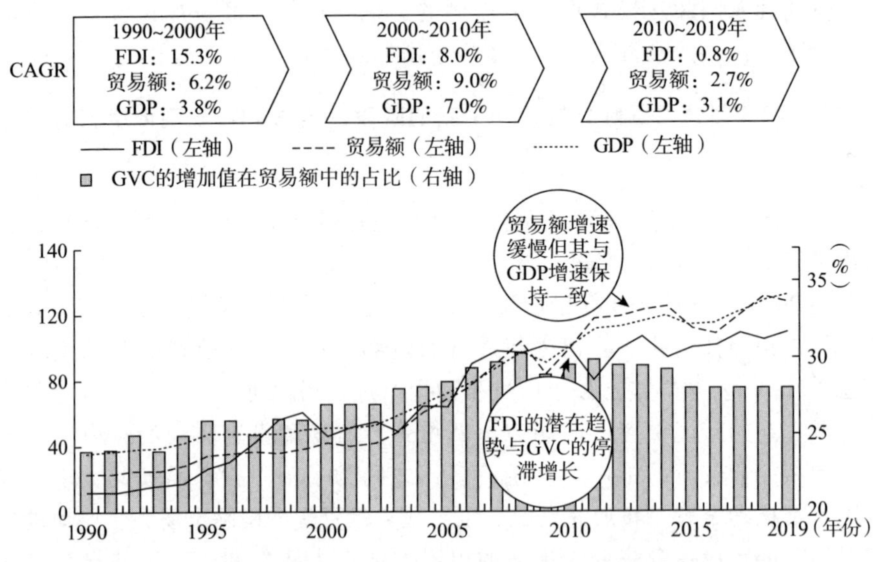

图 6　全球 FDI、贸易额、GDP 以及价值链趋势

注：CAGR，复合平均增长率；GVC，全球价值链。全球 FDI、贸易额及 GDP 以 2010 年为 100。

资料来源：联合国贸发组织《世界投资报告 2020》。

2008 年。2010 年以后，国际化指数再次趋于停滞（见图 7）。联合国贸发组织数据显示，跨国公司海外资产、海外销售、海外雇员比重都出现了停滞或下降。全球跨国企业海外生产活动的扩张明显放慢。联合国贸发组织数据显示，2010～2020 年，跨国公司海外分支机构的销售额、创造的增加值、资产及雇员的平均增长率分别为 1.83%、2%、4.5% 和 3.2%，大大低于 2000～2007 年的 12.4%、10.4%、18.4% 和 3.8% 的平均增长率。[①] 在上述背景下，全球 FDI 流动自金融危机之后持续下降，预计 2020 年全球 FDI 将自 2005 年以来首次低于 1 万亿美元的水平。[②] 跨国公司国际化可能面临一个新的拐点。

全球 FDI 持续低迷以及跨国公司国际化减缓是多重因素造成的。地缘政治持续紧张、保护主义抬头以及新冠肺炎疫情的全球大流行、英国脱欧等事件都对全球投资流动造成了不利的影响。但应指出，除上述因素之外，

① 联合国贸发组织《世界投资报告 2020》。

② 联合国贸发组织《世界投资报告 2020》。

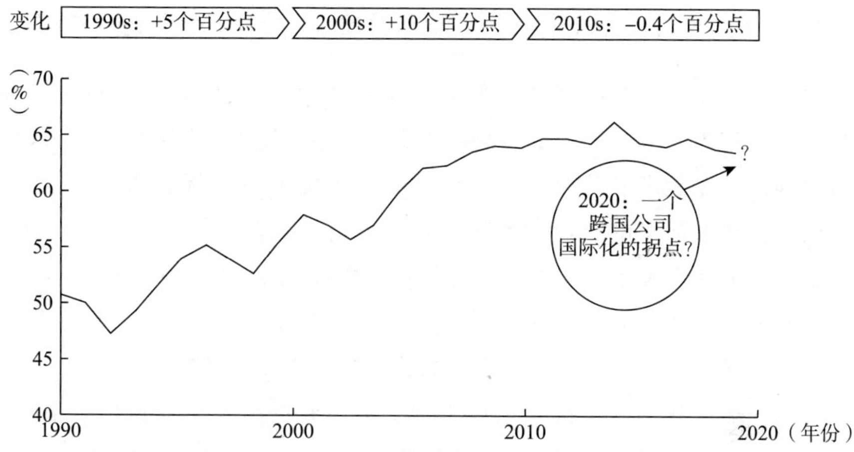

图 7　联合国贸发组织全球跨国企业 100 强的国际化指数

注：联合国贸发组织跨国公司国际化指数（TNI）为跨国公司海外资产占总资产、海外销售占总销售以及海外雇员占总雇员比重的平均值。

资料来源：联合国贸发组织全球 FDI 数据库、全球跨国公司数据库。

还有结构性的因素在发挥作用，即国际直接投资的驱动因素发生了趋势性、结构性变化。其中一个重要因素，就是数字经济的兴起导致跨国企业全球价值链出现前述新一轮调整，主要表现为：跨国企业全球价值链数字化、智能化、服务化及去中介化，海外业务对有形资产投资的依赖性越来越小，对无形资产的依赖提升；全球生产体系的协调日益集中，国际化出现轻海外资产、低海外就业的趋势；非股权投资模式作为一种介于贸易和投资之间的治理模式，得到了更普遍的使用，跨国公司可以通过签订合同而无须进行大规模投资即可开拓海外市场，同时仍然对经营活动拥有较大的控制权。此外，科技型跨国公司也变得越来越重要。这些公司可以通过数字渠道进入全球市场，而无须大量的实体业务。这些因素都推动全球价值链和国际生产出现深刻调整，包括部分地区和部分产业出现投资回流或撤资的现象。在此背景下，全球 FDI 进入了新一轮调整期，呈现“低资产”“低增长”态势，并伴随着大幅波动成为“新常态”。在经济增长新旧动能的转换完成之前，跨国企业对外投资总体上可能难以出现大的反弹，这将给全球经济形势及经济政策带来新的挑战。

（二）数字经济对全球价值链的“创造性破坏”导致生产性投资相对不足

数字经济在催生新的产业及新的商业模式同时，也在不断颠覆旧的商业模式。新零售、新娱乐、新金融、新制造给传统生产经营方式带来前所未有的冲击。在数字经济背景下，跨国企业需要重新审视、调整全球生产经营模式。越来越多的企业加大了数字化投资（如加大对数字平台、网上供应链、网上客户关系、数据中心等的建设力度），并对全球价值链及生产经营布局做出调整。例如，通用电气正在努力推动核心制造业务的转型，调整全球产业布局，立足于成为全球制造互联、物体互联的领军企业。

跨国企业的数字化正推动全球价值链新一轮的重构，既包括价值链的升级（核心业务的升级），也包括价值链的转移（传统业务的剥离或转移，如部分劳动密集型业务向成本更低的国家转移）。全球价值链重构推动的跨境并购（包括一些跨国企业出于重组及避税目的而进行的大量反向并购）成为全球 FDI 流动的主要推动力量，“绿地投资”特别是生产性投资则长期低迷。数字经济跨国企业对外投资“轻资产”“低就业”的特征也使生产性投资不足的问题更加突出。

（三）新兴技术成为国际投资流动日益重要的区位决定因素，发达国家在国际投资中的地位和作用重新上升

数字化跨国企业是推动数字经济以及新一轮工业革命的主要力量，但这些企业在地理分布上高度集中。进入联合国贸发组织全球跨国企业 100 强的数字经济企业，绝大多数来自发达国家（其中 2/3 来自美国），少数来自发展中国家（特别是中国）。与传统跨国企业相比，数字化跨国企业的资产集中度更高，即集中于总部及母国。由于发达国家特别是美国仍掌握着数字经济的主要核心技术，同时数字经济基础设施较为完善，它们在国际投资格局中的地位重新上升。2015 年，发达国家吸引外资再次超过发展中经济体，占全球 FDI 流入量的 55%；发达国家对外投资占全球的比重也从 2014 年不到 60% 的低谷，回升到 2015 年及 2016 年的 70% 左右。仅从数字经济领域看，全球数字化跨国企业 50% 的分公司及子公司集中于美国，这充分体现了美国的技术、创新能力以及相关基础设施对数字经济投资的吸引作用。

数字化企业凭借技术优势拥有超强的市场拓展能力，再加上资产相对集中于总部的特点，可能导致数字经济驱动的国际投资在地理上更加集中。数字经济领域的垄断（包括技术垄断和市场垄断）也成为值得关注的问题。[①] 这些将给很多发展中国家带来较大的压力。同时，新的技术革命也给发展中经济体带来了产业升级甚至跨越式发展的机遇。例如，中国虽然在核心技术创新能力方面仍与美国有较大差距，但技术应用及创新能力已处于全球领先地位，正成为数字经济的重要一极。[②] 2016 年中国数字经济规模达到 22.6 万亿元，占 GDP 比重达到 30.3%，对 GDP 的贡献已达到 69.9%。[③] 东南亚以及非洲一些劳动力成本较低的国家（如柬埔寨、孟加拉国、埃塞俄比亚、卢旺达）在新一轮全球产业转移中承接了劳动密集型产业。新的电信技术也为非洲等欠发达国家提供了跨越式发展的机会。例如，肯尼亚在实现移动通信跨越式发展后，近年来移动支付又得到了蓬勃发展。但从总体上看，全球数据鸿沟以及发展中经济体在发展数字经济基础设施方面投资能力不足，将使很多发展中国家在全球国际投资格局中处于更加不利的地位，在发展问题上也将面临更严峻的挑战。

（四）数字经济领域的国际竞争激化，全球投资政策的协调亟待加强。

进入 21 世纪以来，全球投资政策出现两极分化。一方面，全球投资政策进一步走向开放和便利化；另一方面，对外国投资的监管和限制也在不断加强（见图 8）。监管和限制的政策措施占全部投资政策的比重从 2000 年的 5% 左右，增加到 20% ~25%，2018 年更是达到 34%。主要发达国家近年来都在国家安全审查方面出台了新的立法或行政措施，加强了对外投资的审查。此外，各国政府越来越多地利用产业政策、外资审查及监测等手段加强战略性产业的保护，保护主义措施日益增多。

近年来，各国着眼于数字经济及新一轮技术革命展开激烈竞争，数字

---

① Economist, “Google Leads in the Race to Dominate Artificial Intelligence”, 2017, https://www.economist.com/news/business/21732125-tech-giants-are-investing-billions-transformative-technology-google-leads-race.

② McKinsey Global Institute, “China's Digital Economy: A Leading Global Force”, 2017, file:///C: /Data/Downloads/MGI-Chinas-digital-economy-A-leading-global-force.pdf.

③ 中国信息通信研究院：《中国数字经济发展白皮书（2017 年）》，2017 年 7 月 13 日，http://www.caict.ac.cn/kxyj/qwfb/bps/201707/t20170713_2197395.htm。

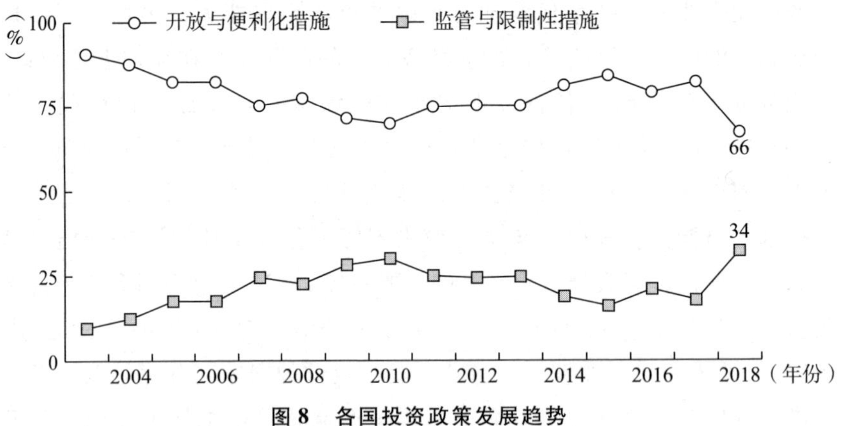

图 8　各国投资政策发展趋势

资料来源：联合国贸发组织全球投资政策数据库。

经济领域的投资保护主义尤其突出。根据联合国贸发组织数据，受数字化影响最大的 10 个行业中，一半以上都是受政府管制最多的行业（见图 9）。近年来发达国家大幅加强了对数字经济等高新技术及核心资产（包括数据）的保护，强化了对跨境并购的审查，并出台了新的政策以鼓励高科技企业海外投资回流。数字经济领域跨境投资可能面临更多的政策限制，国际协调亟待加强。

六　结语

数字经济下全球产业链及国际生产格局的重塑将给国际投资流动以及各国利用外资带来新的挑战和机遇。四大推动力，即以数字技术为核心的新产业革命、可持续发展要求、投资贸易保护主义盛行以及全球疫情背景下为提升供应链韧性而进行的全球价值链重组，将重塑全球投资与贸易格局。地缘政治关系持续紧张和升级也将加剧全球生产体系面临的不确定性。

各国着眼于抢占新一轮技术革命的优势地位，将围绕技术密集型投资展开激烈的竞争和博弈。一方面将加大力度吸引高科技外国投资，另一方面又将严格对外资获取本国高新技术的监管和防范。这可能导致国际投资政策的不一致和不协调，并造成政策体系的进一步碎片化。

全球价值链和国际生产格局的重塑，将伴随着投资区位决定因素的巨大变化。无形资产和服务在全球价值创造中的比重不断提高，技术基础设

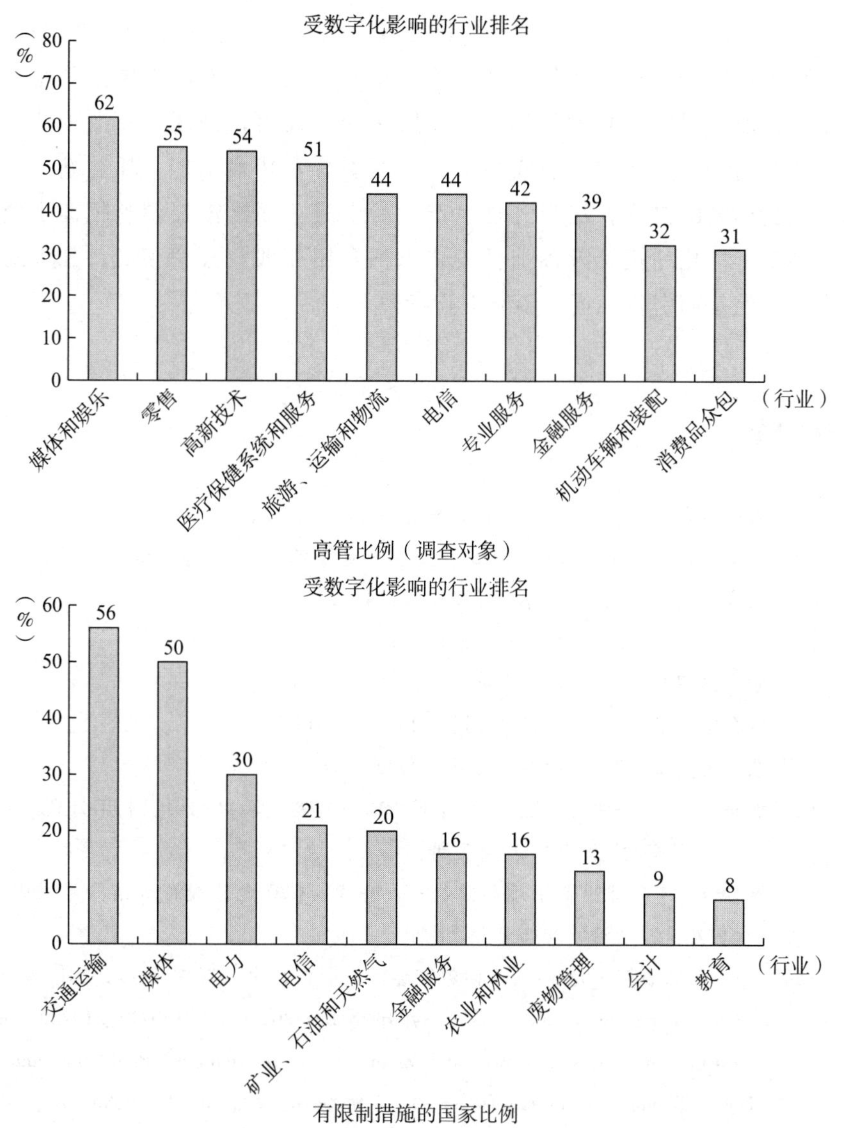

图 9　受数字化影响最大及 FDI 限制最多的 10 个行业

资料来源：联合国贸发组织《世界投资报告 2017》。

施和高科技人才日益成为最重要的投资决定因素，劳动力成本等传统生产要素的重要性下降。在这场竞争中，发达国家将凭借技术和人才重新强化其竞争优势。发展中国家产业链升级可能面临更大的挑战。

同时也应看到，跨国公司为提高产业链韧性对全球生产网络的调整，包括生产布局多元化、地区化等，将为各国包括发展中国家带来新的机遇。数字化包括电子商务以及新的基于数字化的外包也为发展中国家的企业进入全球价值链提供了新的机遇。对发展中国家而言，必须在新的形势下将外资战略的着力点从招商引资转变为招商引智及招商引能，抓住新一轮全球价值链调整的机遇，加强先进生产力的引进。而这需要调整招商引资策略，锁定多样化的投资及商业活动，重视利用非股权投资模式，加大对新技术产业的招商引资力度，不断提高竞争力。

参考文献

[1] 阿里研究院：《数字经济 2.0 报告》，演讲实录，2017。

[2] 波士顿咨询集团：《迈向 2035：4 亿数字经济就业的未来》，2017。

[3] 联合国贸发组织：《世界投资报告 2012》，2012。

[4] 联合国贸发组织：《世界投资报告 2015》，2015。

[5] 联合国贸发组织：《世界投资报告 2016》，2016。

[6] 联合国贸发组织：《世界投资报告 2017》，2017。

[7] 联合国贸发组织：《世界投资报告 2020》，2020。

[8] 詹晓宁、欧阳永福：《数字经济下全球投资的新趋势与中国利用外资的新战略》，《管理世界》2018 年第 3 期。

[9] 詹晓宁：《全球投资治理新路径——解读〈G20 全球投资政策指导原则〉》，《世界经济与政治》2016 年第 20 期。

[10] 中国信息通信研究院：《中国数字经济发展白皮书（2017 年）》，2017 年 7 月 13 日，http://www.caict.ac.cn/kxyj/qwfb/bps/201707/t20170713_2197395.htm。

[11] Bolwijn, R., Casella, B., and Zhan, J., "International Production and the Digital Economy", in van Tulder, R., Verbeke, A., and Piscitello, L., eds., *International Business in the Information and Digital Age* (*Progress in International Business Research*, *Vol.* 13) (Bingley: Emerald Publishing, 2018).

[12] Brun, L., Gereffi, G., and Zhan, J., "The 'Lightness' of Industry 4.0 Lead Firms: Implications for Global Value Chains", in Bianchi, P., Durán, C. R., and Labory, S., eds., *Transforming Industrial Policy for the Digital Age: Production, Territories and Structural Change* (Cheltenham: Edward Elgar, 2019).

[13] De Backer, K., Menon, C., Desnoyers-James, I., and Moussiegt, L.,

"Reshoring: Myth or Reality?", OECD Science. Technology and Industry Policy Papers, 2016, No. 27.

[14] Economist, "Google Leads in the Race to Dominate Artificial Intelligence", 2017.

[15] Elia, S., Massini, S., and Narula, R., "Disintegration, Modularity and Entry Mode Choice: Mirroring Technical and Organizational Architectures in Business Functions Offshoring", *Journal of Business Research*, 103, 2017: 417 - 431.

[16] Freund, C., Mulabdic, A., and Ruta, M., "Is 3D Printing a Threat to Global Trade? The Trade Effects You Didn't Hear About", World Bank Policy Research Working Paper, 2018, No. 9024.

[17] International Federation of Robotics, "World Robotics 2019: Service Robots", 2019.

[18] Laplume, A. O., Petersen, B., and Pearce, J. M., "Global Value Chains from a 3D Printing Perspective", *Journal of International Business Studies*, 47 (5), 2016: 595 - 609.

[19] McKinsey Global Institute, "China's Digital Economy: A Leading Global Force", 2017.

[20] McKinsey Global Institute, "Digital Globalization: The New Era of Global Flows", 2016.

[21] Rehnberg, M., and Ponte, S., "3D Printing and Global Value Chains: How a technology May Restructure Global Production", National University of Singapore, GPN Working Paper Series GPN, 2016, No. 2016 - 010.

[22] UNCTAD, "Global Action Menu for Investment Facilitation", 2016.

[23] UNCTAD, "Global Investment Trends Monitor", 2018, No. 28.

[24] UNCTAD, "Investment Policy Framework for Sustainable Development", 2015.

[25] UNCTAD, "Reforming the International Investment Regime: An Action Menu", Chapter Ⅳ, World Investment Report, 2015.

[26] Zhan, J., Cacella, B., and Boldwijn, R., "Towards a New Generation of Special Economic Zones: Sustainable and Competitive", in Oqubay, A., and Lin, J., eds., *Oxford Handbook on Industrial Hubs and Economic Development* (Oxford: Oxford University Press, 2020).

[27] Zhan, J., "G20 Guiding Principles for Global Investment Policymaking: A Facilitator's Perspective", Think Piece Series, World Economic Forum and International Centre for Trade and Sustainable Development, 2016.

[28] Zhan, J., "Global Investment Trends and Policies at Times of Uncertainty", in Sachs, L., and Johnson, L., eds., *Yearbook on International Investment Law & Policy* 2018 (Oxford: Oxford University Press, 2019).

数字经济下的国际投资理论反思

蒋殿春　张　宇*

摘　要：近年来，由新技术革命带来的数字经济蓬勃发展已经成为重要的经济现象，而数字经济自身的技术特征以及由此引发的生产方式和商业模式的重大变革也使得传统经济理论面临着颠覆性的挑战。本文从数字经济的基本概念出发，基于数字经济的低成本特性、要素内生性以及规模经济与范围经济特性对传统国际生产折中框架下的 FDI 理论机制进行了重新审视，并在此基础上从贸易、投资与全球化的关系、进入时间与进入方式、价值链安排、影响因素、国际分工格局以及监管规则等方面对数字经济条件下的 FDI 发展实践进行了前瞻性分析，以期形成对数字经济下 FDI 问题的系统性认识。

关键词：数字经济；国际直接投资；生产折中理论；发展前瞻

近年来，随着以云计算、大数据、人工智能、区块链等为代表的新一代网络信息技术的发展与广泛应用，基于比特（Bit）和信息传输的数字经济正在以前所未有的速度不断扩张，据联合国贸发组织（UNCTAD）统计，2010~2015 年，全球跨国企业百强中的数字技术型跨国公司在数量和资产占比上都实现了倍增；① 而在全球市值最高的十大公众企业中，数字型企业占据了其中的 7 席，且前六位都是清一色的数字型公司。与此同时，得益于

* 蒋殿春，南开大学经济学院副院长，教授，主要研究方向为国际企业与国际投资；张宇，中国社会科学院财经战略研究院副研究员，主要研究方向为国际贸易与国际投资。

① UNCTAD，“World Investment Report 2017：Investment and the Digital Economy”，2017。

庞大市场空间、相对普及的高水平数字基础设施以及完备的制造业基础，中国在数字经济领域的发展也呈现蓬勃之势。据相关测算，2018 年我国数字经济规模总量达到了 31.3 万亿元，按可比口径计算名义增长达到 20.9%，占 GDP 的比重约为 34.8%，同时创造就业岗位 1.91 亿个，占当年总就业人数的 24.6%。①

目前，数字经济作为一个新兴的产业已经渗透到经济活动的方方面面，并引起了从需求端到供给端技术特征与行为方式的重大变革。然而与数字经济在实践层面的迅猛发展形成巨大反差的是，目前对于数字经济条件下经济活动的理论探讨却大幅滞后于实践，不仅缺乏对数字经济的内涵与特征的明确定义，而且也鲜有针对数字经济本身的特点探究其内在动因和机制，乃至对传统经济理论进行重新审视和修正的讨论。尤为重要的是，与传统行业相比，由数字经济本身技术特性所带来的地理局限和国家边界的弱化使得数字经济活动在推动产品和要素跨境流动方面有着更为深远的影响，数字型跨国公司的全球投资与并购活动风起云涌，仅在 2015 ~ 2016 年，中国的百度、阿里巴巴、腾讯（BAT）三家互联网巨头便达成了 35 笔跨国并购，其中不乏 10 亿美元以上的大额交易。在很大程度上，以新一代平台企业和新型科技企业为代表的数字型企业的国际化扩张已然成为当下全球国际直接投资活动的重要推动力量。然而在目前的理论研究当中，尽管由于数字经济对假设前提的颠覆式改变，很多传统贸易与投资理论对企业跨国经营行为的解读丧失了相当的解释力，但由此产生的理论空白却迟迟未能得到有效的填补，将数字经济与跨国公司的投资活动相联系的理论研究仍然是一块有待开垦的荒原。如何理解数字经济条件下企业跨国投资的内在机制、行为特征以及相关的影响因素，拓展新形势下国际投资理论的适用边界并为数字经济条件下的国际投资实践提供必要的指引也就成为一个亟待解决的问题。有鉴于此，在本章的讨论中，我们将尝试从梳理数字经济本身的概念和特征出发，对传统的国际生产折中（OIL）理论进行重新审视和反思，并在此基础上对数字经济条件下 FDI 实践的发展趋势进行一定的推断。

① 中国信息通信研究院：《中国数字经济发展与就业白皮书（2019 年）》，2019。

一　数字经济的概念与特征

作为一种新兴的经济形态，数字经济无论是在技术特征还是行为方式上都与传统经济截然不同，对这些特征进行必要的梳理和总结显然是对数字经济下的 FDI 理论与实践问题展开进一步讨论的基础。

（一）数字经济的概念

“数字经济”这一概念最早进入经济学文献可以追溯到 20 世纪 90 年代末，Tapscott（1996）在其著述中最早用数字经济（Digital Economy）这一概念描述了这种基于“比特”而非“原子”的经济，并从真正意义上催生了“数字经济”这一概念。然而，尽管经历了 20 余年的发展，但目前有关“数字经济”的概念界定仍是探索中的问题。Moulton（1999）曾经从产业分类的角度将数字经济归纳为包括电子商务、信息技术、相应的信息通信技术基础设施与信息传输、通信、计算机产业在内的产业集合；Deardorff（2017）则进一步对数字经济产品进行了明确分类，包括互联网上交易的实物型产品，线上交易的音像、图书和软件等数字产品，远程数字服务，云存储服务，国际网络平台以及与数字技术相关的硬件产业等。

然而，上述有关数字经济的定义大多只涉及数字经济下的产业外延表述，尽管有助于据此对数字经济进行清晰的界定和量化，却因忽略了传统经济的数字化改造这一“数字革命”中更为重要的部分而显得过于狭隘。有鉴于此，一些机构开始尝试从要素、条件、路径、目标等方面对数字经济进行更宽泛的界定，如 UNCTAD 将数字经济定义为利用互联网和数字技术生产和交易的经济活动；2016 年 G20 杭州峰会发布的《二十国集团数字经济发展与合作倡议》则将其定义为“以使用数字化的知识和信息作为关键生产要素、以现代信息网络作为重要载体、以信息通信技术的有效使用作为效率提升和经济结构优化的重要推动力的一系列经济活动”；中国信息通信研究院则认为，数字经济是以数字化的知识和信息为关键生产要素，以数字技术创新为核心驱动力，以现代信息网络为重要载体，通过数字技术与实体经济深度融合，不断提高传统产业数字化、智能化水平，加速重构经济发展与政府治理模式的新型经济形态。从现实发展情况来看，上述定义显然更加契合数字经济的内涵，并且具有更强的延展性和包容性，有助于对数字经济进行更为完整的概括，但与基于外延的定义相比，这种基于内涵的定义也因为其过于笼统和抽象的描述使得数字经济的量化面临更多的困难，而这也正是困扰当前有关数字经济领域经济学研究的一道门槛。因此，有关数字经济含义的界定在未来一段时间内似乎仍将是一个充满争议的问题。

（二）数字经济的基本特征

数字产品本身的特性以及数据要素在其中的地位使数字经济拥有了与传统产业显著不同的特征。Tapscott（1996）曾经将数字经济的特征概括为12个要点，即知识驱动、数字化、虚拟化、分子化、集成/互联工作、去中介化、聚合、创新、消费生产合一、及时、全球化和不一致性。这一总结虽然以敏锐的眼光洞察到了数字经济的诸多典型特征，但仍然局限于对数字经济本身技术特质的概括，而未能从经济学概念层面对其进行进一步的抽象和总结，因此并不具备与经济学理论直接对接的兼容性。在梳理和总结前人研究的基础上，我们可以从经济学的视角出发，将数字经济的基本特性做如下归纳。

1. 低成本特性

由于数字信息的可复制与可传播特征，数字经济在很多方面具有显著的低成本特性，并涵盖了从生产到销售，乃至传播和认证等诸多方面。

（1）生产成本

数字经济条件下的生产活动可以从以下四个方面降低生产成本：首先，人工智能和自动化设备的广泛应用可以使企业在更广的范围内实现资本对劳动的替代，从而在一定程度上实现可变成本和边际成本的节约；其次，较之传统经济条件下的经验积累，数字经济下对于生产端数据的深度利用可以最大限度地改进和提升企业的生产工艺和效率，使数字化企业表现出较传统企业更为陡峭的学习曲线（李细枚等，2018；戚聿东等，2019）；再次，数字经济下对于需求端数据的挖掘可以帮助企业实现更为精准的市场定位和科学的产量决策，甚至是定制化和零库存生产，减少因盲目和试错导致的成本损失；最后，数字经济条件下的很多产品属于虚拟范畴，其生产过程因产品的可复制性而具有极低的边际成本。

（2）交易成本

交易成本的极大节约也是数字经济在现实中的一大特征。一方面，数字产品本身可以直接借助网络实现几乎无成本的传输，因此并不具有传统商品的运输成本问题；而即便是对于传统意义上的非数字化产品而言，也可以借助网络技术和搜索引擎实现信息的快速搜寻与获取，对交易过程中的信息与搜寻成本也有着非常明显的节约效应。

（3）学习成本

数字产品本身的可复制性使其在生产和销售过程中较传统产品更容易实现技术的推广，Everett 等（1985）以及李晓华（2019）将其称为“蒲公英效应”。特别是对于一些脱离硬件约束，完全以软件或业态创新为支撑的产业而言，潜在竞争者的学习和模仿活动会因极低的技术壁垒而具有更低的成本，从而令在位者通过技术垄断维持市场势力具有更高的难度。

（4）认证成本

在传统产品领域，产品质量方面的信息不对称性是导致市场失灵的重要原因之一。而在数字经济下，借助销售过程中的公开评价以及第三方机构的测评，这种信息壁垒可以在相当程度上得到降低。尤为重要的是，信息不对称的削减可以使厂商与消费者之间实现更为有效的信息对接，传统交易活动中的中间商将变得不再重要，供销链的长度也会大大缩短。

2. 生产要素的内生性

数据作为数字经济活动的关键性要素无疑在其中居于核心地位。然而与传统经济中生产要素完全依靠外部供给不同，数据要素有着显著的内生性特征，即在数字经济背景下，不仅生产和营销活动本身会衍生出大量的数据信息，而且这些数据可以被不断地无损使用，使数字经济呈现出“滚雪球”式的自我强化式发展特征和“强者恒强”的马太效应（Shapiro and Varian，1999）。单从模型化的角度来看，这种要素的内生性和自我积累特征在抽象意义上与人力资本的“干中学”特征具有很强的类似性，但在实践意义上，数字经济下的数据要素内生性却明显要较之传统的“干中学”更为直接和强烈。[①] 而在其影响下，不仅企业的规模优势会取代传统的技术

① “干中学”并不总是产生正效应，前期的生产实践可能给现有人力资本带来某些负面的影响，如前期的成功容易引起固守成规习性，前期的失败可能造成企业过度风险厌恶等。

优势成为维持企业市场地位的关键性因素，而且先行者优势也会在数字经济活动中发挥着比传统生产活动更为重要的作用。

3. 规模经济与范围经济

经济史学家钱德勒曾在其著作《企业规模经济与范围经济：工业资本主义的原动力》中将工业资本主义的原动力归为企业的规模经济和范围经济。① 但在数字经济条件下，由于极低的边际成本和关键要素的内生性特质，规模经济和范围经济的效果才真正得到了最为充分的释放。

（1）规模经济特征

很高的初始成本和极低的边际成本通常是现代数字化企业所具有的一个典型特征（Fournier，2014；Rifkin，2014）。而从经济理论来看，这种类型的成本结构会使规模扩张在成本摊薄方面发挥更强的作用，由此会自然衍生出规模经济效果，因此数字经济活动往往会表现出极强的规模经济特征。尤为重要的是，借助于关键生产要素的内生性，这种垄断性的市场格局也会呈现出明显的自我强化特质，Guellec 和 Paunov（2017）由此认为数字化创新会带来“赢家通吃”的市场结构和更为可观的市场垄断力量。

（2）范围经济特性

与规模经济相比，范围经济更强调跨部门的成本节约效应。而在数字经济环境中，凭借数据要素的通用性特质，在传统经济中受到诸多制约的范围经济也可以通过多种途径获得充分的发挥空间。具体而言，这些途径至少涵盖了如下四个方面：一是整合效应，即通过整合各部门的价值链来显著降低采购、生产、分配和管理过程中的成本；二是分摊效应，即通过数据要素的跨部门应用摊薄企业的初始成本；三是数据和信息共享，即借助大数据等技术使基于某种业务的消费者数据在另一种业务中发挥价值；四是信息跟踪效应，即通过跟踪跨行业的所有相关活动实现企业本身预测和经营活动的优化。

（3）网络外部性

网络外部性又称网络效应，是指某种商品或服务的价值随着其消费人群的扩大而增加。尽管早在 20 世纪 80 ~ 90 年代，以 Katz 和 Shapiro（1994）、

① 参见〔美〕小艾尔弗雷德·D. 钱德勒《企业规模经济与范围经济：工业资本主义的原动力》，张逸人、陆钦言、徐振东等译，中国社会科学出版社，1999。

Farrell 和 Saloner（1992）等为代表的学者就曾对此做过详尽的分析，但真正使网络效应实现极致发挥的还是数字经济的深入发展。其中，又尤以平台企业最为典型。作为一种勾连用户和商品与服务供应商的典型双边市场，平台不仅令消费者可选择的商品种类大幅增加并显著提升其消费者剩余，同时也通过消费者的会聚实现了销售层面的规模经济，从而形成了生产者和消费者之间互为依存的正反馈系统；此外，平台经济采用同一套硬件、软件和管理组织取代了原有的分散组织形式，可以通过摊薄初始投入成本实现供给方的规模效应（谢富胜等，2019）。Srnicek 也在其著作中将这种网络化的全新生产组织形式称为“平台资本主义”（Platform Capitalism）。[①]

（4）长尾效应

所谓“长尾效应”是指当产品和服务多样化的成本足够低时，那些个性化强、需求不旺、销量很低的产品和服务仍然可以上架，由这些小众甚至冷僻的需求汇聚而成的市场份额甚至可以与部分热销产品的市场份额相匹敌（Anderson，2004）。作为互联网时代的一种新生经济现象，这一效应与数字经济下的技术特征也存在密不可分的联系。Brynjolfsson 等（2012）在一个理论模型中证明，长尾效应可能来自供给端平台经济下多种产品的集中生产和分销，也可能来自需求端消费者利用互联网搜索和推荐软件等工具获取远离他们地理位置之外的商品，而信息技术带来的搜寻成本下降与商品可获得性的增强将显著降低产品销售的集中度而出现长尾效应。

二　数字经济下的 FDI：OIL 框架的重构

尽管有关国际直接投资的理论探讨角度繁多，但从逻辑上大都可以归入投资的必要性、可能性与区位选择三个方面，因此 Dunning（1988）在其经典的国际生产折中（OIL）理论框架中将传统条件下 FDI 利益的来源概括为厂商的所有权优势（Ownership Advantages，O）、内部化优势（Internalization Advantages，I）和东道国本地资源禀赋等区位优势（Location Advantages，L），并以此整合了此前诸多有关 FDI 的理论探索。尽管此后的理论发

① 参见 Srnicek，N.，*Platform Capitalism*（Cambridge：Polity Press，2017）。

展，包括新新贸易理论对于微观异质性下企业的跨国投资行为做了更为详细的描述，但在逻辑上仍然未能脱离 OIL 框架体系。然而在数字化的环境中，OIL 理论的框架，即上述 FDI 活动的三个利益源泉虽仍适用，但其具体的内涵和解释方向却可能已经发生了根本性的变化，需要结合数字经济的特征予以重新审视和解读（见图 1）。

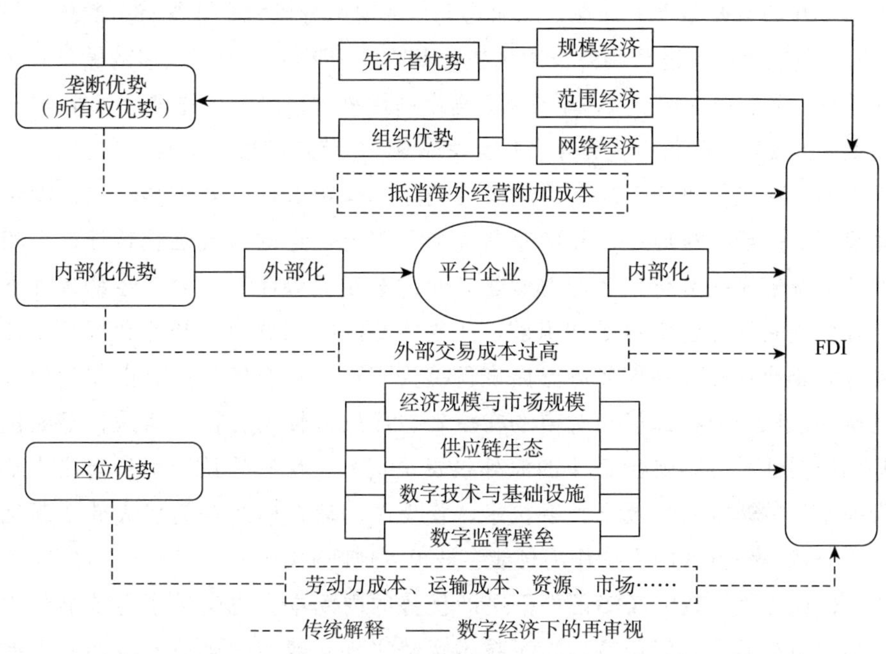

图 1　数字经济下的 OIL 理论框架

（一）所有权优势（O）

所有权优势也即垄断优势最早可追溯到 Hymer（1976）和 Kindleberger（1969），泛指企业建立在规模经济、组织能力、生产技术等无形资产上的市场竞争优势。而 Helpman 等（2004）基于新新贸易理论框架下的讨论实际上也可视为垄断优势在生产率层面的体现。在传统 OIL 框架当中，垄断优势是抵消企业海外经营活动的附加成本，使企业能够进行 FDI 的前提或必要条件，并描述了企业进行海外投资的可行性。因此，除了诸如资源寻求型投资或追求反向 FDI 技术溢出等少数语境之外，垄断优势与 FDI 之间在传统理论模型中大多呈现一种单向的因果联系。然而在数字经济环境中，这种关联关系可能发生了显著的，甚至颠覆性的改变，具体如下。

从根本上来看，数字经济的规模经济与范围经济效应以及数字要素的内生性可能会对企业的垄断优势赋予另一种层面的解释——企业可以通过不断寻求新的市场来实现规模经济和范围经济效果，并借助规模扩张带来的数据要素的积累进一步增强其竞争优势。此时的垄断优势已经不再仅仅作为 FDI 的必要条件而存在，反而是 FDI 活动本身成为企业维持垄断优势的一种工具或手段，进而使得技术优势与 FDI 之间形成一种正反馈的循环。在这种情况下，企业甚至可在不具备显著垄断优势的情况下率先进行海外投资，以期获得足够的先行者优势并借此实现规模经济优势的最初积累。

然而，尽管数字经济下的规模经济与“赢者通吃”效应会给在位者带来显著的市场垄断地位，并使垄断优势呈现出一定的自我强化特征，但相对于传统依靠技术与管理能力所建立起的垄断优势而言，数字经济条件下企业的垄断优势会变得更加脆弱——数字经济中产品的公开性和可复制性将导致企业在维持垄断优势方面变得更为困难，甚至任何一个潜在竞争者的微小改进和创新都可能对市场在位者造成毁灭性的打击。而这种垄断优势的脆弱性也会影响到企业的海外投资决策——在海外投资本身会成为触发技术扩散诱因的情况下，以技术、管理以及运营模式等为代表的垄断优势对企业海外投资的支撑作用可能会被极大地削弱。

除此之外，数字经济条件下垄断优势的内涵本身也突破了传统的技术或生产率范畴。一般而言，除了技术优势之外，数字化企业至少还可以通过成本效益、轻资产生产和组织模式以及敏捷性获得竞争优势，从而导致其市场力量的激增（Shevchenko 和 Oproshchenko，2019）；同时，企业还可以通过数字技术将规模经济、范围经济和网络效应熔于一炉并放大，形成一种全新的组织优势。这种优势在企业通过跨国并购等方式获取技术或市场等互补性资源时会进一步增强，并在全球范围内实现可观的长尾效应。

（二）内部化优势（I）

在传统的 OIL 框架中，“内部化优势”主要涉及企业进行海外投资的必要性，或者是企业进行跨国投资的充分条件。基于厂商理论和交易成本学说，FDI 实际上就是企业边界的跨国境延伸，是在节约交易成本的目标下将国际市场交易内部化的手段（Buckley 和 Casson，1981；Antras 和 Helpman，

2004)。然而在数字经济条件下，内部化优势理论也同样面临着新的考验。一方面，数字经济条件下外部交易成本会大幅下降，而平台体系下标准化程度的提高以及认证成本的降低也会极大地缓解中间品和要素交易的信息不对称性，由此显著降低企业以内部化的方式构建价值链的动机；另一方面，数字技术直接勾连生产者与消费者的特征会使价值链更趋扁平化，也会在一定程度上压缩企业边界扩张的空间。

尤为重要的是，在数字经济条件下，FDI 的内部化可能转向另一种更为复杂的表现形式，即以平台企业的内部化取代生产企业自身的内部化。在传统的内部化理论中，企业的跨国投资活动仅仅被视为国际化经营过程中企业内部治理成本与外部交易成本之间的权衡。然而在数字经济条件下，平台企业的出现却使得上述的问题更趋复杂：对于接入平台的生产企业而言，平台的存在极大地降低了外部交易成本，因此不必再通过传统的海外投资行为以内部化的方式来实现价值链的构建，国际直接投资的动力和规模都会随之下降；但对于平台企业本身而言，却会在数字要素内生性的驱使下更倾向于扩张企业的边界，借助规模经济、范围经济和双边网络效应的交织放大企业的价值。就此而论，数字经济条件下企业内部化优势的变化并非单纯地表现为内部治理和外部市场之间的取舍，而更多地表现为内部治理成本由生产企业向平台企业的转移、汇总和整合，并借由平台企业本身的国际扩张实现生产企业的国际化。此时的 FDI 不仅是传统语境中基于交易成本权衡的企业边界扩张，同时还是着眼于价值创造的商业模式创新，而平台本身的国际扩张行为与模式则可能会成为未来理论探讨的重要方向——平台需要对哪些国外的“部件供应商”采取所有权控制，哪些则仅作“上架”但维持部件供应商独立性处理，哪些又采取半控制的排他性中间化处理，都是数字经济条件下有待进一步探讨和解决的重要问题。

（三）区位优势（L）

区位优势是企业海外投资过程中兑现垄断优势和内部化优势的具体决策，并关系到企业的海外投资活动会切实地发生在哪个地区。在传统的区位优势看来，关乎运输与交易成本的地理距离与政策壁垒，关乎生产成本的东道国要素（包括劳动力和资源）成本以及人力资本和基础设施水平，关乎企业成长空间的市场规模等，都是区位优势的重要决定因素。然而在数字经济条件下，这些传统区位优势的相对重要性也在悄然发生改变。

第一，数字化产品的边际生产成本和传输成本极低，甚至使一些原本只能通过跨境投资的方式提供的服务等“不可贸易品”变为可贸易品，传统生产中制约产业扩散的集聚力被大幅削弱，单纯以服务东道国市场或绕过贸易壁垒为目标的投资活动会渐趋消亡，由此可能会带来外资流向的两种变化：一方面，因交易成本降低而失去投资动机的企业可能会将生产更多地集中在母国，导致跨国投资规模的萎缩；另一方面，交易成本的降低也可能促使企业在海外寻找更具其他成本优势的东道国，并以此为基地供应全球市场，引发投资规模的增大和布局的调整。但无论是哪种情形，背后实际上都体现了数字经济条件下交易成本降低带来的全球市场整合程度的提升。

第二，数字经济下的规模经济特征和要素的内生性使得市场规模成为FDI，特别是横向FDI的关键。在这种情况下，传统上企业投资活动的市场寻求动机和要素寻求动机可以在某种程度上合二为一，东道国的经济规模，特别是潜在市场需求可能成为企业对外投资过程中关注的首要区位因素。

第三，数字基础设施在区位决策中的重要性变得更加凸显，良好的网络通信设施在一些纯数字经济和平台经济中的重要作用可能会超过传统的交通运输能力。此外，由于数字经济条件下技术溢出和扩散能力的增强，一个国家或地区自身数字技术的发展水平和前沿程度可能也会成为创造反向技术溢出效应并吸引FDI的区位优势之一。

第四，由于数字经济条件下由平台企业勾连起的供应链网络取代了原有的内部化扩张，因此在跨国公司投资活动中，是否拥有相对完备的产业配套能力，以及是否足够贴近其现有的供应链网络，从而有助于其以最低的成本搭建供应链生态体系将成为其区位决策的重心。

第五，随着数字经济条件下一些新的监管规则的相继出台，关于数字要素跨境流动的规则会成为数字领域外部市场交易的新障碍。而由于经济发展水平、文化和制度以及消费者偏好的差异，当前各国对各类数字经济的规制存在很大不同，由此产生的“制度洼地”效应会令企业将FDI重新视为绕过监管壁垒的工具，进而使得与数字规则相关的监管因素成为数字型FDI区位决策的重要一环。

三　数字经济下FDI发展前瞻

结合上述理论层面的反思，对于数字经济环境下FDI的实践发展，我们也可以尝试进行一些前瞻性的思考与预判，以期为未来的研究提供可供参考的探索方向。

（一）贸易、投资与全球化

对于拟涉足国际业务的企业而言，究竟是以贸易的方式还是以直接投资的方式进入国际市场是一个现实中的首要选择。在传统分析中，企业会因为贸易壁垒的限制、生产成本的差异、产品的生命周期、企业的技术能力以及外包和一体化经营的组织成本差异等原因而选择以投资的方式代替国际贸易。而在数字经济环境下，尽管上述机制依然成立，但由于相关的成本条件已经悄然发生改变，贸易对投资的替代可能会成为一个越来越普遍的现象——一方面，数字技术的广泛应用带来的可贸易品范围的扩大会促成部分因商品流动障碍所引致的国际投资回归到贸易领域；另一方面，即便对于普通工业品而言，工序复杂化带来的内部化经营的组织成本增加和数字技术应用所带来的外包组织成本降低，也会使得企业边界收缩成为企业的自然选择。此外，在数字经济下的国际税收征管规则尚未成形之际，裁撤东道国的经营实体，将线下业务转至线上也可以在相当程度上达到避税的目的。

由企业参与国际市场方式的变化所引申出的一个直接猜想就是数字经济条件下国际直接投资在规模上可能会呈现萎缩的态势，事实上，从近年来的发展实践来看，全球范围内的国际直接投资规模也的确出现了较为明显的下滑，并被很多研究者视为当前经济“逆全球化”的佐证。然而，尽管在数字经济条件下的FDI规模会有天然的收缩倾向，但单纯以此断言经济全球化程度的倒退却仍然需要保持足够的审慎：一方面，如前所述，数字经济背景下的投资规模萎缩背后潜藏着一定的技术逻辑，即跨国公司会更倾向于通过外包而非内部化的方式建立生产体系，从而使得全球化在表现形式上会由投资向贸易倾斜；另一方面，由于平台企业的介入以及交易成本与搜寻成本的降低，跨国公司可以在更广泛的范围内选择供应链的合作者，同时普通企业也有更多的机会参与跨国公司所主导的全球价值链体系，国际生产网络在广度和深度方面都会随着数字经济的发展而呈现明显的强化。此外，尽管数字型跨国企业的投资总体会存在收缩动机，但在区域布局上却可能摆脱传统上母国与东道国的二元选择，向更具区位优势的第三地集中，由此国际投资在区位分布乃至运作模式上都会呈现较之以往更为复杂的国际化特征。

（二）投资动机

在数字经济领域，企业进行国际直接投资的动机也可能与传统部门的FDI有很大的不同。一方面，由于产品或服务国际化传输成本的大幅降低，传统理论中基于国际贸易成本节约的水平一体化FDI动机已大大削弱；另一方面，数字技术的应用和平台企业深入渗透使得企业无论是搜寻中间品供应商还是下游用户都更为方便，基于全球供应链的分散生产将更为普及，数字经济领域的FDI主要动机并不在于对产业链的内部化控制，而是在于关键产业领域和产业链节点的战略布局，并更多地依靠技术和专利权等优势控制和勾连起全球生产网络。同时，由于数字经济条件下技术的模仿和扩散相对更为容易，出于获取关键技术或者消除东道国潜在竞争者等技术性动机的国际投资也可能会较之传统经济有所上升。除此之外，抢先进入某些市场以获取先行优势，并借助数字要素的内生性建立起规模经济优势也可能成为数字型企业海外投资的一个重要的动机。

（三）投资方式与时机

除了贸易和对外投资的选择之外，数字经济下的企业在对外投资中对绿地投资和跨国并购的选择也可能迥异于传统经济。在显著的“赢者通吃”效应下，随着市场结构整体垄断倾向的增强和潜在进入者进入门槛的高企，新建投资方式（Greenfield）可能趋于弱化而被贸易方式替代，FDI可能会更多地采用跨国并购方式进入，以期获取当地企业的技术、品牌或本土市场数据等互补性无形资产并消除潜在的竞争对手。同时，由于技术更新频繁，技术周期缩短以及技术纳入平台后的兼容性要求等原因，大多数FDI可能是针对有市场潜力但尚未成熟的技术（企业）的并购，因此较传统FDI的投资时间更早，在形式上也更类似于私募产权投资（PE）或风险投资

（VC），不同之处主要在于数字经济下企业的并购活动将更多地着眼于标的资产的长远控制而非短期资本利得。

（四）价值链安排与投资形态

数字经济本身的技术特征也会使跨国公司主导下的价值链的组织形态呈现出与传统经济截然不同的特点。詹晓宁和欧阳永福（2018）曾将数字经济下跨国公司全球价值链的演化趋势概括为价值链数字化、制造业服务化、价值链去中介化和生产定制化四个方面，而除此之外，数字经济条件下跨国公司的价值链安排与投资形态至少还有如下的特征。

首先，从价值链安排方面的特征来看，由于数字经济具有更高的知识密集度，价值链中制造环节的重要性相对下降，上游的生产技术和管理能力的重要性上升；同时，在数字技术的辅助下，生产者和消费者的直接对接也使产业价值链变得更短，价值链在纵向维度上可能变得更趋扁平化。

其次，与价值链纵向维度的扁平化相对，随着分工的进一步细化以及数字技术下中间品标准化和通用化程度的提升，价值链在横向维度上将以跨国公司为轴心，勾连众多的国际国内供应商形成覆盖面更加广泛的供应链网络和产业生态体系。

再次，由于数字产品和要素生产的边际成本和运输成本极低，而上游的生产技术和下游的市场营销等环节中涉及的无形资产市场交易成本相对较高，因此数字经济中将生产制造环节集中于母国或更具成本优势的第三国是数字型跨国公司的最优选择，而海外资产可能更多地集中在交易成本更高或更符合内部化优势的无形资产投资方面。

最后，由于规模经济、范围经济和网络效应，投资活动本身会成为企业建立垄断优势的策略，因此市场份额也将变得更为关键（流量至上），市场营销或商业模式的价值更为显著。在这种情况下，企业在投资活动的初期可能并不会以赢利为主要目标，而会更侧重于对于市场份额的争夺，反映在投资形态上，则表现为投资初期所伴随的大量补贴和“烧钱”特征。

（五）影响因素

在数字经济条件下，尽管诸如母国的技术能力（垄断优势）以及东道国自身的基础设施、要素价格、人力资本、市场结构乃至制度安排等区位性影响因素仍会在一定程度上存在，但其相对重要性则会发生一定的调整和变化。

从母国的技术能力角度看，数字经济所涉及的硬件设施属于传统意义上的高技术领域，技术门槛对FDI的影响要相对更高；但在大部分软件以及商业模式领域中，极强的可复制性和低廉的学习成本则会使母国技术优势的重要性大大降低。此外，由于数字经济发展中巨大的规模经济效应和“赢者通吃”现象，数字经济领域的海外投资规模显然与经济体内大型数字企业成长的条件，诸如网络基础设施、物流效率、IT人才储备和鼓励经济数字化的法律法规等供给端条件，以及网民数量乃至更广泛意义上的潜在市场规模等需求端因素有关。

从东道国的区位条件来看，现有研究一般认为数字经济下的FDI会更加倾向于收缩到少数发达程度更高的地区，同时其投资模式会相对于传统跨国公司更易于受到财政金融动机的影响（Caselia和Formenti，2018）。但若进一步探究，则数字经济下的FDI区位选择可能还会存在水平型与垂直型FDI的分别。水平型FDI旨在消除竞争对手、服务于当地市场，因此与当地生产条件（如劳动力成本）关系不大；同时在水平型FDI中，由于数字技术会导致生产与服务所在地与目标市场所在地脱钩，生产活动会向母国或第三地转移，影响投资区位的因素也将转变为畅通的网络条件、能源价格[①]和综合税负成本等。相比之下，垂直型FDI的目的则主要在于供应链体系的建设以及获取当地企业的核心技术或特殊资源，因此当地的产业生态与供应链的完备性和配套能力，以及本土企业的技术能力可能会成为吸引FDI的关键因素。

此外，一些传统上可能影响贸易和投资的外生因素，如地理距离等，在数字经济条件下其影响力将被大幅削弱，但不同市场中的文化和制度差距则会更加凸显。在国内外市场属性和市场规制相似的条件下，数字产品和服务通常可以方便地以贸易方式服务国外市场。相反，如果国内外消费偏好存在较大差异，或者东道国对相关数字要素、产品或服务的交易存在不同的法律法规，通过FDI加强产品本地化和服务合规化可能是唯一通达目标市场的途径。

① 很多依赖大规模运算的数字产业如云平台和比特币挖矿等对电力资源的价格具有更高的敏感性，我国的云贵地区作为传统引资的弱势地区，正是凭借在环境和水电成本方面的优势成为数据终端和云平台投资集聚的地区。

（六）要素密集度逆转与国际分工格局颠覆

从全球产业分工这一更为宏观的视角来看，数字经济在未来可能引发的另一个颠覆性变化将来自数字技术，特别是大数据和人工智能技术应用所带来的要素密集度逆转。从技术发展来看，人工智能对于劳动的替代将最有可能发生在简单的初级工业品以及生产工艺中最后的加工组装环节，以及服务业领域中的物流、仓储、餐饮等劳动密集型产业。在传统经济中，拥有劳动力禀赋优势的发展中国家尚可凭借劳动力成本优势在上述产业中获得一定的分工地位，但在人工智能对劳动形成大规模替代的情况下，简单劳动密集型产业的要素密集度将会发生彻底的逆转，在资本和技术方面拥有优势的发达国家可能会在这些产业中重拾优势地位，并引发低成本寻求型的国际投资向发达国家回流，而发展中国家则可能在引进外资乃至经济发展方面面临更为严峻的挤压。

（七）外资监管规则

从政府层面来看，与数字经济下外资流入相关的最大挑战来自监管规则的调整。事实上，尽管数字经济在近年来已经呈现风起云涌的发展态势，但针对数字经济下贸易和投资的开放与监管规则却一直因为诸多的争议而明显滞后于实践。而从发展前景来看，如下三个领域可能会成为未来外资监管规则所关注的重点。

一是数字经济下的企业课税问题。由于数字型企业无实体的经营方式导致各国税务部门无法掌握其实际情况，企业可以借此实现对税务管理的逃避，而如何对这些数字型企业进行征税也就成为一个世界性的问题。为应对该现象，各国已经采取了部分行动，如一些欧洲国家考虑单独制定征税方案，日本主张针对大型跨国信息技术企业制定全球统一的“数字税”，而 G20 财长和央行行长会议提出“双支柱”征税计划也正在酝酿当中。① 但从全球来看，由于数字型企业高度国际化的特征，每个国家的单独行动无法产生有效的结果，而如何协调各国的立场并在广泛的国际协作基础上寻

① 该计划第一支柱是建立一个征税国际框架，界定数字企业在无经营地点国家出售商品或服务的缴税规则，但如果这些企业仍寻找更低税率国家，或离岸避税港继续逃税，即启动第二支柱，按各国一同拟定的全球最低税率对其征税。

求统一的解决方案则是未来需要解决的难题。

二是数字经济条件下数据自由流动与数据保护的问题。作为数字经济的核心要素，数据的自由流动不仅是影响数字经济下贸易与投资活动的重要因素，也因其直接关系各国的产业利益而成为争议最大的领域。以美日为代表的数字经济强国基于支持本国数字企业抢占市场的考虑，极力强调数据的“自由性”，其中美国主张在 WTO 框架下引入跨境数据自由流动、禁止数字基础设施本地化等规则；日本则以 TPP/CPTPP 条款为基准提出政府不得限制特定网站和互联网服务、不得违反程序要求企业披露数据和商业秘密等标准。与之相对，以欧盟为代表的国家则更强调数据要素的本地化和隐私保护，以维护本土企业的市场地位或倒逼数字企业在其境内建设实体。《通用数据保护条例》（GDPR）的正式生效标志着欧盟在全球率先完成了保护公民数据隐私安全、加强个人信息监管的法律建设，在数字监管方面提供了“欧洲模板”，相对而言，中国和俄罗斯等则对数据跨境流动持更为严格的态度。在未来，如何统一各国的立场，廓清数据要素跨国流动的法律边界仍将是一个充满挑战和争议的领域。

三是数字经济条件下的知识产权保护问题。数字经济属于知识密集型的经济形式，但内容的易复制性也使其面临比传统经济更为严峻的知识产权侵权问题；同时，海量数据和信息多元化导致的“借鉴”与“抄袭”界限的模糊也使知识产权“滥诉”等问题成为阻碍创新活动发展的新障碍。因此，数字经济条件下如何制定合适的知识产权保护规则，在保护创新激励的同时维持经济系统的活力也成为数字经济监管规则下的重要议题。而从当前的挑战来看，如何界定数字经济条件下知识产权的范畴（如商业模式的创新是否属于知识产权范畴）、如何判定侵权的边界（如软件源代码的修改程度，软件的外观框架，文字音像制品的局部思路与创意以及各类非营利性使用和传播等）、如何对知识产权跨国侵权进行追索等都是亟待解决的重要问题。

四　数字经济下外资管理的政策启示

上述有关数字经济下 FDI 特征与行为方式的剖析对于新时期我国引进外资和对外投资工作具有如下启示。

第一，基于数字经济下企业边界收缩以及跨国公司产业链布局的特点，新时期引进外资活动中应将重点从传统的引资规模转向引资质量，着重吸引引领技术前沿、在特定领域具有显著优势或良好前景，以及能够对国内产业链体系形成良好带动作用的优质国际资本。

第二，针对数字经济下跨国公司区位选择的特点，应以完善产业链配套体系为核心塑造新的外资区位吸引力，同时着力推进数字基础设施的建设和相关人力资本的培养，并在稳妥的条件下逐步放宽互联网跨境访问限制，为数字化条件下的 FDI 流入营造必要的软硬件环境。此外，数字经济条件下能源和环境等对于 FDI 吸引力的增强也为在传统引资活动中处于劣势的中西部地区提供了新的机遇，可借此塑造在新兴领域的新型区位优势。

第三，应积极推进数字型外资企业的税收征管以及数据使用和跨境流动的立法工作，及早制定相关的规则，一方面规范数字型企业的经营行为，限制其自我强化效应，维持具有公平性和竞争性的市场环境；另一方面也可借此对相关的国际经贸规则的制定施加必要的引导和影响。同时，对于关键数据信息的保护也是开放条件下涉及国家安全的重要问题。

第四，在对外投资方面，应充分利用我国的市场规模优势帮助国内的数字型企业做大做强，鼓励企业，特别是一些平台型企业积极开展海外投资，以此带动广大的国内企业深入参与国际化进程；同时，以“一带一路”倡议为契机，推进基础设施的互联互通以及相应的政策法规协调，为国内企业开展海外经营创造有利的环境条件。

第五，针对目前我国数字经济在全球初步具备一定技术优势的情况下，应积极完善数字经济领域的知识产权保护，尽快建立契合数字经济特征和我国国情的知识产权法律体系，在全球新一轮知识产权规则制定中争取自己的话语权，并积极推进国际知识产权保护合作，尽可能减少在引进外资和对外投资过程中关键技术外泄和知识产权被侵犯的风险。

参考文献

［1］李细枚、张湘伟、张毕西等：《基于“学习曲线”理论的投产量决策模型研究》，《系统科学学报》2018 年第 4 期。

［2］李晓华：《数字经济新特征与数字经济新动能的形成机制》，《改革》2019 年第

11 期。

[3] 戚聿东、蔡呈伟：《数字化企业的性质：经济学解释》，《财经问题研究》2019 年第 5 期。

[4]〔美〕小艾尔弗雷德·D. 钱德勒：《企业规模经济与范围经济：工业资本主义的原动力》，张逸人、陆钦言、徐振东等译，中国社会科学出版社，1999。

[5] 谢富胜、吴越，王生升：《平台经济全球化的政治经济学分析》，《中国社会科学》2019 年第 12 期。

[6] 詹晓宁、欧阳永福：《数字经济下全球投资的新趋势与中国利用外资的新战略》，《管理世界》2018 年第 3 期。

[7] Anderson, C., "The Long Tail: Why the Future of Business is Selling Less of More", Hyperion Books, 2004.

[8] Antras, P., and Helpman, E., "Global Sourcing", *Journal of Political Economy*, 12 (3), 2004: 552 - 580.

[9] Brynjolfsson, E., Tambe, P., and Hitt, L., "The Extroverted Firm: How External Information Practices Affect Productivity", *Management Science*, 58 (5), 2012: 843 - 859.

[10] Buckley, P. J., and Casson, M., "The Optimal Timing of a Foreign Direct Investment", *The Economic Journal*, 361 (91), 1981: 75 - 87.

[11] Casella, B., and Formenti, L., "FDI in the Digital Economy: A Shift to Asset ~ light International Footprints", *Transnational Corporations*, 25 (1), 2018: 101 - 130.

[12] Deardorff, A. V., "Comparative Advantage in Digital Trade", University of Michigan Working Paper, 2017, No. 664.

[13] Dunning, J. H., "The Eclectic Paradigm of International Production: A Restatement and Some Possible Extensions", *Journal of International Business Studies*, 19 (1), 1988: 1 - 31.

[14] Everett, M. R., and Judith, K. L., "Silicon Valley Fever", Basic Books, 1985.

[15] Farrell, J., and Saloner, G., "Converters, Compatibility and the Control of Interfaces", *The Journal of Industrial Economics*, 70, 1992: 9 - 35.

[16] Fournier, L., "Merchant Sharing Towards a Zero Marginal Cost Economy", Arxiv Papers, 2014, No. 1405, 2051.

[17] Guellec, D., and Paunov, C., "Digital Innovation and the Distribution of Income", NBER Working Paper, 2017, No. 23987.

[18] Helpman, E., Melitz, M., and Yeaple, S., "Export versus FDI", *American*

Economic Review, 94 (1), 2004: 300 - 316.

[19] Hymer, S. H. , *The International Operations of National Firms: A Study of Direct Foreign Investment* (Cambridge: MIT Press, 1976) .

[20] Katz, M. L. , and Shapiro, C. , "Systems Competition and Network Effects", *Journal of Economic Perspectives*, 8 (2), 1994: 93 - 115.

[21] Kindleberger, C. P. , *American Business Abroad* (New Haven: Yale University Press, 1969) .

[22] Moulton, B. R. , "GDP and the Digital Economy: Keeping Up with the Changes", in Brynjolfsson, E. , and Kahin, B. , eds. , *Understanding the Digital Economy: Data, Tools and Research* (Cambridge: MIT Express, 1999) .

[23] Rifkin, J. , The Zero Marginal Cost Society (New York: Palgrave Macmillan, 2014) .

[24] Shapiro, C. , and Varian, H. R. , *Information Rules: A Strategic Guide to the Network Economy* (Boston: Harvard Business School Press, 1999) .

[25] Shevchenko, V. , and Oproshchenko, M. , "Evolution of Direct Foreign Investment in Digital Economy", *Theoretical and Applied Issues of Economics*, 38 (6), 2019: 63 - 72.

[26] Srnicek, N. , *Platform Capitalism* (Cambridge: Polity Press, 2017) .

[27] Tapscott, D. , The Digital Economy: Promise and Peril in the Age of Networked Intelligence (New York: McGraw Hill, 1996) .

唯物史观视阈中的数字资本主义*

欧阳英**

摘　要：我们借助唯物史观视阈可以看到，数字资本主义的出现不仅表明当代资本主义正在受到互联网技术的影响，也表明当代资本主义已经在互联网技术的影响下拥有了数字资本主义这样一种新型社会发展形态。按照唯物史观的理解，互联网技术作为一种新型的生产方式所带来的是，当代资本主义社会形态发生着不以人们意志为转移的新变化。所以，从把握数字资本主义本质的角度来看，应当既关注其与互联网技术之间密不可分的内在联系，也关注其作为当代资本主义的新型社会形态所具有的不同于传统资本主义的新特点。

关键词：唯物史观；数字资本主义；互联网技术

1999年，丹·希勒（Dan Schiller）在《数字资本主义》（*Digital Capitalism*）一书中明确提出，“在扩张性市场逻辑的影响下，互联网正在带动政治经济向所谓的数字资本主义转变”。很显然，这一论述以一种十分明确的方式推动人们去思考互联网技术对社会的深刻影响，其中的“数字资本主义”这种表述方式帮助人们开始理解，随着互联网技术的高度发展，当代资本主义正在由传统资本主义向数字资本主义转型。在《哲学的贫困》中，马克思曾明确强调：“手推磨产生的是封建主的社会，蒸汽磨产生的是工业

* 本文原载于《国外理论动态》2020年第3期。

** 欧阳英，中国社会科学院哲学研究所研究员，主要研究方向为政治哲学、马克思主义哲学史、毛泽东哲学思想。

资本家的社会。”① 因此，以唯物史观视阈来全面考察数字资本主义的出现是必要的，因为只有这样，才能更加深入地理解互联网技术的涌现与当代资本主义社会形态转型之间深刻的内在联系。按照唯物史观的理解，互联网技术作为一种新型的生产方式所带来的是，当代资本主义社会形态发生着不以人们意志为转移的新变化。所以，针对数字资本主义，应当既关注其与互联网技术之间密不可分的内在联系，也关注其作为当代资本主义的新型社会形态所具有的不同于传统资本主义的新特点。只有从上述两方面入手，才能更加深入地把握数字资本主义的本质。

一　数字资本主义：互联网技术对当代资本主义的重构

数字资本主义的出现是互联网技术的涌现对当代资本主义进行重构的过程，如果用唯物史观来理解，这充分体现了生产方式的革命性变化对当代资本主义发展的重大影响，并且这一点是不以人们的意志为转移的。

从希勒对“数字资本主义”概念的提出与界定来看，他主要是为了说明当代资本主义已经进入由互联网带动政治与经济发展的时代。但严格说来，希勒对“数字资本主义”的理解只是描述性的，还未进入规范性环节，因为人们从其概念上还不清楚数字资本主义社会到底具有哪些特殊的本质。因此，一直以来人们并没有极为明确地将“数字资本主义”视为当代资本主义新的发展形态，只是要么以政治经济学批判的方式来看待其存在（陈世华，2017），要么指出其“依然是资本主义”（杨松、安维复，2007）。而从唯物史观来看，由于数字资本主义直接与互联网技术的涌现紧密相连，因此与马克思以“手推磨”与“蒸汽磨”的区别来甄别不同社会形态相类似，人们更应当看到数字资本主义在互联网技术的影响下与传统意义上的当代资本主义之间所具有的根本性区别。受制于互联网技术，数字资本主义与传统意义上的当代资本主义主要有以下不同之处。

（一）数字资本主义反映了“互联网中心主义”时代的到来

数字资本主义的核心要素是数字化，其所体现的是由数字化带来的资

① 参见《马克思恩格斯文集》（第 1 卷），人民出版社，2009。

本主义发展的新变化，但这种数字化又是与互联网技术不可分割的。从历史上看，人类业已在思想认识上历经了“地球中心主义”“欧洲中心主义”“人类中心主义”等不同时代；而在当代，人类正在经历的是“互联网中心主义”时代。“互联网中心主义”时代的到来并不是人脑臆造的结果，而是直接与人类自身的技术创新相连。马丁·海德格尔（Martin Heidegger）、赫伯特·马尔库塞（Herbert Marcuse）、尤尔根·哈贝马斯（Jürgen Habermas）等均强调，当代资本主义表现出“技术主义”特征，并且受制于技术主义的发展。应当说，数字资本主义的出现正是当代资本主义的“技术主义”特征得到发展的重要结果。这一时代的到来，标志着当代资本主义社会正在政治、经济、文化、教育等多个方面极大地受制于互联网这样一种特殊信息技术的发展。互联网这一特殊信息技术的出现可以说是资本主义时代崇尚技术主义的重要见证，它的巨大影响力也表明，一旦出现技术上的巨大飞跃，势必会带来数字资本主义这样一种社会形态的重大变化。

当前，互联网已不再只是一种简单的信息技术，而是“附魅的网络”（Enchanted Network）①。互联网领域任何一种关键性技术的发展（如5G技术）都会带来“牵一发而动全身”的效果，这一点充分彰显了互联网的巨大影响力。如果说20世纪60年代末互联网刚刚问世时，人们只是强调它的信息传播功能，那么在当代，随着互联网技术的高速发展，互联网所表现出的巨大“虹吸”效应已使人们不得不从政治、经济、文化、教育等多个方面来深刻理解它的存在及其重大意义。

在马克思看来，机器大生产与科学技术紧密相连，它里面包含的“不仅是科学力量的增长，而且是科学力量已经表现为固定资本的尺度，是科学力量得以实现和控制整个生产总体的范围、广度”②。由此来看，我们可以站在马克思所指出的“科学力量”的高度来理解互联网技术的重要影响力，并认识到它作为科学力量在资本主义社会中发挥的作用可以与机器大生产本身相媲美。马克思并没有将机器大生产仅仅视为附加在资本主义身上的外在因素，而是通过揭示机器大生产与资本主义之间的内在联系，充分地指出了资本家剥削工人剩余价值的残酷性。因此，面对“数字资本主义”的出现，

① 参见 Schiller, D., *Digital Capitalism: Networking the Global Market System* (Cambridge: MIT Press, 1999).

② 参见《马克思恩格斯全集》（第31卷），人民出版社，1998。

不仅应当充分看到它反映了互联网技术与资本主义之间存在内在联系，同时也应看到它所带来的资本家在剥削工人剩余价值方面的新变化。

随着互联网中心主义时代的到来，马克思所描述的产业资本主义正在逐渐发展成为数字资本主义，数字资本主义正在通过互联网技术而将世界范围内的每一个体乃至最偏远地区的个体都毫无例外地卷入数字交往文明中来，使得数字交往文明发展成为当代社会每一个个体生活中的重要组成部分。目前，数字交往文明正在改变着每一个个体的日常生活方式与生活内容。而且，由于数字交往也成为数字资本的载体，因此数字资本不仅在数字交往中不断成长、壮大与发展，同时也成为数字资本主义社会中涌现的新的资本形式。由此一来，一方面，我们需要看到，数字资本主义是由互联网中心主义时代及其带来的数字交往文明所引发的重要后果；另一方面，也需要看到，由于数字资本在数字资本主义社会中发挥着无法忽略的重大社会作用，针对资本主义的传统理解已经无法有效地解读当代资本主义，“数字资本主义”概念的提出代表着对资本主义的一种新的解读方式。

（二）时间上的“加速主义”的出现

时间在资本主义的崛起中起到了关键性作用，它从根本上催生了资本主义生产方式突飞猛进的发展。安东尼·吉登斯（Anthony Giddens）认为，马克思的贡献之一就在于他看到了时间与资本主义之间所存在的无法回避的关系。①

时间与资本主义之间的这种关键性联系在数字资本主义时代不仅依然存在，甚至表现出“加速主义”的发展趋势。随着信息通信技术的高度发展，人类社会已经开始进入全面加速的时代，原本线性的钟表时间已经趋于消失，人们所看到的不再是伸展的、舒缓的时间，而是被高度压缩、浓缩与叠加的时间。目前，无论是人们的日常生活，还是政治生活与社会生活等都正在这个时间内发生着，并被这个时间所改变，表现出加速化的发展趋势。为了解释这种史无前例的加速化，保罗·维利里奥（Paul Virilio）提出了“速度学”（dromology）的概念。与此同时，瞬时的时间（instantaneous time）、无时间的时间（timeless time）以及时间紧迫（pressed for

① 参见〔英〕安东尼·吉登斯《社会理论与现代社会学》，文军、赵勇译，社会科学文献出版社，2003。

time）等与加速社会相关的重要概念也应运而生。[①] 这些理论与概念均有助于人们更加充分地理解和认识加速社会。朱迪·瓦克曼（Judy Wajcman）在《时间紧迫：数字资本主义下生活的加速》一书中对数字资本主义时代时间政治的变化方式做出了诠释，论述了数字资本主义时代加速化生活方式的存在，尤其分析了加速化对时空关系的影响。今天，人们更多的是用时间而非距离来叙述空间，这也就意味着，“空间开始在晚期现代世界丧失其重要性，过程与发展不再是地方化的，地方开始成为无需历史、认同或关系的‘非在场’”（Rosa 和 William，2009）。

尼克·斯尔尼塞克（Nick Srnicek）与阿列克斯·威廉姆斯（Alex Williams）在《加速主义的宣言》一书中明确指出：“正如马克思所意识到的，资本主义不能被看成是一种真正的加速运动的原动力。同样，主张左翼政治会反对技术社会的加速运动这样一种分析结论，至少从部分上说，是一种严重的误读。确切地说，如果政治上的左翼希望拥有一种未来的话，那么它就必须是这样一种情况：在其中它能够最大限度地正视这种受到抑制的加速主义的发展趋势。”[②] 由此可见，加速主义作为当今资本主义社会的重要发展趋势，实际上是深受肯定的。如果没有认清加速主义对当今资本主义社会发展的重要意义，就难以真正把握未来。

（三）空间重组中的“平台资本主义”的出现

马克思从两个方面论述了资本在空间重组中的重要意义：一方面，资本“力求摧毁交往即交换的一切地方限制，征服整个地球作为它的市场”；另一方面，“它又力求用时间去消灭空间，就是说，把商品从一个地方转移到另一个地方所花费的时间缩减到最低限度”[③]。数字资本主义时代的数字资本通过互联网所能实现的正是与马克思所阐述的上面两点相关的内容，即一方面，通过互联网，数字资本摧毁了交往即交换的一切地方限制，人们能够在互联网上真正实现“地球村”的存在；另一方面，互联网上“无

① Wajcman, J., *Pressed for Time: The Acceleration of Life in Digital Capitalism* (Chicago: The University of Chicago Press, 2015).

② Mackey, R., and Avanessian, A., *Accelerate: The Accelerationist Readers* (Windsor Quarry: Urbanomic Media Ltd., 2014).

③ 参见《马克思恩格斯文集》（第 8 卷），人民出版社，2009。

时间的时间”的出现使马克思所说的“用时间去消灭空间”这一点能够得到极其便捷的实现。因此，可以说，随着互联网技术的高度发展，数字资本不仅得以涌现，而且带来了空间重组的新变化。

斯尔尼塞克提出了“平台资本主义”概念，可以帮助人们更加充分地认识到数字资本主义中的空间重组主要是借助平台来完成的，这与马克思所处的时代利用流通市场以实现空间重组有着极大区别。在马克思所处的时代，空间重组是通过资本流通市场的扩大来实现的，资本在时间上流通得越快，资本在空间上通过扩张所能形成的市场就越大，时间与空间之间是直接的互动关系。斯尔尼塞克的“平台资本主义”提出了数字资本主义时代全新的空间重组关系。基于互联网的应用，数字资本是利用数字化平台来实现空间重组的。在新的空间重组过程中，相对于流通而言，数字化平台所起的作用更加直接和重要。

在马克思所处的时代，“流通在空间和时间中进行。从经济学的观点来看，空间条件把产品运到市场，属于生产过程本身”①。但是，如果从平台资本主义的视角来看，数字资本主义时代的空间重组实际上体现的是数字化平台的操作，其造成的结果是数字化的空间密集程度会随着数字化平台的建立与发展而发生相应的重大转变，而这从本质上说就是一种去时间和去空间的过程。作为一种数字化的基础设施，数字化平台的功能是让两个以上的群组之间出现随时可发生的互动关系。平台既是连接不同的生产商、供应商、运营商、广告商、客户等群组的中介，也为他们提供各种工具，让平台用户可以打造他们自己的产品、服务和市场（Srnicek，2017）。因此，在数字化平台上，无论是时间还是空间都失去了其传统的意义，产品的流动已不再是在严格意义上的时间和空间中完成，而是在群组的互动中完成的。群组之间互动的频率越高，产品高速流动的可能性就越大。

二　数字资本主义、加速主义与平台资本主义紧密相连

在数字资本主义时代，数字资本主义、加速主义与平台资本主义三者之间是紧密相连的。以往，人们一直将上述三者分别联系起来加以研究，

① 参见《马克思恩格斯全集》（第30卷），人民出版社，1995。

如数字资本主义与加速主义（王行坤，2018）、加速主义与平台资本主义（董金平，2018），等等。但严格说来，三者之间不仅各自之间存在联系，而且还可以构成一个完整的统一体。

（一）数字资本主义与加速主义

数字资本主义与加速主义是相辅相成的关系。数字资本主义促成了加速主义的出现，而加速主义的出现反过来也证明了数字资本主义的存在。

在数字资本主义时代，需要用加速主义来重新理解当代资本主义的存在与发展。这是因为，数字资本的出现使得传统意义上的资本具有了新的存在形式，它建立在数字化平台之上，并且与速度紧密相连。在数字化平台上，数字资本的增殖效应随着其运转速度的加快越来越大。目前，金融数字资本的增殖效应建立在电脑与互联网技术日益加速发展的基础上，这促成了与速度相关的加速主义的出现。加速主义与由数字资本带来的加速社会（high-speed society）之间保持着直接的内在联系，其中心词汇是“加速”（accelerate）概念，而不是简单的“速度”（speed）概念。在传统意义上，加速是指资本主义机器本身的加速，是最终获取利润的速度加快。但是，在加速主义看来，加速是社会发展的加速，而加速社会的出现是互联网技术加速发展的结果。加速社会已成为数字资本主义的发展常态，是数字资本主义的社会本体。

随着加速主义的问世，我们也对数字资本主义时代由数字资本所带来的加速发展的本质有了更进一步的认识。在此，“加速主义推动的是一个更为现代的未来”，这个新的现代性是“新自由主义不敢去创造的”（Mackey 和 Avanessian，2014）。也就是说，加速主义的问世并不是为了否定数字资本主义的加速化发展，而是希望通过正视这种发展，使人们能够以更加开放的方式迎接快速发展的未来。与传统的现代性不同，未来的现代性是加速发展的现代性，这种现代性带来的是加速度的日新月异。为了描述这种变化，赫尔曼·吕伯（Hermann Lübbe）提出了“现在的压缩”这一概念。他认为，“过去”表示已不再有效，“未来”表示尚未生效，“现在”所表示的则是经验与期望一致的时间段（孙亮，2016）。乔纳森·克拉里（Jonathan Crary）在《24/7：晚期资本主义与睡眠的终结》一书中指出，时间开始成为越来越稀有的东西，并且已经成为资本主义时代新的控制方式。我们的时间越来越被各种电子视频所填满（Crary，2013）。迈克尔·哈特（Michael Hardt）曾经极端地说道："资本主义已经扼杀了睡眠！更准确地讲，睡眠已经在时钟的滴答声中被消磨掉了。"（Hardt，2013）很显然，由于与时间的改变紧密相连，加速主义推动的是以时间的磨损为内容的具有加速化的现代性，而且这一点正在逐渐被人们视为一种势不可当的趋势。

在数字资本存在的情况下，加速社会已经成为数字资本主义社会的重要外在表现形式。如果说在传统资本主义社会中，社会发展呈现出周期性变化趋势的话，那么在数字资本主义时代的加速社会中，社会发展则表现出呈几何级数的快速发展态势。安德鲁·S. 格鲁夫（Andrew S. Grove）1996 年用"10 倍速时代"来描述当代加速社会的发展规律。总的说来，在当代加速社会中，人们已经很难简单地用经济周期来描述经济发展规律，经济危机、金融危机已经表现出随时即可爆发的态势。数字资本的出现对传统资本发展的带动作用使得传统资本主义更加体现出数字资本主义的特点。

按照克劳斯·迪雷（Klaus Doerre）的看法，资本主义体制的永恒动力正是"加速"，并且这一点深深地植根于利益的角逐过程（Doerre，2015）。但是，从加速主义与数字资本主义存在相辅相成的关系来看，尽管数字资本主义中的加速化反映了资本主义体制自身所具有的这一永恒动力的存在，但是人们不能仅仅简单地从这个角度来理解这种加速化。由于数字资本主义中的加速化是与互联网技术所带来的数字化相关联的，是有着巨大的技术支撑的加速化，所以在此种情况下，它已使传统的"慢节奏"的资本主义时代成为永远回不去的"过去"。

（二）加速主义与平台资本主义

加速主义与平台资本主义也是相辅相成的关系。加速主义需要借助平台资本主义来实现；平台资本主义的存在与发展表明了加速主义的存在。

加速主义需要借助数字资本主义来加以理解，但同时，加速主义又需要借助平台资本主义来实现，因此，平台资本主义对加速主义来说具有根本性意义。没有数字化平台，就不可能有数字资本的发展与加速社会的涌现，更不可能有加速主义对加速社会的反思。因此，平台资本主义的提出是极其重要的，它使人们看到平台资本主义是加速主义能够存在与发展的重要保证。同时，从最终结果来看，数字资本主义的发展就是平台资本主义建立与发展的过程，因为如果没有数字化平台的建立，数字资本主义的存在与发展就没有根基。平台资本主义的建立与发展促进与完善了加速主义。

（三）加速主义是联结数字资本主义与平台资本主义的纽带

加速主义所反映的是数字资本主义的发展状态，但是数字资本主义中的数字资本需要借助数字化平台来完成，所以从逻辑关系来看，加速主义是联结数字资本主义与平台资本主义的纽带，它既与数字资本主义相关，也与平台资本主义相关。由此可见，数字资本主义、加速主义与平台资本主义三者之间构成了一个统一的整体。

加速主义的问世是对数字资本主义本质的正面回答，使人们看到数字资本主义的发展与加速社会的出现存在不可分割的内在联系。然而，由于数字资本是建立在数字化平台基础上的，所以除了反思数字资本，加速主义还需要反思数字化平台。也正是在这个过程中，平台资本主义概念应运而生。相对于数字资本主义概念来说，平台资本主义概念的意义更加深远，它能够帮助人们认清当代资本主义的运行本质。数字化平台不仅可以在市场上靠数据赚钱，它本身也在制定规则，而依靠平台的商家、用户、生产商等都必须遵循这些规则。正是规则的制定权让平台处于经济利益的顶端，甚至成为超越民族国家的僭主。对此，也正是斯尔尼塞克所说的，“这些平台的地位尽管是中介，但它们不仅获得了海量的数据，而且控制与监控着游戏规则”①。

三　数字资本主义的二律背反：是信息乌托邦主义还是赛博新自由主义

围绕着数字资本主义时代的民主问题，叶夫根尼·莫洛佐夫（Evgeny Morozov）在《互联网幻象：互联网自由的阴暗面》（*The Net Delu-sion*：*The Dark Side of Internet Freedom*）一书中区分了信息乌托邦主义与互联网中心

① 参见 Srnicek，N.，*Platform Capitalism*（Cambridge：Polity Press，2017）。

论，指出二者对民主问题持有完全不同的态度。信息乌托邦主义强调网络媒体与民主化之间存在某种必然性关系，坚信网络媒体尤其是社交媒体的出现将促进信息传播的民主化发展以及公共领域的形成与集体性行动。互联网中心论则认为可以忽略技术的政治情境，并认定互联网所形成的群包或众包等新型生产方式以及分享式经济模式能够推进资本主义生产过程的民主化。由于互联网中心论强调的是互联网自身对民主的推动作用，属于新自由主义范畴，用网络语言来说，可以称其为赛博朋克（cyberpunk）世界中的赛博新自由主义。因此，信息乌托邦主义与互联网中心论之间的对立关系又可以称为信息乌托邦主义与赛博新自由主义之间的对立关系，这种对立关系反映出数字资本主义在民主问题上存在二律背反现象（吴畅畅，2017）。

表面看来都是在谈论民主，但信息乌托邦主义看到的是网络新媒体在网络民主过程中的参与和推动作用，赛博新自由主义看到的则是网络自身的民主化进程。因此，它们之间存在明显的区别，甚至具有二律背反的特点，因为前者强调的是新媒体中心论，后者强调的是互联网中心论。也正是这种区别，使得人们看到了数字资本主义时代存在的两种民主路向，而且它们之间相互排斥：新媒体中心论支持培育与发展新媒体，互联网中心论则反对新媒体的存在，其更加强调的是互联网自身的民主化进程。此外，目前还存在第三种观点，即认为互联网是数字资本主义的重要工具，加剧了信息鸿沟，掩盖了社会不公，体现了反民主的态势；互联网的平台管理、政策制定、市场发展等都是不自由的，不会带领我们走向自由的乌托邦。因此，严格说来，倘若运用政治经济学批判视角来考察互联网，则可以发现这里实际上存在一个回到马克思的过程。因为借助马克思的政治经济学批判，我们不仅可以认清互联网中政治与经济之间的关系，而且还可以开展互联网的实证研究和规范研究（陈世华，2017）。

因此，针对数字资本主义时代的民主问题，需要看到其发展的复杂性，绝不能只用一种认知模式去识别其存在与发展。斯尔尼塞克提出的“平台资本主义”概念的价值就在于，它指出了互联网的意义是建立在数字化平台基础上的。对数字化平台的民主设计将通过互联网的作用直接影响着民主发展的走向，即决定着它是走向信息乌托邦主义、赛博新自由主义还是反民主主义。斯尔尼塞克希望从平台本身出发，找到走出平台资本主义的路径以实现无产阶级解放。他的独到贡献，就在于指出了互联网作为数字化平台具有多元的发展方向，既包括资本主义，也包括共产主义。如果平台资本主义走向平台共产主义，那么互联网作为数字化平台就能够避免成为资本主义垄断平台的工具。

四 小结

数字资本主义是在互联网技术迅猛发展与“互联网中心主义”时代到来的背景下所出现的新型资本主义形态。数字资本主义与加速主义之间发生联系的重要途径是数字资本的问世和发展。数字资本不仅与数字化平台相连，还与速度紧密相连，数字资本的加速运转带来的是社会发展的加速化，这一点已经明显地表现出不以人们的意志为转移的趋势。

同时，数字资本主义也带来了平台资本主义的出现，这与数字资本需要建立在数字化平台之上密切相关。没有数字化平台，就没有数字资本，更谈不上数字资本主义的发展。因此，平台资本主义是数字资本主义的重要发展走向这一点必须引起人们的高度重视。此外，人们也应更加深入地看到平台共产主义可以成为平台资本主义的未来走向。

参考文献

[1] Andrew S. Grove：《10 倍速时代》，王平原译，大块文化出版股份有限公司，1996。

[2]〔英〕安东尼·吉登斯：《社会理论与现代社会学》，文军、赵勇译，社会科学文献出版社，2003。

[3] 陈世华：《数字资本主义：互联网政治经济学批判》，《南京社会科学》2017 年第 9 期。

[4]〔美〕丹·希勒：《数字资本主义》，杨立平译，江西人民出版社，2001。

[5] 董金平：《加速主义与数字平台——斯尔尼塞克的平台资本主义批判》，《上海大学学报（社会科学版）》2018 年第 6 期。

[6]《马克思恩格斯文集》（第 1 卷），人民出版社，2009。

[7] 孙亮：《资本逻辑视域中的“速度”概念——对罗萨“社会加速批判理论”的

考察》，《哲学动态》2016 年第 12 期。
[8] 王行坤：《数字资本主义时代的时间政治——评瓦克曼〈时间紧迫〉》，《中国图书评论》2018 年第 8 期。
[9] 吴畅畅：《数字资本主义时代下的马克思——评〈马克思归来〉一书》，《全球传媒学刊》2017 年第 1 期。
[10] 杨松、安维复：《数字资本主义"依然是资本主义"》，《思想战线》2007 年第 2 期。
[11] Crary, J., *24/7: Late Capitalism and the Ends of Sleep* (London/New York: Verso, 2013).
[12] Doerre, K., *Stephan Lessenich and HartmutRosa*, *Sociology*, *Capitalism*, *Critique* (London/New York: Verso, 2015).
[13] Hardt, M., "Sleep No More", *Artforum*, 9, 2013: 77.
[14] Mackey, R., and Avanessian, A., *Accelerate: The Accelerationist Readers* (Windsor Quarry: Urbanomic Media Ltd., 2014).
[15] Rosa, H., and Scheuerman, E. W., *High-Speed Society: Social Acceleration, Power, and Modernity* (Philadelphia: Pennsylvania State University Press, 2009).
[16] Schiller, D., *Digital Capitalism: Networking the Global Market System* (Cambridge: MIT Press, 1999).
[17] Srnicek, N., *Platform Capitalism* (Cambridge: Polity Press, 2017).
[18] Wajcman, J., *Pressed for Time: The Acceleration of Life in Digital Capitalism* (Chicago: The University of Chicago Press, 2015).

全球数字经济发展趋势及治理挑战*

王璐瑶　葛顺奇**

摘　要：数字经济增长及其治理已经演化为一个全球性问题，正在重塑国际地缘政治格局。数字资源禀赋差异、国家间数字战略竞争、发达经济体对数字规则的实质垄断等，给全球数字经济治理带来了巨大挑战。中国已是全球数字经济的主要参与者，但在治理领域缺少制度性话语权，被排除在发达经济体主导的规则制定体系之外。未来，中国在坚持以WTO为核心，以规则为基础，透明、非歧视、开放和包容的多边贸易体制的前提下，还可以“一带一路”倡议、对外援助体系和自由贸易区战略为抓手，凝聚参与共建的经济体和发展中经济体的强大合力，在全球数字经济治理中发挥重要影响力。

关键词：数字经济；全球治理；中国路径

全球范围内互联网、大数据、云计算、人工智能等信息通信技术（ICT）迅速迭代，数字经济正成为世界经济转型日益重要的驱动力，对实现包容性增长和可持续发展至关重要。相应地，数字经济治理也已演化为一个全球性问题，正在重塑国际地缘政经格局。全球治理本质上是以制度为基础

* 本文主体内容原载于《国际贸易》2020年第5期，原标题为《全球数字经济治理挑战及中国的参与路径》，收入本书时有修改。

** 王璐瑶，广东外语外贸大学国际关系学院讲师，主要研究方向为全球经济治理与国际经济规制；葛顺奇，南开大学经济学院国际经济研究所所长，教授，主要研究方向为跨国公司与国际投资。

的规则治理，集中体现为规则的制定和实施过程，不仅涉及已有国际规则体系的调整和变革，还包括对新的国际规则制定的尝试（徐秀军，2017）。当前全球数字经济增长及其治理主体、治理目标、治理规则正呈现出明显的分化趋势，"美式模板"和"欧盟类型"各有侧重，多边层面数字治理规则难以达成，发展中国家面临制度性话语权缺失的集体困境。因此，本文旨在介绍全球数字经济发展新近趋势，从数字资源禀赋差异、国家间数字战略竞争、发达经济体对数字规则的实质垄断等角度深入剖析其治理挑战，兼论中国参与全球数字经济治理的路径选择。

一 全球数字经济发展新近趋势

2016 年 G20 杭州峰会发布的《二十国集团数字经济发展与合作倡议》将"数字经济"定义为"以使用数字化的知识和信息作为关键生产要素、以现代信息网络作为重要载体、以信息通信技术的有效使用作为效率提升和经济结构优化的重要推动力的一系列经济活动"，认为其在加速经济发展、实现包容性增长和可持续增长中发挥着重要作用。作为数字生产活动的重要工具和载体，由互联网平台、电子商务、电子内容和数字解决方案等数字化跨国公司以及 IT 和电信等 ICT 跨国公司组成的科技跨国公司的迅速崛起成为世界经济数字化转型的重要体现，正在重构国际生产体系。

随着数字技术深刻变革驱动多元业态融合发展，数字经济的内涵和外延也在演变。根据联合国发布的《数字经济报告 2019》，按照不同定义和统计口径，数字经济在全球 GDP 中的占比为 4.5% ~15.5%，且处于持续快速增长阶段。2018 年，数字化交付服务出口额达到 2.9 万亿美元，相当于全球服务出口的 50%（UN，2019）。中国全球范围内的新兴数字技术实力分布改变了传统的南北格局，在大部分细分领域呈现出中美共同领先的态势（见表 1）。

表 1 全球新兴数字技术实力分布：中美共同领先的世界格局

区块链技术	中国在全球区块链相关技术专利申请数中的占比约为 50%，美国约为 25%，合计占比为 75%
3D 打印	前五位经济体（依次为美国、中国、日本、德国和英国）的 3D 打印产能在全球的占比合计达到 70%

续表

物联网	前七位经济体（由高到低依次为美国、中国、日本、德国、韩国、法国和英国）的物联网相关支出在全球的占比合计达到 75%，其中中、美两国合计占比为 50%
云计算	前五位云计算供应商（依次为亚马逊、微软、谷歌、IBM 和阿里巴巴）在全球的基础设施服务市场占比超过 75%，其中前四位来自美国、第五位来自中国
自动化和机器人	前五大市场（依次为中国、日本、韩国、美国和德国）在全球机器人销售额中的占比为 73%，其中中国占比为 36%
人工智能和数据分析	前三大经济体（依次为中国、美国和日本）在全球人工智能专利申请数中的合计占比为 78%

资料来源：根据联合国《数字经济报告 2019》各细分领域统计数据整理。

上述科技实力分布集中反映为世界各主要经济体的数字经济竞争力。上海社会科学院发布的《数字经济蓝皮书：全球数字经济竞争力发展报告（2019）》显示，美国短期内仍会维持其在数字经济领域的综合优势地位，中国在数字产业竞争力方面已反超美国成为全球第一，但在数字经济治理等领域仍然存在短板。从区域层面看，北美、东亚和西欧国家数字经济竞争力较强，非洲、拉丁美洲地区国家则较弱，东南亚地区国家呈快速发展态势。此外，约 40% 的国家数字竞争力排名近三年来处于波动状态，折射出数字经济领域内激烈的国家间竞争态势（王振、惠志斌，2019）。

尽管近年来全球经济预期不佳，数字经济发展态势仍然可观。中国信息通信研究院对 47 个国家的数据测算表明，2018 年整体的数字经济总规模超过 30.2 万亿美元，占 GDP 比重高达 40.3%。其中，约半数国家数字经济规模超过 1000 亿美元，美国和中国分别以 12.34 万亿美元和 4.73 万亿美元位列全球第一大和第二大数字经济体；38 个国家的数字经济增速显著高于 GDP 增速，占所有测算国家的 80.9%；英国、美国、德国数字经济在 GDP 中的占比均已超过 60%，韩国、日本、爱尔兰、法国相应占比超过 40%，中国也已超过 30%；韩国、美国、英国、德国、中国、法国、印度 9 国的数字经济增长对 GDP 增长的贡献率超过 50%，数字经济成为拉动经济增长的重要引擎。①

① 参见中国信息通信研究院《全球数字经济新图景》，2019。

2020年新冠肺炎疫情（COVID-19）给开放世界经济及区域一体化合作带来挑战，也使得物联网、跨境贸易、旅游出行等领域的数字交易额有所下降。全球移动通信系统协会（GSMA）智库报告显示，COVID-19大流行和市场动态变化使2025年前的全球物联网收入预期从1.1万亿美元缩减到9060亿美元。[①] 但是，COVID-19也使数字化转型脱颖而出，凸显数字技术的关键作用，包括企业需要重新调整其运营流程并将重点更多地放在提升自动化水平等方面以应对风险，这强化了短期内云和软件工具的使用率以及企业数字化生产运营的长期趋势，数字经济有望成为后疫情时代世界经济复苏的引擎。

二 全球数字经济治理面临的增长挑战

全球各主要经济体及国际组织均在通过数字战略出台及相关政策探讨为数字经济增长注入动力，但数字资源禀赋差异可能引发“马太效应”，放大数字时代下的全球经济增长分化。数字经济具有固定成本和研发成本高但边际成本低甚至接近于零的特点，极易凭借高渗透性、强融合性以及知识产权保护形成垄断优势。同时，数字技术和产品具有明显的网络效应和锁定效应，消费者更易对相应产品及服务形成偏好并愿意支付更高成本，这赋予数字经济“先行者优势”并得以借助高市场份额形成规模经济和范围经济（张森等，2020）。

全球数字经济发展分化已然呈现。前述中国信息通信研究院研究结果显示，从规模看，2018年20个发达国家数字经济规模达到22.5万亿美元，而27个发展中国家数字经济规模仅为7.7万亿美元；从占比来看，2018年发达国家数字经济占GDP比重已达到50%，而发展中国家数字经济占GDP比重仅为25.7%。与此相对，发展中国家数字经济增速显著高于发达国家4.9个百分点，2018年发展中国家和发达国家的数字经济增速分别为12.9%和8%。[②] 这是因为人口红利等传统要素在数字经济发展初期作用明显，普及率和渗透率的提升会迅速释放数字经济潜力并带来相关产业的高

① 参见GSMA，“IoT：Counting the Cost of Covid-19”，2020，https://data.gsmaintelligence.com/research/research/research-2020/iot-counting-the-cost-of-covid-19。

② 参见中国信息通信研究院《全球数字经济新图景》，2019。

速增长。例如，凭借呈指数增长态势的庞大移动互联网用户，印度已经在2017年底成为全球第二大电信市场并在2018年第一季度成为全球增长最快的移动应用市场以及全球第三大互联网市场，但仍然面临城乡数字鸿沟、民众数字素养欠缺等一系列制约因素（赵付春，2018）。

从长期看，电信基础设施、数字技术研发及相关配套政策等数字资源禀赋依赖国家持续投入，体现出明显的国家干预和产业扶持特征（王玉柱，2018）。截至2017年4月，联合国贸发组织（UNCTAD）在全球范围内识别到的各国数字战略合计已逾百项（UNCTAD，2017）。彼时2/3的经合组织（OECD）成员也已推出本国独立的数字经济发展战略议程或项目。[①] 此后数字政策出台愈加频繁，以欧盟为例，其在2018年以来连续推出《欧盟人工智能战略》《通用数据保护条例》《促进人工智能在欧洲发展和应用的协调行动计划》等一系列政策措施。2020年2月，欧盟公布了题为《塑造欧洲数字未来》的数字化战略，同时发布了欧盟数据战略及人工智能白皮书，旨在通过加大数字化领域投资提升欧盟数字经济竞争力（谢飞，2020）。

“第四次工业革命”改变了原有生产函数，经济增长对不可再生资源的依赖性下降，数据成为与土地、劳动力、资本、技术等传统要素并列的新型生产要素之一，这为部分后发国家社会生产力跃升带来机遇。发展中国家在转向数字经济的过程中，国内企业尤其是加工贸易企业将拥有更多嵌入全球价值链的机会（吕越等，2020），创意经济等新型商业模式的运用成为可能，数字技术也有望被应用于解决医疗卫生、教育等社会发展的具体问题以及提升政府运作的透明度和有效性（王璐瑶、葛顺奇，2019）。另外，由于缺乏数字资源禀赋及相应的数字能力建设，自动化和数字化也给发展中国家就业和收入分配、公平贸易和吸引外资等带来挑战。

在国际生产领域，既有研究认为以集多项数字技术为一体的人工智能发展有助于提升劳动生产率（Graetz和Michaels，2018），当存在“干中学”效应和技术外溢性时，人工智能本身可以推动形成人均产出稳定增长的内生增长（郭凯明，2019）。埃森哲针对12个发达经济体的预测表明，相比2035年预期的基准生产力水平，各国使用人工智能产生的劳动生产率增速为11%～37%，其中美国、日本、德国、英国的相应增速分别为35%、

① 参见OECD，*OECD Digital Economy Outlook 2017*（Paris：OECD Publishing，2017）。

34%、29%和25%（Purdy 和 Daugherty，2016）。可见，数字资源禀赋差异带来的生产率提升在发达经济体内的分化也已十分明显。国际电信联盟（ITU）预测人工智能将在2030年前为全球额外创造约13万亿美元的经济产出，相当于为年均GDP增长再贡献1.2个百分点（ITU，2018）。这也会进一步扩大技术鸿沟带来的国家间差距，作为整体的发展中国家在推进数字经济时劣势越发突出。就业是与数字化生产相关的一个关键问题，争论呈现两极分化，即技术进步可能创造新的有效岗位（Mokyr 等，2015），也会替代部分劳动力（Susskind，2017）并导致收入变动（Acemoglu 等，2017）。UNCTAD 以2015年跨国企业100强中的科技企业为观察对象，发现其在此前五年间的年均就业增长显著低于年均总资产增长，企业重心正向无形资产和现金资产等资本要素转移，创造的就业机会相对较少（UNCTAD，2017）。并且，尽管发达经济体的职业也存在被机器人替代的风险，但大部分研究认为技术进步对就业的影响主要体现为对高技术人才需求的增加和对中低技能劳动者需求的减少，即以机器人对中低端技术人员的替代为主，而自动化会降低中低技能劳动者的工资和收入份额（王春超、丁琪芯，2019），这意味着发展中国家的劳动密集型产业更易受到数字化生产带来的负面冲击。

在国际贸易领域，数字贸易概念由美国国际贸易委员会（USITC）在2013年率先提出，即通过互联网传输产品和服务的国内商务和国际贸易活动，主要包括数字化交付内容、社交媒体、搜索引擎及其他数字产品和服务四类（USITC，2013）。相较于传统贸易，数字贸易在贸易主体、贸易对象和贸易模式等方面均有所不同。数字贸易的兴起源于经济全球化下的产业结构转型以及新技术和新需求的协同推动，服务贸易内部结构向技术和知识密集型发展并带动信息、知识等无形服务贸易的占比扩大，而互联网等新技术的涌现也为产品和服务交易提供了新的载体（李忠民等，2014）。既有研究认为数字贸易和一般贸易存在部分共性，如地理距离邻近和消费者商品偏好之间存在正向关系（Hortacsu 等，2020），人工智能因具有规模经济和知识密集等特点也使得市场规模的存在有利于贸易政策执行（Goldfarb 和 Trefler，2018）。不同的是，数字贸易更依赖于数字基础设施完善，如信息化水平提升对数字服务出口具有显著促进作用（岳云嵩和赵佳涵，2020），通信质量对双边贸易中的发展中国家更为重要，而这恰好是发展中国家目前发展数字经济的主要瓶颈之一（Abeliansky 等，2017）。此外，数据资源是数字贸易的核心价值，正是数据跨境流动带来的资源优化配置为全球经济增长提供了新的驱动力（宗良等，2019）。但从全球数据价值链看，大部分发展中国家只是原始数据的提供者，向主要来自发达经济体的领先数字跨国企业基于这些数据所形成的具有附加值的智能产品付费，仅少数国家得以换取获得技术或能力建设的机会，这导致数据收益分配有失公平，也加深了发展中国家在全球数字贸易格局中的依附性（UN，2019）。

在国际投资领域，数字资源禀赋成为新的国际投资区位影响因素，左右跨国企业全球布局及战略转型。2013～2018 年，发展中经济体作为整体吸引的外国直接投资（FDI）流量从 6525.5 亿美元增至 7060.4 亿美元，在全球总量中的占比也相应地从 45.6% 扩为 54.4%（UNCTAD，2019）。然而，借助数字渠道即能完成的数字产品交易特性促使跨国企业偏向于采用出口模式而非市场寻求型对外投资（Eden，2016），跨国企业全球价值链数字化、智能化、服务化及去中介化导致全球生产体系日益集中，并呈现出低海外资产和低海外就业的“双低”现象，很可能在减缓全球范围内资本流动的同时，赋予发达经济体重聚外资的新优势（詹晓宁和欧阳永福，2018）。此外，美国等发达经济体逆全球化思潮兴起，国家保护主义凸显，大量海外资本被强制回流。新冠肺炎疫情暴发后，关键物资短缺促使各国关注重点从对跨国企业主导的全球价值链的效率追求转为国家主导的核心供应链的安全追求（葛琛等，2020），中美政经关系进一步恶化，作为数字经济大国的中美相互投资面临极大障碍（蒋殿春等，2020）。受疫情持续时间及跨国企业盈利下调影响，UNCTAD 预计 2020 年全球 FDI 流量将在 2019 年 1.54 万亿美元的基础上衰减近 40%，全球 FDI 自 2005 年以来首次低于 1 万亿美元，其中流入亚洲发展中经济体的 FDI 预计将下降 45%，2021 年全球 FDI 还将进一步减少 5%～10%（UNCTAD，2020）。这些都将严重制约发展中国家数字领域资金流入。

三　全球数字经济治理面临的地缘挑战

一国的技术创新程度可被视作该国地缘政治经济地位及其军事能力的信号，但技术进步又不可避免地存在跨国溢出现象，即技术创新国在国际贸易投资或技术转移的过程中丧失对新技术的控制权。因此，一方面，发展中经济体面临急剧变革的国际政经环境及科技能力分布不均衡的问题；另一方面，发达经济体出于国家安全和既有利益考虑，也对技术合作制度和技术研发项目等倍加敏感并施以严格限制，促使国际局势日益紧张甚至出现国际冲突（皮尔逊、巴亚斯里安，2006）。在数字经济领域，以5G网络技术为代表的标准之争正成为国际规则制定的重点，国家间关系日益淡化意识形态并看重技术竞争与合作，“技术创新国”、“技术商业化国”和“技术使用国”或成为国际政治力量新的划分方式（阎学通，2019）。

一方面，数字技术所带来的政策挑战已冲破狭义的数字领域，扩大到更广泛的贸易投资政策，如“数字技术出口管制”、“外资安全审查”和“数字税”等，战略意味十分明显。多国近年来调整敏感技术出口管制范围以强化自身在数字领域的竞争力。以中美为例，2018年11月，美国商务部工业安全局公布了针对关键新兴基础技术及相关产品出口的管制框架，将人工智能、量子计算等14个领域的产品及技术纳入出口管制目录，实施严格监管和审查。2019年10月，美国商务部产业安全局对《出口管理条例》（EAR）第744章补充文件4所列“实体清单”（Entity List）进行修订，将来自中国的28家实体增列其中，美国出口商在未得到国家颁发的许可证之前，不得帮助进入名单的企业实体获取受本条例管辖的任何物项。此前，美国商务部已将华为附属公司等100多家实体列入清单。2020年8月，中国商务部会同科技部发布经调整的《中国禁止出口限制出口技术目录》，新增人工智能交互界面、基于数据分析的个性化信息推送服务、量子密码等技术以规范技术出口管理和维护国家经济安全。

与此同时，出于对国家安全或战略性行业内外国投资的担忧，美欧等发达经济体纷纷收紧外资并购审查，尤其是对发起并购的外国国有企业或具有政府背景的实体展开更加严格的监管。英国、德国和法国等均在2017~2019年升级了国家层面的外资审查程序，对国防、关键基础设施以及互联网、大数据、人工智能、半导体等先进技术领域发起并购的域外企业扩大审查范围或者降低审查门槛（Hanemann等，2019）。拟在2020年10月全年实施的《欧盟外商投资审查条例》直指欧洲战略利益及外资领域的安全和公共秩序，“以成员国安全审查为主、以欧盟委员会安全审查为辅”的双轨制审查框架在统筹协调欧盟层面外资监管政策的同时，赋予各成员国自主决定外资准入的权力（张怀岭，2019）。“外资安全审查”本意是加强本国企业和国家利益保护，防止母国政府对国有企业的不当支持扰乱市场公平竞争，进而损害其他市场主体权益以及东道国国家经济和安全利益，但在实践中极易被政治化、工具化和扩大化。美国在2018年通过的《外国投资风险评估现代化法案》中更新“关键技术”含义，特别强调对美国重点关注国家维持和扩大技术优势至关重要的新兴技术以及美国重点关注国家想要获得本国尚不存在技术优势领域的优势技术，同时，上述法案还要求美国商务部部长向美国国会和美国外国投资委员会（CFIUS）每两年提交一份中国对美直接投资交易报告（钟红、吴丹，2019）。近年来数字领域不乏基于监管或政治原因被撤回的中企对美并购案。例如，2017年9月，美国总统特朗普发布总统令以禁止中国私募股权企业峡谷桥资本公司对美国莱迪思半导体公司的并购，原因是CFIUS发现该并购案的投资者涉及国有控股的风险投资基金，认为可能威胁美国国家安全。①

迄今为止，全球多国已启动数字税政策或计划，但数字经济是否应当征税以及如何征税仍然具有争议性。支持者认为征税能解决数字企业和其他企业的税负不公问题以及个人数据价值的合理分配问题（孙南翔，2019），质疑者则认为需警惕单边“数字税”从临时措施过渡为贸易保护。近年来欧盟寻求改变以往互联网跨国企业仅需在总部所在地一次性缴税的做法，代之以本土“数字税”以获取更多财政收入，但此种模式不仅需要成员的一致同意，也存在演变为单边措施的风险，包括“数字税”在应税企业门槛、应税收入范围、税款抵扣方面均存在歧视性并可能引发国家间报复行为，而对数字平台进口产品征税也会对国内传统产品产生“贸易保护主义”效果（茅孝军，2019）。法国在2019年4月通过的“数字税”提案已引发类似影响。法国拟对全球范围内营收超过7.5亿欧元且在法国境内营收超过2500万欧元的互联网平台企业征税，但因目标企业多为美国科技巨头而招致美方启动“301调查”作为反制，法国最终迫于压力暂停征税。此外，OECD试图在2020年底达成新的国际税收规则以缓解数字经济引发的税基侵蚀和利润转移以及单边举措可能引发的新贸易战，但目前看来落地前景渺茫。

另一方面，大国数字竞争已经超越双边范畴，延伸至域外国家或地区

① 参见U. S. Department of the Treasure，“Statement On The President's Decision Regarding Lattice Semiconductor Corporation”，Press Center，2017，https://www.treasury.gov/press-center/press-releases/Pages/sm0157.aspx。

市场，国家间数字经济合作愈发受到安全利益、政治互信和联盟关系影响。东南亚是备受重视的地区之一，凭借迅速推进的数字基础设施、初具规模的数字产业、广阔的市场合作空间以及政府层面的数字发展战略部署吸引了包括中国在内的众多经济体参与区域数字经济合作（任玉娜，2020），成为大国数字经济博弈的主要场域。其中，基础设施建设地缘战略功能显著并对地区公共产品供给和地区领导地位有着重要影响，竞争性资源的大量投入在给予东南亚国家更多选择的同时，也提升了大国竞争的激烈程度并带来战略空间的改变（毛维准、刘一燊，2020）。“数字丝绸之路”被视为中美之间技术和地缘政治竞争的最前沿，中国在成本控制和援助资金等方面拥有显著优势从而获得参与共建的发展中国家的青睐（David 等，2020），美国则将东南亚视为制衡“数字丝绸之路”的首要区域，基于“印太战略”框架提出“数字互联互通与网络安全伙伴计划”，在数字经济、智慧城市和网络安全等领域与日本等盟国协同推进对华竞争（赵明昊，2020）。在技术标准竞争方面，研究发现联盟压力和跨国公司本地嵌入水平是导致美国盟友对华为 5G 问题采取不同态度的两个主要变量。澳大利亚、加拿大、新西兰和日本等国之所以选择禁止或倾向于禁止华为参与当地 5G 建设，是因为在跨国公司本地嵌入水平较低的情形下，盟国更倾向于为获得财政援助和增强联盟凝聚力而追随美国，并以此规避在情报分享及与美安全和技术合作中可能面临的联盟压力（马骦，2020）。此外，数据民族主义的兴起值得关注，其已然成为一种鼓吹数据资源战略属性并强调其排他性控制权的政策趋势（毛维准、刘一燊，2020）。甚至有学者认为“互联网时代国际政治的最终权力来源于对信息的控制”（Joseph 等，1996），而以中美为代表的大国数字竞争很可能强化地缘政治冲突并加剧“数字失序”（Laudicina 等，2019）。

四　全球数字经济治理面临的规制挑战

从规则制定角度看，“制度非中性”意味着拥有潜在共同利益的国家之间形成有利于自身的游戏规则并对其竭力维护，其余国家则被这一壁垒所阻挡（张宇燕，1994）。美欧等发达经济体在双边、区域和跨区域经贸协定中强势引入具有约束力的新一代数字经济相关条款，借此形成制度壁垒并维持主导身份（见表 2）。

表2 全球数字经济治理分化趋势：以美国、欧盟和中国为例

治理主体	美国	欧盟	中国
治理目标	推进跨境信息和数据自由化	电子商务合作与数据监管保护	数字竞争力提升和电子商务规范
治理规则	数字产品零关税；非歧视性待遇；电子验证和电子签章；线上消费者和个人资料保护；无纸化贸易；访问和使用互联网原则；跨境数据自由流动；（存储设施、源代码）禁止本地化要求等	电子验证和电子签章；线上消费者保护；中间服务提供商责任；视听例外等	电子交易免征关税、电子认证和数字证书、网络消费者保护、在线数据保护、无纸化贸易等
战略、政策、法律法规支撑	“数字政府战略”（2014）、《数字经济议程》（2015）、《网络安全国家行动计划》（2016）、《国家宽带研究议程》（2017）等	《欧洲数字议程》（2010）、“单一数字市场战略”（2015）、《电子政务行动计划》（2016～2020）、《一般数据保护法案》（2018）等	《中国制造2025》（2015）、《国务院关于积极推进“互联网+”行动的指导意见》（2015）、《电子商务法》（2018）等
治理影响	日本、澳大利亚、韩国、新西兰等国签订协定时效仿美式模板	协定谈判方需将电子商务规则设置为欧盟类型	众多发展中国家仍在适用WTO电子商务基础性规则
代表性协定	CPTPP（2018）、《美－墨－加协定》（2018）	欧盟－加拿大CETA（2017）、欧盟－日本EPA（2018）	中国－韩国FTA（2015）、中国－澳大利亚FTA（2015）

USTR（2019）认为明显存在下列壁垒的G20发展中成员国	
数字产品关税征收（如ICT、视听材料、电子产品）	印度、俄罗斯、巴西、印度尼西亚
歧视性待遇（如当地成分要求、政府优先采购）	中国、印度、俄罗斯、巴西、印度尼西亚、阿根廷、墨西哥、南非
跨境数据流动限制（如安全评估）	中国、印度、土耳其
本地化要求（如数据本地存储、公开源代码）	中国、印度、俄罗斯、巴西、印度尼西亚、土耳其
数字部门外商投资限制（如电信、云计算、视听服务）	中国、印度、俄罗斯、巴西、印度尼西亚、墨西哥、南非
互联网服务受限（如网络过滤、在线广告限制）	中国、印度、俄罗斯、巴西、印度尼西亚、土耳其

资料来源：根据美国贸易代表办公室（USTR）发布的《2019年度国别贸易壁垒评估报告》以及CPTPP（2018）、《美－墨－加协定》（2018）、欧盟－加拿大CETA（2017）、中国－韩国FTA（2015）、中国－澳大利亚FTA（2015）文本内容及公开资料整理。

首先，美国是新一代数字经济规则的引领者和塑造者，以“技术中性”和“互联网中性”为基本理念。鉴于数据流动是美国商业利益不可或缺的保障，[①] 且持续扩张的美国数字跨国巨头呼吁更加开放和自由的海外市场，美国在贸易代表办公室（USTR）下设数字贸易工作组（DTWG），从国别层面识别主要数字贸易壁垒并协调数字贸易谈判，同时由商务部启动“数字专员”项目，在中国、欧盟、日本、印度、东盟等领先数字经济体和新兴市场为美国企业提供政策和法律支持。尽管美国已退出《跨太平洋伙伴关系协定》（TPP），作为延续的《全面与进步跨太平洋伙伴关系协定》（CPTPP）在搁置原文本20余项争议条款后在2018年底正式生效，仍然保留了“跨境数据自由流动”“数据存储非强制本地化”等美国力推的数字规则（白洁、苏庆义，2019）。在2020年7月生效的《美－墨－加协定》（USMCA）中，“美式模板”进一步深化，并继续向国内规制国际化和促进缔约国数字服务部门开放两个层面演进（周念利、陈寰琦，2019）。此外，日本、澳大利亚、韩国、新西兰等全球主要经济体签订国际经贸协定时也效仿“美式模板”。

其次，欧盟通常要求谈判方将数字规则设置为欧盟类型，强调技术的公共政策目标和互联网的主权属性。将“中间服务提供商责任”等规则纳入协定文本，并在与美谈判时对“跨境数据自由流动”和“数据存储非强制本地化”条款做出一定保留，体现了欧盟对数据传输过程中个人权益保护及数据监管自主权的看重。不过，2017～2019年欧盟签订的区域贸易协定（RTAs）[②] 中部分规则存在向美国自由贸易协定（FTAs）电子商务章节靠拢的趋势，包括将电子商务章节以独立横向议题呈现，增强用户对电子商务的信心以及强化数字贸易自由化的总体方向等（高建树、李晶，2020）。“欧盟类型”的推进虽较“美式模板”更为折中温和，但近年来其“进攻性”倾向也在增强，且维持对“视听例外”和“隐私保护”等欧盟传统议题的高度关注（周念利、陈寰琦，2018）。2018年，欧盟《通用数据

① 例如，截至2019年2月，全球范围内有4422个托管数据中心，其中80%位于发达经济体，仅美国就占40%。参见UNCTAD，“Digital Economy Report 2019：Value Creation and Capture：Implications for Developing Countries”，2019。

② RTAs是指两个或两个以上的国家，或者不同关税地区之间，为了消除成员间的各种贸易壁垒，规范彼此之间贸易合作关系而签订的国际协定。按照组织性质与区域经济一体化发展程度，RTAs包括优惠贸易安排（PTA）、自由贸易协定（FTA）等多种形式。

保护法案》（GDPR）正式生效，保护范围、实施标准和监管力度均前所未有。此外，欧盟的治理挑战还在于如何有效整合并协调各成员国的数字经济发展。2010年以来出台的《欧洲数字议程》、“单一数字市场战略”等均致力于建设融合统一的欧盟数字经济市场，以实现从英、德、法等成员国竞争力突出向欧盟整体竞争力提升的转型。

最后，众多发展中经济体仍在适用世界贸易组织（WTO）电子商务基础性规则，与发达经济体实践冲突明显。截至2017年9月，WTO公布的FTAs中涉及电子商务规则的协定77项，其中南南FTAs为26项，南北FTAs为47项，近一半协定中的数字经济相关条款缺乏约束性且不涉及数字贸易和数据传输等新一代数字规则核心议题（沈玉良等，2018）。并且，USTR报告显示，按照美式规则标准，G20全部发展中成员均不同程度地存在数字壁垒，涉及数字产品关税征收、歧视性待遇、跨境数据流动限制、本地化要求、数字部门外商投资限制、互联网服务受限中的一项或多项。①这集中体现了发展中经济体的共同特征，即现阶段旨在通过数字领域有限开放、进口替代战略、出口税收减免、政府优先采购等举措强化本国数字制造竞争力，促进数字对外贸易并提升相关行业数字化水平。

在上述规则分化趋势下，全球数字经济治理呈现出明显的“中心－外围”格局。借由《全面与进步跨太平洋伙伴关系协定》（CPTPP）、《跨大西洋贸易与投资伙伴协定》（TTIP）和《国际服务贸易协定》（TiSA）等新一代国际经济协定谈判，数字经济成为发达经济体推进全球经济新规则的又一着力点。上述三大协定谈判涉及54个经济体（含中国香港和台湾地区），其中发展中经济体仅14个。发达经济体通过排他性经贸协定谈判对数字经济规则制定进行实质垄断，极大地限制了众多发展中经济体共同参与全球数字经济治理的可能性，不利于公平公正的国际经济体制和秩序构建。并且，发达经济体主导的相关规则未考虑发展中经济体的特殊国情，激发了

① 作者将USTR（2019）报告列出的各国数字壁垒划分为数字产品关税征收（如ICT、视听材料、电子产品）、歧视性待遇（如当地成分要求、政府优先采购）、跨境数据流动限制、本地化要求（如数据本地存储、公开源代码）、数字部门外商投资限制（如电信、云计算、视听服务）和互联网服务受限（如网络过滤、在线广告限制）六类。就G20发展中成员国而言，印度涉及6类，中国、俄罗斯、巴西和印度尼西亚分别涉及5类，土耳其涉及3类，墨西哥和南非分别涉及2类，阿根廷涉及1类。参见USTR，“2019 National Trade Estimate Report on Foreign Trade Barriers”，2019。

后者有关互联网主权让渡的担忧，并可能引发更为严重的数字鸿沟问题。日本在 2019 年 6 月举办的 G20 大阪峰会上推动各方签署“大阪数字经济宣言”以正式启动“大阪轨道”，但印度、南非和印度尼西亚对数据自由流动等议题持保留态度并拒绝签字，中国则在签字的同时强调确保数据安全、加强数字互联互通、完善数据治理规则、提升数字经济包容性及未来维护发展中国家利益的立场。[①] 这集中反映了发达经济体和发展中经济体在数字规则立场和政策制定偏好方面的对立。

不仅如此，基于 2001~2016 年各成员向 WTO 备案的 RTAs 文本，至少 69 项 RTAs 拥有独立的电子商务章节，至少 21 项 RTAs 存在与电子商务相关的具体条款。其中，30 余个 WTO 成员选择与美国、澳大利亚或新加坡签订首个包含独立电子商务章节的 RTAs。而在 FTAs 中，欧盟、加拿大、日本和韩国等也倾向于纳入独立电子商务章节（Wu，2017）。加之协定中的电子商务规则自 2010 年以来明显升级，从电子传输免征关税、无纸化贸易、电子验证和电子签章等议题拓展至跨境数据流动、信息存储非强制本地化等新领域，可谓从协定方选择到协定规则更新均体现出强烈的集团利益和国家意志。鉴于国际经济规则存在从自愿约束型规则向协商约束型规则和强制约束型规则过渡的倾向（李向阳，2007），正如澳大利亚、日本等国选择接受美式数字经济规则进而将其引入正式的国际经贸协定中，上述协定的“多边传导效应”（李向阳，2007）[②] 或导致后续进入数字治理体系的发展中国家陷入更加被动的规则接受者角色。此外，美国等发达经济体关于“技术中性”和“互联网中性”的假设在实践中也难以成立，发达经济体通过领先数字技术和网络空间战略提升实力并抢占优势的做法本身就是“非中性”的体现，其本质是实现国家利益并阻碍国际权力向发展中经济体转移（郑志龙、余丽，2012）。

在此背景下，多边体制层面的数字规则形成至关重要，一是有助于将更多发展中经济体引入全球数字经济治理体系以推动形成开放、透明、非歧视性和可预测的电子商务环境，并借此维系各方对多边贸易体制的信心；

① 参见澎湃网《G20@大阪丨从杭州到大阪：中国的积极、灵活和坚持》，https://www.thepaper.cn/newsDetail_forward_3811174。

② 既有协定中与数字经济相关的国民待遇可能借由最惠国待遇“多边传导”，自动适用于与各协定方签有国际经济协定的其他国家，从而使相关规则在更多国家得以推行。

二是当前 WTO 相关规则已明显滞后于实践发展。WTO 总理事会在 1998 年通过《电子商务工作计划》，对“电子商务”概念予以界定，并承诺对电子传输暂时免征关税，这在多边层面为成员开启了有关电子商务治理的初步探索。随着新科技的飞速发展和新业态的急剧增加，WTO 的基础性规定无法覆盖更为广泛的数字经济活动，在适用性方面存在明显局限。例如，《服务贸易总协定》（GATS）无法对各类数字服务所属具体部门及所适用的规则做出准确界定，而《与贸易有关的知识产权协定》（TRIPs）也欠缺新兴数字环境中的知识产权保护条款。

2019 年初，中国、美国、欧盟、日本、新加坡、俄罗斯、巴西和尼日利亚等 76 个成员在瑞士达沃斯举行的电子商务非正式部长级会议上签署《关于电子商务的联合声明》，确认有意在 WTO 现有协定和框架的基础上，启动与贸易有关的电子商务议题谈判。然而，参与谈判的中国、美国、欧盟三个主要经济体在数据跨境流动、数据本地化、个人数据和隐私保护、源代码转让、互联网关税和税收、互联网开放和审查七个主要核心议题上的立场差异化显著，加之谈判在一定程度上被异化为改革发展中国家地位判断标准以及美国遏制中国高科技发展的工具（柯静，2020），短期内各方难以就上述问题形成共识并达成有效方案。因此，围绕数字规则的协定达成继续在双边和区域层面展开，美国和日本在 2019 年 10 月签订的《数字贸易协定》以及智利、新西兰和新加坡在 2020 年 6 月签订《数字经济伙伴关系协定》均致力于促进国家间数字经济合作与规则构建，在充分考虑国内数字基础及企业现状的前提下深度借鉴 CPTPP 等协定条款（赵旸頔、彭德雷，2020）。上述努力为 WTO 多边数字规则形成提供了可供参考的基准和框架，但也进一步强化了“美式模板”在全球数字经济治理中的制度垄断优势和规则影响力。

五　中国参与全球数字经济治理的路径选择

中国在全球数字经济中的位势提升和增长贡献带来全球治理的新需求，即借助国际组织和国家治理能力的提升以及全球治理体系的变革，促进数字经济可持续发展和包容性增长。中国数字经济在 GDP 中的占比已从 1996 年的 5% 左右上升至 2016 年的 30.61%，总体规模仅次于美国（马化腾等，

2017）。并且，中国在电子商务、数字支付、硬件制造等数字经济领域占据国际领先地位。2018 年，中国电子商务营收达到 6361 亿美元，位列世界第一，占全球总额的 1/5 强，且有望在未来五年增长 70.7% 至 10861 亿美元。[①] 麦肯锡全球研究院发布的报告显示，中国还拥有全球最活跃的数字化投资与创业生态系统，虚拟现实、自动驾驶技术、3D 打印、机器人、无人机及人工智能等关键数字技术的风投规模位居世界前三（Woetzel 等，2017）。

在国家数字治理方面，中国近年来先后出台的《中国制造 2025》《国务院关于积极推进“互联网 +”行动的指导意见》《电子商务法》等法律法规和政策文件明确了人工智能等重点布局领域，为制造业数字化、网络化、智能化设定了阶段性目标，并对境内电子商务活动予以全面规范。在国际数字合作方面，中国在 2016 年推动 G20 杭州峰会通过《G20 数字经济发展与合作倡议》，提出灵活、包容、开放和有利的商业环境、注重信任和安全的信息流动等七大原则，明确了电子商务合作、ICT 投资、数字包容性等六大关键优先领域，为世界经济创新发展注入新动力。2020 年 9 月，中方在高级别国际研讨会上提出《全球数据安全倡议》，呼吁各国秉持发展和安全并重的原则，平衡处理技术进步、经济发展与保护国家安全和社会公共利益的关系，并通过双边或地区协议等形式确认上述承诺。而以 APEC 为平台，中国在 2006 ~ 2018 年共主持数字经济合作项目 29 项，居成员国首位（史佳颖，2018）。

国家主席习近平在 2017 年举办的首届“一带一路”国际合作高峰论坛上提出“数字丝绸之路”概念，即“坚持创新驱动发展，加强在数字经济、人工智能、纳米技术、量子计算机等前沿领域合作，推动大数据、云计算、智慧城市建设，连接成 21 世纪的数字丝绸之路”。迄今为止，中国已同 16 个国家签署关于建设数字丝绸之路的谅解备忘录，另有 12 个国别行动计划正在编制（黄勇，2019）。在“开放区域主义”框架下，中国协同参与共建的经济体共同建设和平、安全、开放、合作、有序的网络空间与合作平台，有助于构建并推广区别于美欧的更具包容性的数字经济规则治理体系。中

① 参见“E-commerce Worldwide-Statistics & Facts”，Statista，2019，https://www.statista.com/topics/871/online-shopping/。

国仍处于参与全球数字经济治理的探索和发展阶段，在坚持以 WTO 为核心，以规则为基础，透明、非歧视、开放和包容的多边贸易体制的前提下，还可以“一带一路”倡议、对外援助体系和自由贸易区战略为抓手，凝聚多方共识与合力，在全球数字经济治理中发挥重要影响力。

首先，依托“一带一路”倡议建设数字经济大市场及包容性对话平台。数字经济在减少中间环节、降低交易成本、弱化信息不对称等方面具有显著优势，拓展了经济活动范围并丰富了各类业态，具有平等性、普惠性和共享性等特征（裴长洪等，2018）。这与“一带一路”倡议的“共商、共建、共享”原则及其实现参与经济体的普惠发展这一目标本质上是一致的。参与“一带一路”共建的多为发展中国家和新兴经济体，对完善国内和地区通信、互联网等信息基础设施，强化公众数字素养及相应技能培训，推进贸易投资领域电子商务合作与数字创新创业需求强烈。在此背景下，中国部分领先数字企业已投身于数字经济大市场的建设中。例如，华为协助保加利亚政府普及宽带，建设智能交通系统和平安城市，提供便捷通信服务；阿里云则在以参与“一带一路”共建的国家区域为核心的海外市场获得高速增长，在中国香港地区、新加坡、迪拜、欧洲等地设立数据中心，以在线公共服务的方式为社会提供计算能力。①

同时，参与“一带一路”共建的部分国家也希望在与 WTO 等国际规则保持一致的前提下与中国共同推进国际标准化合作，并保持公开、透明、包容的数字经济政策制定方式。② 上述立场的延续是对目前推行单边主义以及技术标准和专利垄断战略的美国等发达经济体的最佳反击。华为等中国企业已在 5G 等数字领域具有全产业链优势，中国理应在相关技术产品和服务的国际标准制定和应用方面拥有一席之地。而以“数字丝绸之路”等顶层设计和 eWTP③ 等业界倡议为代表的包容性理念对发展中经济体、中小微企业的重点关注，能够有效对冲发达经济体主导的数字经济规则体系下弱

① 参见王滢波《中国数字经济之光闪耀一带一路》，中国共产党新闻网，2018 年 8 月 16 日，http://theory.people.com.cn/n1/2018/0816/c40531-30232650.html。

② 详见中国、老挝、沙特、塞尔维亚、泰国、土耳其、阿联酋等国家相关部门在 2017 年第四届世界互联网大会上共同发起的《“一带一路”数字经济国际合作倡议》。

③ eWTP（Electronic World Trade Platform，电子世界贸易平台）源于 2016 年时任阿里巴巴集团董事局主席马云参加博鳌论坛时呼吁搭建市场驱动、多方参与的国际合作平台，为跨境电子商务创造普惠的政策商业环境。此后，G20 杭州峰会公报第 30 条提及对此倡议的注意。

势群体所面临的不公平秩序和不平等待遇，代之以各方平等参与的开放对话平台，推动形成数字经济领域的“利益共同体”和“命运共同体”，为完善相关规则提供理性支持和方向指引。

其次，借助中国对外援助体系加强数字经济南南合作及数字能力建设。伴随21世纪以来综合国力的迅速提升，中国官方发展援助（ODA）增速明显，在现有国际援助体系中发挥积极作用并推进南南合作，促进了受援国的社会经济发展和福利改善。如今，国际援助日益以“可持续发展目标”（SDGs）为导向，注重其作为国际公共政策的有效性，维护援助方和受援国之间的平等合作伙伴关系。在气候合作、环境保护、生态农业、卫生和教育等SDGs领域，对外援助的科学决策及效果评估越发依赖大数据、云计算、卫星通信等数字技术，美国国际开发署（USAID）在2020年4月推出的首个数字战略（2020～2024年）即强调负责任地使用数字技术、改善可衡量的援助效果以及加强数字生态系统的开放性、包容性和安全性（USAID，2020）。这也预示着国家间数字竞争已从技术和经济层面延伸至国际公共政策领域，对后疫情时代的国际合作与全球治理意义深远。

数字经济具有典型的“脱碳”倾向。石油、天然气和煤炭使用量的持续增长以及由此带来的采掘业和运输业发展等产生大量碳排放，制造业传统生产流程也带来明显的粉尘及水体污染，不利于《巴黎协定》等气候和环境治理目标的实现及经济可持续发展。数字技术作为一种新的绿色生产要素，有助于生产活动实现流程数据化控制及能效提升，克服自然资源消耗过剩、环境压力过大等弊端，并通过“数字产业化”和“产业数字化”推动数字技术和经济活动的深度融合并发挥“乘数效应”，为经济发展提供新动能。以太平洋岛国地区为例，截至2019年9月，中国已对其援助16.2亿美元，共计265个项目，总体规模超过新西兰、欧盟和美国，仅次于澳大利亚。[①] 亚洲开发银行（ADB）测算结果表明，斐济、基里巴斯、密克罗尼西亚、马绍尔群岛和巴布亚新几内亚5个太平洋岛国作为整体在2016～2020年所需投入SDGs领域的资金相当于GDP的9.1%，资金缺口相当于GDP的6.9%（Asian Development Bank，2017）。另有数据显示，太平洋岛

① 澳大利亚洛伊研究所（Lowy Institute），“太平洋援助地图”，https://pacificaidmap.lowyinstitute.org。

国地区的移动互联网普及率全球最低，仅占总人口的18%。数字技术及通信基础设施或可在该地区转型发展中发挥关键作用，带来新的就业机会和税收收入（GMSA，2019）。未来，中国可凭借自身在数字领域的优势，将对外援助重点向通信、远程教育、智能医疗、海洋环境监测和气候预警等SDGs领域拓展，同时通过技术援助等形式促进受援国数字能力建设，夯实南南合作的数字基础。

最后，通过自由贸易区战略探索引入符合中国利益的数字经济新规则。自由贸易区（FTA）建设已上升为国家战略，是中国对外开放新格局的重要组成部分，旨在形成立足周边、辐射“一带一路”、面向全球的高标准FTA网络。近期目标包括加快现有FTA谈判进程，以及在条件具备的情况下逐步提升已有FTA的自由化水平。近来，《区域全面经济伙伴关系协定》（RCEP）和中国－新西兰FTA升级谈判已经达成，但中日韩FTA、中国－挪威FTA等区域和双边谈判，以及中国－韩国FTA和中国－秘鲁FTA等升级谈判正在进行，为中国引入数字经济新规则提供了契机。并且，上述进程中的日本、澳大利亚、新西兰、新加坡等谈判方本身是已生效的CPTPP成员国，在数字经济规则方面已达成一定标准，有助于减少中国与各方谈判时面临的竞争性要价。

中国当前实践与美欧为代表的数字规则之间的差异主要包括两类：一是不适用某些规则，如“数据存储非强制本地化”和“跨境数据自由流动”。中国《国家安全法》明确提出维护“网络空间主权、安全和发展利益”，《网络安全法》则规定关键信息基础设施的运营者在中国境内运营中收集和产生的个人信息和重要数据原则上应当在境内存储，确需向境外提供的应进行安全评估。二是部分适用某些规则，如“数字产品免征关税”，中国在WTO通报文件中表达了对电子传输免征关税进行延期的意愿，在中国－韩国FTA和中国－澳大利亚FTA中亦采纳类似表述，但“数字传输”范围显著小于“数字产品”。类似地，在鼓励适用但不具强制性的规则方面，如“电子验证和电子签章”，中国采用的“数字证书”范围也较为狭窄。此外，在电信、云计算、电子支付等领域，中国对外资准入进行审查，并对准予进入的外资做出股权占比等限制。

对前述中国数字经济发展和规则构建异质性的充分认识是开启改革行动的基础。在维护国家安全和坚持对外开放的前提下，中国可对现有数字实践及其治理效果进行评估，并探究不同规则和标准引入与适用的可能性。同时，中国在签署协定时仍然有必要保留其作为发展中国家的属性。① 此外，在诸多边层面，中国还可联合印度等具有类似特征和共识的有影响力的全球数字经济参与者共同推出符合发展中国家利益诉求的数字经济理念及规则体系，② 而"美式模板"和"欧盟类型"在"跨境数据自由流动"和"数据存储非强制本地化"等条款方面的分歧也为各方参与并推出不同规则和标准增加了博弈空间。

参考文献

[1] 白洁、苏庆义：《CPTPP的规则、影响及中国对策：基于和TPP对比的分析》，《国际经济评论》2019年条1期。

[2]〔美〕费雷德里克·皮尔逊、西蒙·巴亚斯里安：《国际政治经济学：全球体系中的冲突与合作》，杨毅等译，北京大学出版社，2006。

[3] 高建树、李晶：《数字贸易规则的"求同"与"存异"——以欧盟RTAs电子商务章节为例》，《武大国际法评论》2020年第2期。

[4] 葛琛、葛顺奇、陈江滢：《疫情事件：从跨国公司全球价值链效率转向国家供应链安全》，《国际经济评论》2020年第4期。

[5] 郭凯明：《人工智能发展、产业结构转型升级与劳动收入份额变动》，《管理世界》2019年第7期。

[6] 黄勇：《数字丝绸之路建设成为新亮点》，《人民日报》2019年4月22日。

① 即使在以高标准著称的CPTPP中，与数字经济密切相关的电子商务、投资和跨境服务贸易、国有企业和指定垄断、金融服务等章节，也允许马来西亚、越南、墨西哥等发展中经济体享有例外保留、过渡期（减让表）、经济需求测试等权利。

② 印度是仅次于中国的全球第二大电信市场，印度政府在2019年2月发布的电子商务政策草案显示，出于国家安全和隐私保护考虑，提议对跨境数据流动加强监管，包括推行数据存储强制本地化等措施。参见The Economic Times，"Draft Ecommerce Policy Champions India First"，https://economictimes.indiatimes.com/news/economy/policy/draft-ecommerce-policy-champions-in-dia-first/articleshow/65206404.cms。此外，印度外交部部长苏杰生近日对外表态称："5G是一个电信问题而非政治问题，拒绝加入将5G视为国家安全问题的特朗普政府阵营。"参见The Hindu，"India to Take Bilateral Approach on Issues Faced by China with other Countries: Jaishankar"，https://www.thehindu.com/news/national/india-to-take-bilateral-approach-on-issues-faced-by-china-with-other-countries-jaishankar/article29582451.ece。

[7] 蒋殿春、唐浩丹、方森辉：《新冠疫情与中国数字经济对外投资：影响和展望》，《国际贸易》2020 年第 7 期。

[8] 柯静：《WTO 电子商务谈判与全球数字贸易规则走向》，《国际展望》2020 年第 3 期。

[9] 李向阳：《国际经济规则的实施机制》，《世界经济》2007 年第 12 期。

[10] 李忠民、周维颖、田仲他：《数字贸易：发展态势、影响及对策》，《国际经济评论》2014 年第 6 期。

[11] 吕越、谷玮、包群：《人工智能与中国企业参与全球价值链分工》，《中国工业经济》2020 年第 5 期。

[12] 马化腾等：《数字经济——中国创新增长新动能》，中信出版集团，2017。

[13] 马骉：《中美竞争背景下华为 5G 国际拓展的政治风险分析》，《当代亚太》2020 年第 1 期。

[14] 毛维准：《大国基建竞争与东南亚安全关系》，《国际政治科学》2020 年第 2 期。

[15] 毛维准、刘一燊：《数据民族主义：驱动逻辑与政策影响》，《国际展望》2020 年第 3 期。

[16] 茅孝军：《从临时措施到贸易保护：欧盟“数字税”的兴起、演化与省思》，《欧洲研究》2019 年第 6 期。

[17] 裴长洪等：《数字经济的政治经济学分析》，《财贸经济》2018 年第 9 期。

[18] 任玉娜：《中国－东盟共建数字丝绸之路：现状、动力与挑战——基于数字经济的视角》，《全球化》2020 年第 3 期。

[19] 沈玉良等：《全球数字贸易规则研究》，复旦大学出版社，2018。

[20] 史佳颖：《APEC 数字经济合作：成效与评价》，《国际经济合作》2018 年第 10 期。

[21] 孙南翔：《全球数字税立法时代是否到来——从法国数字税立法看全球数字经济税制改革》，《经济参考报》2019 年 8 月 7 日。

[22] 王春超、丁琪芯：《智能机器人与劳动力市场研究新进展》，《经济社会体制比较》2019 年第 2 期。

[23] 王璐瑶、葛顺奇：《投资便利化国际趋势与中国的实践》，《国际经济评论》2019 年第 4 期。

[24] 王玉柱：《数字经济重塑全球经济格局——政策竞赛和规模经济驱动下的分化与整合》，《国际展望》2018 年第 4 期。

[25] 王振、惠志斌：《数字经济蓝皮书：全球数字经济竞争力发展报告（2019）》，社会科学文献出版社，2019。

[26] 谢飞:《欧盟着力提升数字经济竞争力》,《经济日报》2020 年 2 月 25 日。

[27] 徐秀军:《规则内化与规则外溢——中美参与全球治理的内在逻辑》,《世界经济与政治》2017 年第 9 期。

[28] 阎学通:《美国遏制华为反映的国际竞争趋势》,《国际政治科学》2019 年第 2 期。

[29] 岳云嵩、赵佳涵:《数字服务出口特征与影响因素研究——基于跨国面板数据的分析》,《上海经济研究》2020 年第 8 期。

[30] 詹晓宁、欧阳永福:《数字经济下全球投资的新趋势与中国利用外资的新战略》,《管理世界》2018 年第 3 期。

[31] 张怀岭:《欧盟双轨制外资安全审查改革:理念、制度与挑战》,《德国研究》2019 年第 2 期。

[32] 张森、温军、刘红:《数字经济创新探究:一个综合视角》,《经济学家》2020 年第 2 期。

[33] 张宇燕:《利益集团与制度非中性》,《改革》1994 年第 2 期。

[34] 赵付春:《印度数字经济发展报告(2018)》,载王振《数字经济蓝皮书:全球数字经济竞争力发展报告(2018)》,社会科学文献出版社,2018。

[35] 赵明昊:《美国对“数字丝绸之路”的认知与应对》,《国际问题研究》2020 年第 4 期。

[36] 赵旸頔、彭德雷:《全球数字经贸规则的最新发展与比较——基于对〈数字经济伙伴关系协定〉的考察》,《亚太经济》2020 年第 4 期。

[37] 郑志龙、余丽:《互联网在国际政治中的“非中性”作用》,《政治学研究》2012 年第 4 期。

[38] 钟红、吴丹:《美国〈外国投资风险评估现代化法案 2018〉影响研究》,《国际贸易》2019 年第 1 期。

[39] 周念利、陈寰琦:《基于〈美墨加协定〉分析数字贸易规则“美式模板”的深化及扩展》,《国际贸易问题》2019 年第 9 期。

[40] 周念利、陈寰琦:《数字贸易规则“欧式模板”的典型特征及发展趋向》,《国际经贸探索》2018 年第 3 期。

[41] 宗良、林静慧、吴丹:《全球数字贸易崛起:时代价值与前景展望》,《国际贸易》2019 年第 10 期。

[42] Abeliansky, A. L., and Martin, H., “Digital Technology and International Trade: Is it the Quantity of Subscriptions or the Quality of Data Speed that Matters?”, *Telecommunications Policy*, 41, 2017: 35 – 48.

[43] Acemoglu, D., and Restrepo, P., “Robots and Jobs: Evidence from US Labor

Markets", MIT Boston University Working Paper, 2017.

[44] Asian Development Bank, "Meeting Asia's Infrastructure Needs", 2017.

[45] Eden, L., "Multinationals and Foreign Investment Policies in a Digital World", International Centre for Trade and Sustainable Development and World Economic Forum, Geneva, 2016.

[46] GMSA, "The Mobile Economy Pacific Islands 2019", 2019.

[47] Goldfarb, A., and Trefler, D., "AI and International Trade", The National Bureau of Economic Research Working Paper, 2018, No. 24254.

[48] Gordon, D. F., and Tong, H. Y., "Tabatha Anderson. Beyond the Myths-Towards a Realistic Assessment of China's Belt and Road Initiative: The Security Dimension", The International Institute for Strategic Studies, 2020.

[49] Graetz, G. and G. Michaels, "Robots at Work", *Review of Economics and Statistics*, 100 (5), 2018: 753 - 768.

[50] Hanemann, T., Huotari, M., and Kratz, A., "Chinese FDI in Europe: 2018 Trends and Impact of New Screening Policys", Rhodium Group and the Mercator Institute for China Studies, 2019.

[51] Hortacsu, A., Jerez, A. M., and Douglas, J., "The Geography of Trade in Online Transactions: Evidence from eBay and MercadoLibre", *American Economic Journal: Microeconomics*, 1 (1), 2009: 53 - 74.

[52] Hufbauer, G. C., and Lu, Z., "Global E-Commerce Talks Stumble on Data Issues, Privacy, and More", Peterson Institute for International Economics, Policy Brief, 2019, No. 19 - 14.

[53] ITU, "Assessing the Economic Impact of Artificial Intelligence", Issue Paper, 2018, No. 1.

[54] Joseph, S., Nye, J., and Owens, W. A., "America's Information Edge: The Nature of Power", Foreign Affairs, 1996.

[55] Laudicina, P., Peterson, E., and McCaffrey, C. R., "Competing in an Age of Digital Disorder", A. T. Kearneys Global Business Policy Council, 2019.

[56] Mokyr, J., Vickers, C., and Ziebarth, N. L., "The History of Technological Anxiety and the Future of Economic Growth: Is This Time Different?", *Journal of Economic Perspectives*, 29 (3), 2015: 31 - 50.

[57] Purdy, M., and Daugherty, P., "Why Artificial Intelligence is the Future of Growth?", Accenture Institute for High Performance, 2016.

[58] Susskind, D., "A Model of Technological Unemployment", Oxford University

Working Paper, 2017.

[59] UNCTAD, "Promoting Investment in the Digital Economy", UNCTAD Investment Policy Monitor Special Issue, 2017.

[60] UNCTAD, "World Investment Report 2020: International Production Beyond the Pandemic", New York and Geneva, 2020.

[61] UNCTAD, "World Investment Report 2017: Investment and the Digital Economy", New York and Geneva, 2017.

[62] UNCTAD, "World Investment Report 2019: Special Economic Zones", New York and Geneva, 2019.

[63] UN, "Digital Economy Report 2019: Value Creation and Capture: Implications for Developing Countries", New York and Geneva, 2019.

[64] USAID, "Digital Strategy 2020 - 2014", 2020.

[65] United States International Trade Commission (USITC), "Digital Trade in the U. S. and Global Economies, Part 1", 2013, https://www. usitc. gov/publications/332/pub4415. pdf.

[66] Woetzel, J. et al., "China's Digital Economy: A Leading Global Force", McKinsey Global Institute, 2017.

[67] Wu, M., "Digital Trade-Related Provisions in Regional Trade Agreements: Existing Models and Lessons for the Multilateral Trade System", International Centre for Trade and Sustainable Development (ICTSD) and the Inter-American Development Bank (IDB), Geneva, 2017.

图书在版编目(CIP)数据

中国国际经贸理论前沿 .9. 数字经济下的国际贸易与国际投资 / 赵瑾，张宇主编. -- 北京：社会科学文献出版社，2021. 5（2024. 7 重印）
（中国经济科学前沿丛书）
ISBN 978 - 7 - 5201 - 7998 - 0

Ⅰ. ①中… Ⅱ. ①赵… ②张… Ⅲ. ①国际贸易 - 研究 - 中国 ②国际投资 - 研究 - 中国 Ⅳ. ①F752

中国版本图书馆 CIP 数据核字(2021)第 032173 号

· 中国经济科学前沿丛书 ·
中国国际经贸理论前沿（9）
——数字经济下的国际贸易与国际投资

主　　编 / 赵　瑾　张　宇

出 版 人 / 冀祥德
责任编辑 / 史晓琳
责任印制 / 王京美

出　　版 / 社会科学文献出版社 · 经济与管理分社（010）59367226
地址：北京市北三环中路甲 29 号院华龙大厦　邮编：100029
网址：www. ssap. com. cn
发　　行 / 社会科学文献出版社（010）59367028
印　　装 / 唐山玺诚印务有限公司

规　　格 / 开　本：787mm × 1092mm　1/16
印　张：18. 5　字　数：302 千字
版　　次 / 2021 年 5 月第 1 版　2024 年 7 月第 3 次印刷
书　　号 / ISBN 978 - 7 - 5201 - 7998 - 0
定　　价 / 99. 00 元

读者服务电话：4008918866